"一带一路"沿线国家教育政策法规研究丛书

阿富汗、伊拉克、伊朗、沙特阿拉伯
教育政策法规

主编 / 张德祥 李枭鹰

编译 / 李珊　李易飞　耿宁荷　阮红梅　徐芸芸　齐小鹍　郑佳　彭晓帆

大连理工大学出版社
Dalian University of Technology Press

图书在版编目(CIP)数据

阿富汗、伊拉克、伊朗、沙特阿拉伯教育政策法规 / 李珊等编译. — 大连：大连理工大学出版社，2020.11
("一带一路"沿线国家教育政策法规研究丛书 / 张德祥，李枭鹰主编)
ISBN 978-7-5685-2700-2

Ⅰ.①阿… Ⅱ.①李… Ⅲ.①教育政策－西亚②教育法－西亚 Ⅳ.①D937.021.6

中国版本图书馆 CIP 数据核字(2020)第 176147 号

AFUHAN YILAKE YILANG SHATEALABO
JIAOYU ZHENGCE FAGUI

大连理工大学出版社出版

地址：大连市软件园路 80 号　邮政编码：116023
发行：0411-84708842　邮购：0411-84708943　传真：0411-84701466
E-mail:dutp@dutp.cn　URL:http://dutp.dlut.edu.cn
上海利丰雅高印刷有限公司印刷　　大连理工大学出版社发行

| 幅面尺寸：185mm×260mm | 印张：13.75 | 字数：288 千字 |
| 2020 年 11 月第 1 版 | | 2020 年 11 月第 1 次印刷 |

责任编辑：夏圆圆　　　　　　　　　　责任校对：刘丹丹
　　　　　　　　　　封面设计：奇景创意

ISBN 978-7-5685-2700-2　　　　　　　　定　价：106.00 元

本书如有印装质量问题，请与我社发行部联系更换。

总序

共建"一带一路"是中国提出的伟大倡议,也是中国与"一带一路"沿线国家的共同愿望。"一带一路"倡议出自中国,却不只属于中国,而属于"一带一路"沿线所有国家,乃至全世界。中国是"一带一路"的倡导者和推动者,沿线所有国家是"一带一路"的共商者、共建者和共享者。

为推进共建"一带一路"伟大倡议,让古丝绸之路焕发新的生机与活力,以新的形式使亚欧非各国联系更加紧密,互利合作迈向新的历史高度,中国政府于2015年3月28日发布了《推动共建丝绸之路经济带和21世纪海上丝绸之路的愿景与行动》,强调"一带一路"是促进共同发展、实现共同繁荣的合作共赢之路,是增进理解信任、加强全方位交流的和平友谊之路。中国政府倡议,秉持和平合作、开放包容、相互借鉴、互利共赢的理念,全方位推进务实合作,打造政治互信、经济融合、文化包容的利益共同体、命运共同体和责任共同体。

为贯彻落实《推动共建丝绸之路经济带和21世纪海上丝绸之路的愿景与行动》,2016年7月13日中华人民共和国教育部牵头制定了《推进共建"一带一路"教育行动》。该文件指出,推进共建"丝绸之路经济带"和"21世纪海上丝绸之路",为推动区域教育大开放、大交流、大融合提供了大契机。"一带一路"沿线国家教育加强合作、共同行动,既是共建"一带一路"的重要组成部分,又为共建"一带一路"提供人才支撑。中国愿与沿线国家一道,扩大人文交流,加强人才培养,共同开创教育的美好明天。

自共建"一带一路"倡议提出至2019年8月底,已有136个国家和30个国际组织与中国签署了195份共建"一带一路"合作文件。"一带一路"是一个多极的和多文化的世界,无论是政治、经济、文化、教育、生态还是种族、民族、宗教、习俗等,不同国家或地区之间存在这样或那样的差异。因此,只有全面了解民间需求与广泛民意、消除误解误判,只有国家的学者、企业家、政府部门、民间组织和民众充分理解各国的国际关系、宗教信仰、历史文化、风俗习惯、法律法规和民心社情,才能更好地推动"一带一路"建设。也就是说,"一带一路"沿线国家建立政治互信、经济融合、文化包容的利益共同体、命运共同体和责任共同体,必须根基于沿线国家间的"文化理解或认同",而这又与教育尤其是高等教育的交流合作密切相关。

教育政策法规是了解一个国家教育发展状况和治理水平的重要窗口,是各国之间教育合作交流的基本依据。为此,教育部牵头制定的《推进共建"一带一路"教育行动》呼吁沿线国家"加强教育政策沟通",即通过开展"一带一路"教育法律、政策协同研究,构建沿线各国教育政策信息交流通报机制,为沿线各国政府推进教育政策互通提供依据与建议,为沿线各国学校和社会力量开展教育合作交流提供政策咨询;积极签署双边、多边和次区域教育合作框架协议,制定沿线各国教育合作交流国际公约,逐步疏通教育合作交流政策性瓶颈,实现学分互认、学位互授联授,协力推进教育共同体建设。

大连理工大学切实贯彻《推进共建"一带一路"教育行动》的精神,精心谋划和大力支持"一带一路"教育研究。该校原党委书记张德祥教授带领课题组成员克服文本搜集、组建团队、筹措经费等多重困难,充分发挥学校高等教育研究院、"一带一路"高等教育研究中心、中俄暨独联体合作研究中心以及教育部国别和区域研究中心"独联体国家研究中心"的优势和特色,积极参与和服务于"一带一路"的推进和共建,编译"一带一路"沿线国家教育政策法规,并在国内率先开展"一带一路"沿线国家教育政策法规研究,具有很好的教育发展战略意识和强烈的服务国家发展战略的责任感和使命感。中国高等教育学会大力支持这项工作,将"'一带一路'国家高等教育政策法规研究"立项为 2016 年高等教育科学研究"十三五"规划重大攻关课题,并建议课题组首先聚焦于编译"一带一路"沿线国家的教育法、高等教育法以及教育中长期发展规划等,及时为国家推进共建"一带一路"教育行动搭建教育政策沟通桥梁。该课题组根据中国高等教育学会专家组的意见,组织力量,编译了这套《"一带一路"沿线国家教育政策法规研究丛书》。作为中国高等教育学界的一名老兵,看到自己的学生们带领国内一批青年学者甘于奉献、不辞辛劳、不畏艰难,率先耕耘在"一带一路"沿线国家教育研究这片土地上,我由衷地感到欣慰。同时,大连理工大学出版社全力支持这套丛书的出版,不遗余力地为丛书的出版工作提供支持,使这套丛书能及时出版发行。最后,我真诚地希望参与这项工作的师生们努力工作,高质量、高水平地把编译成果呈现给"一带一路"的教育工作者。

是为序。

潘懋元于厦门大学高等教育研究中心
2019 年 9 月 10 日

前　言

2015年3月28日《推动共建丝绸之路经济带和21世纪海上丝绸之路的愿景与行动》和2016年7月13日《推进共建"一带一路"教育行动》的相继颁布，将"政策沟通"置于"五通"之首，让我们意识到编译《"一带一路"沿线国家教育政策法规研究丛书》的重要性和紧迫性。对我们来说，承担这一艰巨任务是一种考验，更是一种使命。

2016年中国高等教育学会组织申报高等教育科学研究"十三五"规划课题，将"'一带一路'背景下我国高等教育国际化研究"列入重大攻关课题指南。我们在这个框架之下组织申报的"'一带一路'国家高等教育政策法规研究"，获得了中国高等教育学会专家组的认可和支持，这对我们是极大的鞭策和鼓励。2016年11月，我们认真筹备和精心谋划，参加了中国高等教育学会组织的开题论证工作，汇报了课题的研究设想。听取了专家组的宝贵意见后，我们及时调整了课题研究重心。我们考虑首先要聚焦于编译"一带一路"沿线国家教育政策法规，因为，我们对许多国家的高等教育政策法规还不了解，国内也缺乏这方面的资料。编译这些资料既可以为我们日后的研究打下基础，也可以为其他研究者和部门进行相关研究、制定政策提供基础性的资料和参考。于是，我们调整了工作思路，即先编译，然后再进行研究。同时，考虑到许多国家的高等教育政策法规常常包括在教育政策法规中，我们的编译从"高等教育政策法规"拓展到"教育政策法规"，这种转变正好呼应了《推进共建"一带一路"教育行动》中的"政策沟通"。

主编《"一带一路"沿线国家教育政策法规研究丛书》，是一项相当繁重和极其艰辛的工作，其中的酸甜苦辣只有经历了才能体会到。第一，参与共建"一带一路"的国家相当多，截至2019年8月底，已有136个国家和30个国际组织与中国签署了共建"一带一路"合作文件。这套教育政策法规研究丛书虽然只涉及其中的69个国家，但即使是选择性地编译这些国家的教育法、高等教育法以及中长期教育发展规划等，也需要大量的人力、财力等的支持。第二，不少"一带一路"沿线国家的教育本身不够发达，与之密切关联的教育政策法规通常还在制定和健全之中，我们只能找到和编译那些现已出台的政策法规文本，抑或某些不属于政策法规却比较重要的文献。编译这类教育政策法规时，我们根据实际需要对某些文本进行了适当删减。由于编译这套丛书的工作量很大、历时较长，我们经常刚编译完某些国家旧有的教育政策法规，新的教育政策法规又出台了，我们不得不再次翻译最新的文本而舍弃旧有的文本。如此反反复复，做了不少"无用功"。即便如此，我们依然不敢担保所编译的教育政策法规是最新的。第三，"一带一路"沿线国家或地区的官方语言有 80 多种，涉及非通用语种 70 种（这套教育政策法规研究丛书涉及的 69 个国家，官方语言有 50 多种），我们竭尽全力邀请谙熟非通用语种的人士加盟，但依然还很不够。由于缺乏足够的谙熟非通用语种的人士加盟，很多教育政策法规被迫采用英文文本。在编译过程中，我们发现那些非英语国家的英文文本的表达方式与标准英文经常存在很大的出入，而且经常夹杂着这样或那样的"官方语言"或"民族语言"。这对编译工作是一个极大的挑战和考验，我们做到了尽最大努力去克服和处理。譬如，新西兰是一个特别注重原住民及其文化的国家，其教育政策法规设有专门的毛利语教育板块，因而文本中存有大量的毛利语。为了翻译这些毛利语，编译者查阅了大量有关毛利文化的书籍和文献，有时译准一个毛利语词语要花上数十天甚至更长的时间。类似的情况经常碰到，编译者们付出了难以计量的劳动，真诚地希望这套丛书的出版能给他们带来足够的精神上的慰藉。

为了顺利推进研究工作，我们围绕研究目标和研究重点，竭尽全力组建结构合理的研究团队，制订详尽的研究计划，规划时间表和线路图，及时启动研究工作，进入研究状态。大连理工大学积极参与"一带一路"建设，高度重视"一带一路"沿线国家教育研究工作，成立了"'一带一路'高等教育研究中心"、"中俄暨独联体合作研究中心"和教育部国别和区域研究中心"独联体国家研究中心"。大连理工大学、大连外国语大学、大连民族大学、杭州师范大学、广西民族大学、广西财经学院、广西职业技术学院、广西桂林市委党校、南开大学、海南大学、重庆大学、赤峰学院、天津市教育科学研究院等单位的有关专家、学者、教师、学生积极参与此项工作，没有他们的艰辛付出和辛勤劳动，编译工作将举步维艰。这项工作得到了大连理工大学出版社的大力支持，出版社的同志们不畏艰辛、不厌其烦、不计回报，为这套丛书的出版付出了难以想象的汗水和精力。对此，课题组由衷地表示感谢。

张德祥　李枭鹰
2019 年 9 月 8 日

目 录

阿富汗 / 1

阿富汗教育法 / 3

阿富汗国家教育战略规划(2015—2020年) / 15

阿富汗教育部国家教育战略规划(2017—2021年) / 56

伊拉克 / 95

伊拉克国家扫盲战略框架(2011—2015年) / 97

伊拉克库尔德斯坦地区高等教育科学研究体制改革 / 129

伊 朗 / 149

伊朗全民教育报告(2015年) / 151

沙特阿拉伯 / 179

沙特阿拉伯教育部十年计划纲要(2004—2014年) / 181

附 录 / 193

附录一 推动共建丝绸之路经济带和21世纪海上丝绸之路的愿景与行动 / 195

附录二 教育部关于印发《推进共建"一带一路"教育行动》的通知 / 203

后 记 / 209

阿富汗

阿富汗伊斯兰共和国，简称阿富汗，首都喀布尔。阿富汗是一个位于亚洲中西部的内陆国家，北邻土库曼斯坦、乌兹别克斯坦、塔吉克斯坦，西接伊朗，南部和东部连巴基斯坦，东北部凸出的狭长地带与中国接壤，总面积为64.75万平方千米。

根据2017年的数据，阿富汗人口约3 680万。普什图族占40%，塔吉克族占25%，还有哈扎拉、乌兹别克、土库曼等20多个少数民族。普什图语和达里语是官方语言，其他语言有乌兹别克语、俾路支语、土耳其语等。逊尼派穆斯林占86%，什叶派穆斯林占13%，其他占1%。

2002年1月至2004年1月，阿富汗沿用前国王查希尔颁布的1964年宪法。2004年1月26日，阿富汗过渡政府总统卡尔扎伊签署颁布新宪法，实行总统制。根据阿富汗宪法，国民议会是国家最高立法机关，由人民院（下院）和长老院（上院）组成。

阿富汗是最不发达国家之一。农牧业是阿富汗国民经济的主要支柱。农牧业人口占全国总人口的80%。耕地不到全国土地总面积的10%。由于多年战乱，阿富汗的工业基础十分薄弱，以轻工业和手工业为主。阿富汗矿藏资源较为丰富，但未得到充分开发。

阿富汗全国划分为34个省，省下设县、区、乡、村。阿富汗是内陆国，无出海口，境内有通往伊朗和塔吉克斯坦的铁路，交通运输主要靠公路和航空。

在教育方面，阿富汗实行十二年义务教育。阿富汗教育事业受到战争严重破坏。在国际社会的大力援助下，近年阿富汗教育事业取得很大进步。截至2018年8月，阿富汗全国共有16 100余所初等教育学校、160所高等教育院校。喀布尔大学是全国最高学府，赫拉特大学是阿富汗西部教育中心。

注：以上资料数据参考依据为中国外交部官方网站阿富汗国家概况（2019年12月更新）。

阿富汗教育法

第一章 总则

基 础

第一条 为规范全国教育事业,根据《宪法》第十七条、第四十三条、第四十四条、第四十五条、第四十六条、第四十七条规定,制定本法。

目 标

第二条

(一)通过促进和发展大众、均衡和公平教育,确保阿富汗伊斯兰共和国公民享有教育和培训的平等权利;

(二)培养伊斯兰精神、爱国精神和增强民族团结,坚持民族独立和捍卫领土完整,维护国家利益,树立民族自豪感并忠于阿富汗伊斯兰共和国制度;

(三)培养儿童和青少年成为虔诚的阿富汗公民,成为健康、有用的社会成员;

(四)提高学生的道德水平、心理承受力、身体素质和社交能力;

(五)遵循伊斯兰价值观,预防吸毒成瘾,尊重人权,保护妇女权利,捍卫民主,消除各种歧视;

(六)发挥普通教师、伊斯兰教师(Modrasan[①])和教育部其他雇员的作用,培养全体公民的个人精神、社会责任感和守法精神;

(七)为学生家长、监护人和其他社会成员提供参与事务管理的机会,寻求精神层面和经济层面的合作,从而促进教育的推广和发展;

(八)教育和培训公民积极参与经济建设和社会发展,减轻国家贫困状况;

(九)遵循社会发展需求,确保基础义务教育,并为中等教育提供保障;

(十)保障并发展符合儿童需求的学前教育;

(十一)保障并发展国家的教师培训、伊斯兰教育、专业教育、职业教育和艺术教育;

(十二)扫除文盲,为儿童和辍学成人的速成学习提供保障;

(十三)遵循国家需求、伊斯兰国家价值观,利用当今世界的现代化经验发展并提高本国教育质量;

[①] 伊斯兰教师(Modrasan)指伊斯兰学校(Modrasahs)的教师,伊斯兰学校(Modrasahs)是宗教学校,教授伊斯兰知识。下同。——译者注

(十四)发展并提高普通教师、伊斯兰教师、教育部管理人员和其他雇员的学术和专业水平;

(十五)参照最新标准,制定统一的教育课程;

(十六)成立、扩展、发展、建设和修整普通学校、伊斯兰学校和教育部其他教育机构。

教育平等权

第三条 阿富汗伊斯兰共和国的公民无差别享有教育平等权。

义务教育

第四条 义务教育包括下列内容:

(一)阿富汗实行强制的基础教育;

(二)公立教育和培训机构免费提供下列内容:学前教育、基础教育、中等教育、职业教育、技术教育、艺术教育、正规伊斯兰教育、高等教育、教师培训(十三、十四年级)、读写和基础实践教育。

入学年龄

第五条 入学年龄包括下列内容:

(一)强制要求六到九周岁的儿童注册接受基础教育;

(二)超过幼儿园入学年龄而又未达到学校入学年龄的儿童应接受学前教育;

(三)根据相关规定,为九周岁以上的儿童和青少年提供教育和培训机会。

行政和管理

第六条 根据本法第二条规定,教育部是政策制定,管理、指引和落实教育目标的最高权力机关,负责管理国家教育和培训,以及本科学位以下事务。

职责和权力

第七条 教育部拥有下列职责和权力:

(一)组织学前教育、基础教育、中等教育、职业教育、艺术教育、伊斯兰教育、教师培训、读写和基础实践教育、自学和函授教育;

(二)成立有(无)宿舍的普通学校、伊斯兰学校、教师培训机构,职业中心、专业中心、艺术中心以及扫盲中心,满足社区需求;

(三)为杰出、富有天赋和有特殊需求的学生建设和成立公立学校;

(四)为本土私立教育机构、中外合作教育机构和国际教育机构颁布许可证并监督其办学行为;

(五)提供教材和教学辅助材料;

(六)根据教育机构的需求,建立图书馆、实验室、文化中心、信息技术中心,建设操场并配置运动设备;

(七)为本法提及的不同教育阶段毕业生颁发毕业证书。

学术委员会

第八条 学术委员会履行下列职责:

(一)应当在教育部成立学术委员会,提供学术、教育和专业建议,起草教育和培训方面的政策、战略、计划和改革方案,以及制订课程计划,进行教师培训和科学研究;

(二)学术委员会的成员构成、人数和活动方案应当符合相关法律规定;

(三)学术委员会成员在教育部预算制订小组中享有足够席位。

普通学校、伊斯兰学校和教育机构的成立

第九条 教育部会履行下列职责:

(一)基于社会需求和国家财政能力,按照教育法规和标准,教育部应当成立本法提及的普通学校、伊斯兰学校、教育机构,并提供不同教育阶段的课程;

(二)游牧民族儿童的教育和培训应当在固定或移动的学校中开展。教育部应当在其财政能力范围内,为游牧民族儿童提供住宿。

宿舍的建立

第十条 根据相关规定,教育部应当在政府财政能力范围内,建立所需宿舍,保障社会成员享有本法提及的不同阶段教育。

本土私立教育机构、中外合作教育机构和国际教育机构的成立

第十一条

(一)根据针对阿富汗公民和外国公民的相关规定,本国和外国自然人、法人均可成立不同教育阶段且符合本国和国际标准的私立教育机构、中外合作教育机构和国际教育机构;

(二)课程、教育计划和本条(一)款提及的教育活动,以及学生、普通教师和伊斯兰教师的录取条件应当符合相关法规。

教育标准

第十二条 教育标准包括下列内容:

(一)根据相关规定,教育部公布不同气候区的学年始末时间、每周教学时长、班级学生数、课程、教学计划、评价体系以及不同教育阶段的考试要求;

(二)根据相关规定,教育部公布普通教师、伊斯兰教师的录取要求、录取人数以及学历水平,公布评价考核标准以及其他学术专业水平要求。

自学和函授教育

第十三条 根据相关规定,教育部应当提供机会,扩大本法提及的不同教育阶段的自学和函授教育规模。

学前教育

第十四条 根据相关规定,开展学前教育,为基础教育做准备。

特殊教育

第十五条 根据相关规定,为有特殊教育和培训需求,以及因不同原因辍学的儿童和成人,提供不同阶段的教育。

教育培训广播以及电视节目

第十六条 根据相关规定,教育部应通过教育培训广播以及电视节目,提高儿童和成人的教育、娱乐和公众意识,进而推动本法规定的不同阶段的教育。

第二章 基础教育

基础教育

第十七条 考虑到本国人口数量和游牧民族的特点,基础教育是指为一至九年级适龄儿童提供免费、强制、均衡、公平、符合教育标准的教育。

基础教育目标

第十八条 基础教育的目标包括下列内容:

(一)理解伊斯兰教的戒律和基本原则,强化学生的伊斯兰信仰和价值观(本规定不适用于非穆斯林学生);

(二)增强伊斯兰信仰、爱国主义和民族团结精神,维护公正、平等、和谐共处、热爱和平,增强忍耐力和坚持自力更生;

(三)尊重人权和妇女权利;

(四)实施基础教育,使学生意识到保护环境和正确利用环境资源的重要性;

(五)培养并增强社会责任感和守法精神,遵守秩序和纪律,规范社会行为,尊重父母、年长者、普通教师和伊斯兰教师,积极参与家庭、学校和社会事务,培养互助、友好和合作精神;

(六)培养并增强学生的物质方面、精神方面、道德方面、心理方面、情感方面和社交方面的能力；

（七）开展符合伊斯兰教价值观的体育教育、文化和艺术项目；

（八）培养基本识字能力，培养本国和国际语言的听说读写能力；

（九）培养阅读习惯，增强阅读文化；

（十）掌握社会和自然科学的基本知识；

（十一）培养理解和创新能力，增强辨别问题和探寻解决方案的能力；

（十二）为中等教育奠定基础。

第三章 中等教育

中等教育

第十九条 考虑到本国人口数量和游牧民族的特点，中等教育面向接受了九年基础教育的十、十一和十二年级的人提供免费、均衡、公平、符合教育和培训标准的教育。

中等教育目标

第二十条 除本法第十八条规定的教育目标外，中等教育的目标还包括下列内容：

（一）增强学生互相理解，强化学生的伊斯兰信仰和价值观（本规定不适用于非穆斯林学生）；

（二）忠于阿富汗伊斯兰共和国，坚持民族独立，捍卫领土完整，遵循国家价值观，保护公共财产，巩固民主，遵循伊斯兰价值观和国家传统；

（三）发展并弘扬和平和平等文化；

（四）实施中等教育，使学生意识到烟草、毒品、酗酒、艾滋病、恐怖主义、战争、暴力、歧视、偏见以及其他禁例的危害；

（五）掌握伊斯兰教知识、社会和自然科学以及数学知识；

（六）提高应用本国和国际语言的能力；

（七）能够运用包括信息技术在内的现代技术；

（八）培养阅读习惯，发展阅读文化，培养思考能力、学术研究能力以及自我评价能力；

（九）为继续教育、高等教育和就业谋生奠定基础。

第四章 伊斯兰教育

（略）

第五章 职业教育、专业教育和艺术教育

职业教育、专业教育和艺术教育

第二十三条

（一）考虑到本国人口数量和游牧民族的特点，公立教育机构开设的职业教育、专业教育和艺术教育面向接受了九年基础教育的十至十四年级的人，提供均衡、公平、符合教育和培训标准的教育；

（二）教育部的教育机构开设职业教育、专业教育和艺术教育的短期课程，发展专业技能、满足社会需求。

职业教育、专业教育和艺术教育目标

第二十四条 除本法第二十条规定的教育目标外，职业教育、专业教育和艺术教育的目标还包括下列内容：

（一）参照国内外标准，结合社会和国际市场需求，特别是对女性的特殊需求，培训职业教育、专业教育和艺术教育需要的人力资源；

（二）以理论和实践相结合的方式，培养职业教育、专业教育和和艺术教育需要的知识和技能；

（三）实施特殊教育，满足残疾人学生的需求；

（四）为学生进入大学和其他教育机构奠定基础。

第六章 教师培训

教师培训

第二十五条 考虑到本国人口数量和游牧民族的特点，教师培训是为接受了基础和中等教育的十至十四年级的人，提供免费、均衡、公平、符合教育和培训标准的教育。

教师培训目标

第二十六条 教师培训的目标包含下列内容：

（一）遵循教育需求和教育培训系统要求，培训具备高度专业标准技能知识的普通教师和伊斯兰教师，实现本法提及的基础和中等教育目标；

（二）增加普通教师和伊斯兰教师的数量；

（三）提高普通教师和伊斯兰教师的知识水平和专业技能；

（四）为在职普通教师和伊斯兰教师参加全国技能考试提供保障。

在职和岗前培训方案

第二十七条 考虑到本法提及的不同教育阶段需求,教育部应当为普通教师和伊斯兰教师提供和实施有效的在职和岗前培训方案。

第七章 科学、教育与技术培训中心

科学、教育与技术培训中心的成立

第二十八条 成立科学、教育与技术培训中心,为教育和培训机构的信息技术学习和应用提供培训,提高科学和数学领域的教学质量和学术研究水平。

根据相关规定,策划科学、教育与技术培训议题,并规定学术成员职责。

科学、教育与技术培训中心目标

第二十九条 科学、教育与技术培训中心的目标包含下列内容:

(一)确保不同教育阶段所有领域的学生能够学习现代科学、接受数学教育以及学习信息技术;

(二)提高科学、数学和信息技术领域专业教师和普通讲师的实践技能,增强学术和专业知识水平;

(三)开展科学、数学和信息技术领域的教育和培训,提供现代视听教育、培训技术以及教学辅助材料,提高理论和实践的教学质量;

(四)借助科学研究成果,更新科学、数学和信息技术教科书的内容;

(五)建设科学和数学实验室,配置可移动实验室和实验操作指南;

(六)为科学、数学和信息技术领域的专业人员培训提供场地。

第八章 教育课程

统一的教育课程

第三十条

(一)统一的教育课程是指设立教育和培训的一般目标和具体目标及标准,教育部基于此项标准,组织教材内容,实施教学和改革,提供教学辅助材料;

(二)统一的教育课程应当适用于所有公、私立教育和培训机构。

本条不适用于本法第十一条提及的私立教育机构、中外合作教育机构和国际教育机构。

准备、起草和开发教育课程

第三十一条

（一）教育部应当成立学术董事会，准备、起草和开发教育课程，组织教材编写和出版，安排相关事宜；

（二）本条（一）款提及的学术董事会，应当面向基础教育、中等教育、职业教育、专业教育、艺术教育、伊斯兰教育、教师培训、读写和基础实践教育、学前教育、自学和函授教育，适时更新统一的教育课程，满足社会需求和国际公认的学术标准；

（三）本条（二）款提及的教育课程应当在教育部学术委员会和教育部部长正式批准后实施。

教学语言

第三十二条

（一）依据相关规定，本法提及的公立教育机构、私立教育机构、读写和基础实践教育中心，应当结合地区多数人口的语言使用情况，从两种官方语言（普什图语和达里语）中选择一种作为教学语言；

（二）学校和教育机构强制要求学习普什图语或达里语；

（三）在多数人口使用第三种语言的地区，除教授普什图语和达里语外，应当提供第三种语言的教学（为了在本国教授第三种语言，教育部应当在教师培训和教材领域，提供和实施有效措施）；

（四）在征得教育部同意后，国际教育机构决定其教学语言（教育部另行制定法规，保障教育机构中阿富汗伊斯兰共和国的学生学习普什图语或达里语，保障伊斯兰教基本要求的贯彻）；

（五）本法提及的教育机构教育培训项目中的外语教学应当符合相关教育课程的要求。

第九章 课外活动

课外活动的实施

第三十三条 教育部应当组织和实施普通教师和伊斯兰教师指导下的课外活动，使学生具有良好的品格，使学生团结、和谐、平等、体谅、互助，具有人道主义和爱国主义精神，尊重人权和妇女权利，认同多元文化，积极参与社会活动与文化事务：

（一）鼓励并支持学生履行义务，遵循伊斯兰价值观；

（二）积极并自愿参与社会事务，包括帮助有需要的同胞，保护生存环境，投身绿色事业，重建（恢复）教育机构设施；

(三)积极参与实地考察旅行,结识同胞,了解本国文化和丰富历史,增强民族团结;

(四)积极参与国内外比赛、交流会和学术会议,以及艺术、文学和体育活动;

(五)与伊斯兰国家和其他友好国家建立学生交流计划,促进学生学术学习;

(六)组织工作坊和研讨会,学习联合国章程和基本人权宣言;

(七)组织其他课外活动,促进学生心理、智力、身体和个性发展。

上述各项活动须征得学生家长的同意。

童子军的成立

第三十四条 成立并扩大童子军部门,并根据相关规定,规范童子军活动。保障本法提及的教育机构的质量、效率、秩序和纪律,投身社会服务。

第十章 读写和基础实践教育

读写和基础实践教育

第三十五条 实施包括阅读、写作、计算和知识学习在内的读写和基础实践教育,保障被剥夺教育权利的成人、从教育机构辍学的青少年,均衡、公平地掌握职业、专业技能。

读写和基础实践教育目标

第三十六条 读写和基础实践教育的目标包含下列内容:

(一)保障读写和基础实践教育,遵守伊斯兰教秩序;

(二)掌握基础实践和职业技能所需的阅读、写作、计算和知识学习能力,促使文盲和半文盲接受继续教育;

(三)为辍学儿童和成人提供本法规定的继续教育机会。

读写和基础实践教育的义务学习

第三十七条

(一)面向公、私立机构中的文盲和半文盲雇员,强制实施读写和基础实践教育;

(二)各部门和公、私立机构应当同教育部相关部门合作,为读写和基础实践教育提供保障;

(三)教育部组织和批准相关部门和公、私立机构实施符合规定的读写和基础实践教育项目;

(四)本条(二)款提及的各部门和公、私立机构有责任为读写和基础实践教育提供固定场地并雇用教师;

（五）教育部应当为本条（二）款提及的各部门和公、私立机构中负责读写和基础实践教育的教师提供教材和场地；

（六）教育部应当依据相关程序，基于社会需求和政府财政能力，优先考虑错失教育机会的社会民众，公平设立并实施国家读写和基础实践教育项目。

读写和基础实践教育的管理工作

第三十八条

（一）教育部内应当成立读写和基础实践教育高级委员会，起草、申请读写和基础实践教育领域的国家项目，以及获取资源，管理、领导和监督项目实施；

（二）本条（一）款提及的委员会成员的构成和活动组织应当符合相关法规。

第十一章 其他规定

禁止身心惩罚

第三十九条 禁止对学生实施任何形式的身心惩罚，即便是出于纠正的目的也不可进行此类惩罚，违反者将依法被起诉。

禁止政治活动

第四十条

（一）禁止学生、普通教师、伊斯兰教师和教育部其他雇员在本法提及的教育机构、教育培训项目内从事政治和党派活动；

（二）禁止个人、组织和政党利用本法提及的教育机构和教育培训项目达到政治目的。

校　服

第四十一条 本法提及的教育机构所属学生、普通教师和伊斯兰教师应身着校服，校服款式应当符合本国不同地区的气候和文化要求，并符合相关规定。

奖　金

第四十二条 应当依法为科学、教育与技术培训机构、教育课程发展机构和教材出版机构、伊斯兰学校和专业技术教育机构提供奖金，激励普通教师、伊斯兰教师、研究人员、教师培训机构的学术成员等。

工作日程

第四十三条 遵循《劳动法》和相关法律规定，管理教师、研究人员和其他教育工作人员的出席、缺席和工作时间。

退　休

第四十四条　普通教师、伊斯兰教师、研究人员、学术成员依法享有退休权利。在行政需要以及工作人员自愿且具备工作能力的情况下,退休时间可延长十年。

国家教学技能考试

第四十五条　依据相关规定,除具备《公务员法》规定的资质外,任何通过国家教学技能考试的个人都能成为教师。

帮　助

第四十六条　教育部应当在政府财政能力范围内,设立、实施有关项目,从物质和精神两个层面帮助普通教师、伊斯兰教师、研究人员和其他相关工作人员。

奖学金的使用

第四十七条　为提高学术人员、专业人员和相关行政工作人员的专业化程度,教育部应依据相关规定,采取适当、公平措施,保障国内外奖学金的使用,鼓励相关人员参与课程研究、研讨会、工作坊和座谈会的相关工作。

家长、学生、教师和社区居民委员会

第四十八条　在公、私立学校和教育机构中,成立由学生家长、教师和当地居民代表组成的委员会,实现下列目标:

(一)学生家长、教师和当地民众积极参与教育和培训过程,解决教育和培训问题,提高教育和培训质量,防止学生、教师和教育部工作人员的权力滥用和其他违规行为;

(二)从教育、道德、教化和社会互动角度,监督学生和教育部雇员;

(三)保护学生和教育部雇员免受来自家庭和教育机构内、外的暴力和破坏活动;

(四)积极参与管理和实施教育部发展项目,改善本国教育和培训系统。

按照相关规定,公开委员会的上述组织活动。

组织其他行政事务

第四十九条　依法规范本法提及的教育机构及其他教育和培训项目的入学、开学、毕业考试、休学、转学、开除等条件。

毕业证书

第五十条　教育部依法为本法提及的不同教育阶段毕业生以及教育培训项目毕业生颁发毕业证书,毕业证书的规格和样式应当符合相关规定。

制定规则和程序

第五十一条 为更好地实行本法，教育部应当起草、颁布相应法规、应用条例和规范相应程序。

实 施

第五十二条 本法自颁布之日开始实施，与本法冲突的法律随即废止。

阿富汗国家教育战略规划
（2015—2020年）

前　言

《阿富汗国家教育战略规划（2015—2020年）》是第三次国家教育战略规划，为阿富汗2015—2020年的教育改革与发展提供直接指导，并协助国家到2020年完成千年发展目标（Millennium Development Goals，MDGs）和全民教育目标（Education for All Objectives，EFA）。

第三次国家教育战略规划描述了阿富汗的教育愿景，2020年的教育定位、关键目标、战略、项目、预期成就和实施项目所需的预算。

第三次国家教育战略规划是基于教育部第一、二次国家教育战略规划的经验，并在过渡时期中期规划的基础上制定而成的。教育部的利益相关者（包括教育部雇员、各地的捐赠者、发展合作伙伴、相关部委等）全都参与到这一过程中来。

第三次国家教育战略规划由以下五个部分组成：简要情况分析，战略框架，重点项目，预算，实施、监管和评价体系。

一、简要情况分析

这份简要情况分析基于阿富汗教育管理信息系统的数据、书面审查、对各地教育当权者的访谈、对五个省进行的田野调查、与教育部利益相关者的磋商。本文从分析社会经济形势开始，回顾了普通教育、伊斯兰教育、职业教育、识字教育和教育管理的成果，并分析了当前形势。

（一）社会经济形势

1.人口

迄今为止阿富汗还没有进行全面的人口普查，所有的人口数据都是估算出来的。阿富汗统计中心估计2013年阿富汗人口达到2 800万，但是联合国统计部门估计2013年阿富汗人口超过3 440万。教育部将联合国人口司的估测数据作为制定规划的标准。根据联合国人口司的数据，现有人口年增长速度为3%，以此推算到2020年人口数量将达到4 260万。全国50%的人口为15岁以下的青少年，学龄人口占比为36%（截至2013年人口约为1 240万）。表2-1展示了阿富汗2008—2020年按性别划分的预期学龄人口。

表 2-1　　　　　阿富汗 2008—2020 年按性别划分的预期学龄人口　　　　　（百万）

年份	2008	2009	2010	2011	2012	2013	2014	2015	2016	2017	2018	2019	2020
女性人口	14.6	14.9	15.3	15.8	16.3	16.8	17.3	17.8	18.4	19.0	19.6	20.2	20.8
男性人口	15.3	15.7	16.1	16.6	17.1	17.6	18.2	18.7	19.3	19.9	20.5	21.2	21.8
总人口	29.9	30.6	31.4	32.4	33.4	34.4	35.5	36.5	37.7	38.9	40.1	41.4	42.6
学龄人口	10.7	11.0	11.3	11.7	12.0	12.4	12.8	13.2	13.6	14.0	14.4	14.9	15.3

2. 政治局势

阿富汗正处于历史上的关键时期。2010 年，在阿富汗举行的波恩会议指出，2014 年到 2024 年阿富汗将处于过渡时期。尽管面临很多挑战，阿富汗仍要为 2014 年以后的国土安全和发展做好全面准备。教育部的国家教育战略规划阐释了一系列针对性的措施，积极迎接 2015 年以后继续推进教育发展所面临的挑战。

3. 经济局势

阿富汗是一个贫穷的国家。国家风险和脆弱性评估中心 2008 年的数据显示，阿富汗约有 36% 的民众尚无法满足其最基本的需求，并处于国家贫困线以下（大约每人每月 1 255 阿富汗尼）。虽然失业率只有 7%，但是绝大多数的工作者（77%）都处于底薪不稳定的工作状态中，尤其女性很少被雇用或者被极低的薪水雇用。

国家风险和脆弱性评估中心的报告指出，2008 年阿富汗 21% 的 6~17 岁的儿童（约 190 万人）从事工作，其中 13% 的儿童（约 120 万人）可以被定义为童工，儿童过早进入劳动力市场也是导致失学的关键问题。

阿富汗的经济正在增长。人均收入已经从 2008 年的 370 美元增长到 2012 年的 640 美元。财政部估计，2013 年 GDP 将增长 11%，达到 223.4 亿美元。2013 年的年度预算能够占到 GDP 的 30%（约 67 亿美元），并且 2013 年度预算的 15.1%（约 10.1 亿美元）将被分配至教育部门。尽管如此，这些分配预算仍不足以满足教育的需求。

国际军队撤军导致政局不稳定，使得财政投资减少，2014 年经济增长速度预计将由 2013 年的 11% 减小到 3%。因此，尽管教育需求增加，但教育部的预算在 2014 年还会减少。

4. 安全

社会动荡是阻碍教育发展的主要因素。根据 2012 年全球和平指数，除索马里之外，阿富汗是全球最不安全的国家。2012 年，约有 330 所学校因为安全原因关闭，造成约 18 万名学生丧失受教育权。教育部支持宗教和地区范围内有影响力的人物与塔利班进行谈判，促使学校重新开放。

(二)普通教育

1. 整体招生情况

过去十年中招生人数明显上升。2001年只有100万儿童(大多是男性)能够入学,2013年入学人数将近860万,其中39%是女性。

2013年不同性别的学生、教师以及学校数量见表2-2。

表2-2　　　　2013年不同性别的学生、教师以及学校数量

教育种类	学生(人)			教师(人)			学校(所)
	女性	男性	总计	女性	男性	总计	总计
普通教育	3 376 886	5 219 511	8 596 397	51 320	122 858	184 178①	14 599
伊斯兰教育	53 048	207 469	260 517	502	6 311	6 813	1 001
职业教育	8 447	52 857	61 304	524	1 757	2 281	244
识字教育	207 857	254 047	461 904	7 227	6 944	14 171	19 797节
教师教育	35 584	41 166	76 750	489	1 977	2 466	42所教师培训中心和210个区域中心

2013年普通教育入学人数约为860万,大约208 000人分布于5 922所社区学校中,另有约285 000名学生在跨境学校中学习。

2. 入学率

2013年教育部估计各级各类学校的毛入学率为69%(女性为56%、男性为82%)。这是基于联合国人口司对阿富汗的人口统计而得出的,并且学生数量中不包含长期缺席的13%学生(截至2012年约为110万人)。

2013年,性别平等指数(Gender Parity Index,GPI)达到0.65,这意味着阿富汗教育中存在性别极其不平等现象。

2013年各教育阶段的毛入学率和性别平等指数见表2-3。

表2-3　　　　2013年各教育阶段的毛入学率和性别平等指数

教育阶段		小学(Primary)	初中(Lower Secondary)	高中(Upper Secondary)	总计
毛入学率(%)	女性	71	40	28	56
	男性	99	68	49	82
	总计	86	54	39	69
GPI		0.69	0.57	0.54	0.65

---

① 普通教育统计不同性别的学生数量包含了社区学校中的学生,普通教育统计不同性别的教师数量时未包含社区学校中的教师,统计教师总数时则包含了社区学校中的教师。

毛入学率和 GPI 在各省之间、城乡之间差别非常大。比如,2012 年,赫拉特省和巴达赫尚省 GPI 为 0.9(10 个男生对应 9 个女生),扎布尔省和乌鲁兹甘省的 GPI 仅为 0.1(10 个男生对应 1 个女生)。

因为尚无法获取学生的年龄数据,所以教育部无法估算净入学率。然而,依据中央统计局和联合国儿童基金会 2011 年的数据,2010 年,中、小学净入学率分别为 55%、32%,也就是说,至少有 350 万的学龄儿童失学。女孩、残疾儿童、游牧民族儿童、少数民族儿童、边远地区儿童属于最容易失学的弱势群体。

3. 教育的阻碍因素

接受教育过程中的阻碍因素主要包括以下几种:①社会不稳定;②贫穷和雇用童工;③边远地区缺少学校;④学校路途遥远;⑤上学途中遭到骚扰;⑥教育质量低下。

一些针对女性的阻碍因素包括:①女性教师短缺;②对女性教育的文化偏见;③学校必备设施(比如卫生间、饮用水、围墙等)的短缺;④早婚。

4. 内部效率

教育部无法收集到内部效率指标的数据(包括辍学率、学业完成率等)。然而,长期缺席数能够作为辍学的观测指标。学校保留长期缺席学生 3 年的注册资格,长期缺席者的三分之一(5%,约 40 万名学生)能够成为平均辍学率的参考。

5. 毕业生

2013 年,十二年级的毕业生数量达到 291 032 人,预计近几年毕业生数量会快速增加,到 2020 年将达到 511 000 人。但是,升入高等教育机构学习的学生数量却很少,2013 年只有 45 000 名学生被录取。到 2020 年,预计阿富汗接受高等教育的学生也仅有约 20 万人。因此,教育部筹划提高职业技术教育与培训的入学率,以便让学生学会技术,能够在毕业后找到工作。

2013—2020 年普通教育毕业生数量见表 2-4。

表 2-4　　　　　　　2013—2020 年普通教育毕业生数量　　　　　　　(人)

年份	2013	2014	2015	2016	2017	2018	2019	2020
女生	104 419	118 573	132 728	146 882	161 037	175 191	189 346	203 500
男生	186 613	203 883	221 152	238 422	255 691	272 961	290 230	307 500
总计	291 032	322 456	353 880	385 304	416 728	448 152	479 576	511 000

6. 学习成绩评估

教育部已经着手建立一套标准体系用于评估学习成绩。2013 年 11 月,一份针对六年级学生的国家学习成绩评估报告以普什图语和达里语两种语言形式出版。该报告结论部分指出,改革课程、加强教学实践和整合资源等政策可以提升整个教学系统的质量。

同时,设计针对三年级的评估方案,主要聚焦数学和阅读领域的认知评估,评估方案和结果将用于更大范围内的试点。

此外,2010年曼索里调查认为,有充分证据表明,现有教育质量很低,死记硬背、以教师为中心的教学理念和体罚在学校中仍然普遍存在。

7. 课程开发

教育部针对普通教育的各个年级,开发、出版、分发教科书。这是过去五年中教育部的显著成果之一。开发、出版和分发一至九年级的教师手册,同时,针对十至十二年级的教师指导手册已经编写完成,正在印刷中。此外,为一至六年级少数民族地区学生使用的第三种语言(乌兹别克语、里斯坦尼语、俾路支语、土库曼语等)教科书(共48种)也将出版和分发。

然而,新教科书仍然面临很多挑战:教科书中仍存在有问题的内容和排版错误;教师还没准备好教授新课程;由于预算不足,很多教科书积存于地区教育办公室,无法向学校分发,分发教科书被证明是非常困难的。尽管出版了足够的教科书,很多学生还是收不到或者只能从市场上买复印版的书。

8. 学生教师比

2013年普通教育中的教师数量增加至184 178人,学生教师比(PTR)达到46.6∶1,远远超过了教育部的标准(35∶1)。高学生教师比意味着需要继续增加教师的数量。另一个难题是,58%的教师未能获得最低录用资质(十四年级毕业),这也意味着学生与合格教师的比率将更高(达到111∶1),体现了教师培训和用教师培训学校毕业生(TTCs)代替无资质教师的重要性。此外,缺乏有资质的数学和科学教师,尤其在农村地区这种情况比较严重。总体来说,农村和城市在师资质量上存在明显的差距。为了解决这个问题,教育部开始着手将城市的合格教师分配到边远农村去。

9. 教师培训

截至2013年,教育部已经建立了44所教师培训学校,187个教师资源中心和57个拓展机构。超过15 035名教师(35%为女性)参与到了为期两年的在职学习中,另有15 378名学生(71%为女性)从职前教师培训中心毕业。

近些年,教师培训部门已经开发了教师培训的新课程。此外,还有一些针对教师教育人员培训的会议在马来西亚召开。

然而,教师培训中心的培训质量仍然存在一些问题:①大量的教师没有学校教学实践经验;②很多教师不适应主动教学的方法;③教师培训更加侧重理论层面而不是教学实践。职前培训的另一个重要问题是只有一小部分的毕业生能够真正投身于教师职业中。

教育部已经为教师制定了三个培训材料包,并且为学校管理者也配备了三份材料(SMT1、SMT2和SMT3)。通过对为期两周的培训课程的评估,发现教师和管理者对培训比较满意,但同时他们也要求增加更多的知识性培训来协助新的课程教学,也存在抱怨培训质量不佳的情况。表2-5列出了接受不同培训材料的教师和管理者数量。

表 2-5　　　　　　接受不同培训材料的教师和管理者数量　　　　　　（人）

培训材料	培训材料包1	培训材料包2	培训材料包3	SMT1	SMT2	SMT3
女性	48 121	63 101	32 630	395	455	5 728
男性	112 281	77 124	58 009	6 664	6 601	15 845
总计	160 402	140 225	90 639	7 059	7 056	21 573

10. 教学楼建设及修缮

在14 599所学校中超过7 000所（48%）没有可供使用的教学楼。教育部的外包项目能力较为低下，每年新成立学校速度高于楼体建筑速度，拥有教学楼的学校比率正在逐年降低。拥有教学楼的学校通常没有足够的教室，因此很多课程需要在帐篷里、空地上或者在租用的教学楼中进行。对建筑的修复是另一个难题，学校没有足够的预算来修复其教学楼。此外，目前许多教学楼没有合适的环境、饮用水或者围墙。

11. 学术监督

尽管教育部已经将学术监督委员的数量增加到4 600人，但仍然存在很多挑战：①缺乏资质的人也被雇用为监督委员；②不具备功能性报告和后续跟进系统；③运输设施短缺；④区域监督委员的报告需要区域教育管理者审批，而后者经常将报告中的负面情况删除；⑤女性监督委员的数量过少；⑥监督委员更多关注检查工作，而不是提供学术支持。教育部最近开始着手重整监督体系，使其更加具有学术支持导向。

（三）伊斯兰教育

（略）

（四）职业教育

1. 录取

近三年，职业教育录取人数有了显著增长，从2009年的18 361人（11%为女性）增加至2013年的61 304人（13.78%为女性）。但是，由于阿富汗职业教育的社会地位过低，同普通教育相比，社会对职业教育的关注较少，并且职业教育的毕业生通常无法获得一个稳定的工作（还未曾研究职业教育对行业的贡献率）。

2. 职业教育教师

2013年，职业教育的教师为2 281人（其中524人为女性），学生教师比为27∶1，高于教育部规定的职业教育的学生教师比（20∶1）。其中，20%的职业教育教师没有获得最低门槛学位，在首都喀布尔，职业教育教师要求获得文学学士学位，而在其他省份十四年级毕业即可。职业教育教师基本都不具备专业技能知识和技术。因此，提供专业发展方面的培训，培养合格的职业教育教师势在必行。

3.职业教育中心

2013年,职业教育中心数量增加至244家,包含89所学院(十三至十四年级)和155所高中(十至十二年级)。几乎超过半数的职业教育学生被高中录取,另外一半被学院录取。中心提供超过五十个领域的职业教育,比如农业、兽医、会计、行政、电工、汽车维修、机械、艺术、音乐等。很多职业教育中心缺少教学设备和其他相关设施,导致职业教育中心的理论教学要远多于实践教学。

2013年,51所私立职业教育机构为超过2 000名学生提供教育。需要更多的职业教育私立机构参与进来,满足职业教育学生的实践需求。

大多数职业教育中心建在城市地区,例如,25个中心坐落在首都喀布尔。通过建立职业教育中心向各地开展职业教育是教育部的重要工作任务。

(五)识字教育

1.识字率

根据国家风险和脆弱性评估中心2008年的数据,阿富汗15岁及以上的人口识字率为26%(男性为38%,女性为12.5%),估计2008年阿富汗约有1 100万成人文盲。

2.识字教育学习者

在过去的四年中,每年约有55万名学习者参与到识字教育中。2013年,有461 904人(45%为女性)参与到19 797节识字课程中,其中45%的课程由联合国教科文组织提供,23%由教育部提供,11%由国防部提供,5%由联合国儿童基金会提供,其余的由其他非营利性组织和政府组织提供。现在尚不清楚有多少学习者顺利完成课程并且真正识字。同时,存在较少的识字课程与巨大的需求不匹配的现状。

3.识字方面的不平等

城市地区的识字率是农村地区的3倍(国家统计局和联合国儿童基金会,2010—2011年),各省之间的识字率也有差别。例如,国家风险和脆弱性评估中心的报告显示:2008年,喀布尔的女性识字率为31%,巴尔赫省的女性识字率为19%,赫拉特省的女性识字率为18%,而赫尔曼德省、坎大哈省、扎布尔省、乌鲁兹甘省、瓦尔达克省等仅为1%。

4.识字课程

教育部开始修订识字课程,制定新的功能性课程与编写教科书。将根据职业的种类对新教科书进行特别编辑,并且增强实践导向。此外,面向农民的课程正在开发中。

5.识字课程培训员

2012年,识字课程培训员达到14 171人(51%为女性),其中4 667人(29%为女性)由教育部雇用。2012年,389名清真寺伊玛目(Imams)被雇用教授识字课程,但教育部没有利用普通学校教师做识字课程培训员,也没有利用学校的场地来组织识字课程。很多识字课程培训员并不熟悉成人教育技术,并且大多数都是重复性教授识字课程。

(六)教育管理

1. 战略管理开发

教育部目前已经制订了两个战略计划和一个过渡计划,并且正在制订年度工作计划和报告。首届教育联合审查会议在2012年举办,并且以后每年都将审议教育部的工作流程和难题,为教育部实现战略规划提供建议。

2012年末,教育部制订了发展雇员能力的两年计划。迄今为止,有196名雇员参与到此项目中,现状得到改善,也让阿富汗加入教育国际化当中,但总体能力还比较低下。此外,规划比较集中,区一级的雇员往往不清楚规划内容,并且也难以了解到规划的准确内容及修改后的数据,计划和实施之间存在巨大沟壑。

2. 教育管理信息系统

2012年,教育部在省一级部署了教育管理信息系统,收集当年数据并交由各省的工作人员(教育管理信息系统工作人员)。教育管理信息系统中央董事局协同学术监督部门,对不同阶段的数据真实性负责。利益相关者可以通过教育部和教育管理信息系统网络获悉教育部的数据和信息。

过去几年,教育管理信息系统有所改善,但系统中的数据并不可靠和及时,存在某些关键性教育指标数据(如网络使用率、儿童辍学率、网络普及率和儿童残疾率)缺失的情况。

参照教育管理信息系统,其他部门已经建立了一些独立信息系统,如教师教育管理信息系统、员工登记系统、识字信息系统等。未来这些系统将与教育管理信息系统结合。

3. 财政与采购

教育的财政与采购都比较集中,限制了教育部的预算执行能力。如表2-6所列,2012年,教育部只能支出研发预算的32%,2011年则为62%。

表2-6　　　　　　　教育部预算和近六年的预算执行

年份	2008	2009	2010	2011	2012	2013
普通预算(美元)	265 937 267	265 937 268	265 937 269	265 937 270	391 549 166	512 723 423
研发预算(美元)	140 653 896	198 577 339	162 904 423	153 641 422	169 250 000	186 130 000
预算总计(美元)	406 591 163	464 514 607	428 841 692	419 578 692	560 799 166	698 853 423
预算执行百分比(%)	37	23	54	62	32	37

尽管所有教师通过银行账户接收薪水,但仍然有很多教师不能按时收到薪水。在向各省分配预算时经常出现延迟现象,影响了薪水的发放。

4. 人力资源开发

教育部设置了 258 996 个雇员岗位,占政府总雇员岗位的 31%(其中 70% 为公务员)。过去几年当中,政府每年为教育部增加 11 000 个岗位,但仍然低于教育部的人员需求(人员需求每年增加 25 000 人)。截至目前,235 153 名雇员通过了优先权改革和重组进程(PRR)系统的审核,并且通过 PRR 系统接收薪水。

教育部已经对雇员履历进行电子存档,确保离职、退休、去世和即将退休人员的薪水发放。

能力开发是相关部门的重要任务,但教育部仍没有制定出具有竞争力的能力开发战略。很多教育部的部门已经参与到英语和计算机培训中,雇用超过 1 650 名技术助理培训公务员,提高他们的相关能力。然而,教育部对技术助理的需求并没减少,也预示着公务员的能力仍未培养起来,有报告指出,很多情况下是技术助理(而不是具有能力的公务员)在引领活动。

二、战略框架

(一)教育部愿景

基于伊斯兰信仰、国家和国际承诺、对人权的尊重,通过向所有人提供公平的受教育机会,让其主动参与到阿富汗可持续发展、经济增长和持续稳定当中,促进人力资源开发。

为达到此目的,教育部必须成为一个现代化、高效率、拥有充分资金支持和责任感的公共部门,从而创建没有任何歧视的教育环境,为阿富汗儿童和成人提供公平的教育机会。

(二)教育部主要政策

教育部主要政策立足于《宪法》、《教育法》、国际公约和阿富汗教育的特殊国情。

(三)公平获取

1. 阿富汗全民免费的素质教育

根据《宪法》第四十三条的规定,每个阿富汗公民都享有免费受教育的权利。因此,为公民提供公平获取免费教育的机会是教育部的关键任务。

2. 千年发展目标(MDGs)与全民教育目标(EFA)

阿富汗决心在 2020 年实现千年发展目标(MDGs)和全民教育目标(EFA)。第三次国家教育战略规划已经制定并正在促进第二、三个千年发展目标和全民教育目标的实现。第二、三个千年发展目标分别为:截至 2020 年,确保所有儿童无论男女,都能完成完整的小学课程;促进性别平等并保障女性权利。

全民教育目标分别为:综合提高学前教育(面向 3~5 岁儿童),尤其是面向脆弱和弱势儿童群体的教育;确保不同环境的所有儿童,尤其是女童、少数民族儿童等,能够接受完整、免费的高质量初等教育;确保所有年轻人和成年人都能够通过公平的方式获得适当的学习和生活技能;将成年人(尤其是女性)识字率提高50%,并且向所有成年人提供初等教育和继续教育的机会;在初等教育和中等教育中消除性别歧视,实现性别平等,确保女性能够获得绝对公平的教育权利并保障基础教育的质量;提高各方面的教育质量,确保所有发展红利能够被社会共享,尤其在识字、算数和基本的生活技能方面。

3. 公平均衡发展

依据公平和均衡发展原则,教育部配置诸如预算和新教学岗位等资源,并且禁止教育供给方面的任何歧视。

4. 全纳教育

无论儿童的性别、年龄、能力、健康状况、语言、种族和经济状态如何,教育部都将面向所有群体提供教育,尤其是弱势群体(如女童、残障儿童、少数民族儿童和游牧民族儿童等),教育部将建立包容性儿童教育中心,并对主流学校和特殊学校中的残障儿童进行登记。

5. 女童教育

依据《宪法》第四十四条的规定,保障女童教育权利是教育部的关键任务。2020年,教育部将对所有小学适龄女童进行登记。此外,教育部下决心将女教师的比例提高至45%,改善性别平衡并提高女童的入学率。

(四)教育质量

1. 关注质量

在第三次国家教育战略规划中,教育部将致力于提高教育质量:制定标准评价程序监控教育质量;提供高质量的教师培训;修订教科书;利用教育技术;改革学术监督;增加教学时长。教育部尤其关注一至三年级的教育,并确保三年级毕业生能够流利读写。

2. 伊斯兰和民族认同感

阿富汗教育的主要目的之一是增强学生的伊斯兰和民族认同感,并且促进对诸如敬畏、忠诚、正义、民族团结、社会公平、人权、和平、相互尊重、对话、法律法规和环境保护的认知。教育部同时还对所有学校进行监督,确保学校实践以上价值观。

3. 体罚

根据《教育法》第三十九条的规定,禁止对学生实施任何形式的身心惩罚,即便是出于纠正的目的也不可进行此类惩罚,违反者将依法被起诉。教育部将实施相关项目,增加教师和管理者对体罚学生带来的消极影响的认知。同时,教育部动员社会减少暴力、旷工和辍学。

4. 消除对女性的暴力

依据阿富汗法律中针对消除女性暴力的规定,教育部将采取以下预防措施:①在课程中增加消除对女性的暴力以及对女性实施暴力的消极影响的话题内容;②举办研讨会、工作坊和会议增强认识;③解释对女性实施暴力的背后原因以及承担的后果。

5. 教育的信息通信技术

教育部利用信息通信技术促进教育发展,提高教育质量,提高教育管理水平。

(五)教育管理

1. 提高教师地位

教育部将着手提高教师的社会地位,以吸引具备资质的候选者加入教师队伍中,并续聘现有合格教师。教育部现在正在实施不同的战略来提高教师的地位,例如在伊斯兰教育中解释教师的崇高地位,为教师分配办公场所,以模范教师姓名为街道、广场命名,并提高他们的薪酬水平。

2. 机构能力建设

教育部优先提高教育机构的工作效率。教育部将评估能力发展项目,简化管理流程。以东京会议为基础,截至2017年,阿富汗政府和教育部将把预算执行率提高至75%。

3. 以信息为基础的决策

教育部将在政策制定和决策过程中增加数据和信息的利用。因此,教育部将提升其研究、评价和监督能力,同时发展教育管理信息系统。

4. 法治

教育部将在各个教育部门和学校中强调法治,并严厉打击腐败。《教育法》、教育部条例和指导方针,将以公开透明的形式分发至所有教职工手中,并且监督其实施。教育部将精简管理流程,来提供更为透明的教育服务,减少政府官员的腐败现象,并利用信息技术手段使财务流程电子化(例如预算银行转账系统)。

5. 教育管理分权化

教育部将会逐步将责任和决策权下放至省级教育部门、地区级教育办公室、学校等,以提高教育服务的效率。与此同时,教育部将强化监督系统,督促教育局负起责任,确保教育部的政策能够实施。此外,教育部为了让各个地区都能够享受到更公平的教育,还将增加更多具有灵活性的教育政策。

6. 私营部门

教育部鼓励并支持私立教育机构和非营利性组织加入到教育计划的实施当中,尤其是在建立私立教育中心方面。同时,教育部将强化对私立教育中心的监督,以保证他们提供高质量的教育并遵循教育部的规章制度。

7. 社区参与

教育部将强化学校管理立法会议,发挥父母和有影响力的人在学校事务管理中的作用,尤其是在局势动荡的省份。教育部将调动当地社区保护学校,支持在边远地区建立起与安全地区一样的社区学校。社区参与和公共认知将会让国家、省、地区和学校联动起来。

8. 加强与利益相关者之间的协调

教育部将强化利益相关者（尤其是平行部委、非营利性组织、私立教育机构和国际捐赠者）在政策制定、决策和实施过程中的协调。教育部将提高其在政策构想和发展规划中的主导地位。教育部将同样强化诸如"民族团结项目"等项目间的协调，利用其能力和资源资助教育优先发展项目。

9. 过渡阶段的准备

考虑到2014年以后发生的政策变革，基于在2010年波恩会议和2012年东京会议上做出的国际承诺，教育部准备提高其服务效率，并且通过社区参与学校管理提高工作效率。同时，促进国际捐赠者和教育部之间的紧密合作，提高国际捐赠的利用率，并通过阿富汗政府国民预算的支出将其提高至50%。

10. 紧急情况下的教育

教育部认识到接受教育是所有儿童的合法权益。因此，政府承诺将基于机构间紧急教育网络的最低教育标准，通过筹备、响应和恢复，为处于紧急情况中的儿童提供接受教育的机会。由教育部牵头，建立一个由教育部、国内和国际组织共同创办的联合委员会，协调本国紧急情况下的教育活动，并与全球教育集群紧密合作。教育部希望国际合作伙伴能够分享成功经验，吸引财政和技术援助。阿富汗政府机构将对紧急情况下的教育服务负责，确保服务高效并符合当地人的文化和传统。委员会将升级应急计划，并采取措施在紧急情况下提供有效准备和应急反应。

教育部将施行以下战略保护学校并防止冲突：①通过协调发挥社区在保护学校过程中的作用；②进行公共宣传活动；③当社区提出需求时，国家将从政策的角度保护学校；④为紧急情况培养教师，并且对学生进行心理辅导；⑤强化和平教育、解决冲突、实施公民教育课程；⑥减少性别、种族、语言、地区和宗教歧视；⑦确保学习母语的权利。

三、重点项目

本部分介绍了教育部的各个重点项目，包括总体目标、宗旨、战略、计划、指标和年度目标等。国家教育战略规划设立了两个不同情境下的目标：基本目标和预期目标。基本目标基于近年来的财政实际预算评估，预期目标是根据教育部对MDGs和EFA的目标需求得来的。通过最低目标方案，教育部只能完成最基本的目标，虽然有相应的质量提升措施，但是其持续性和拓展性对教育部来说仍然存在疑问。例如，尽管初等教育的毛入学率达到110%，但是学生教师比将从2013年的46.7∶1升至2020年的54.5∶1，这将对教育质量造成消极影响。在预期目标方案中，教育部能够达到MDGs和EFA制定的教育质量目标。表2-7是根据以上两种情境绘制的教育部重点项目的主要指标和预算需求。

表2-7 教育部重点项目的主要指标和预算需求[①]

	主要指标	方案	基准线 2013年	2014年	2015年	2016年	年度目标 2017年	2018年	2019年	2020年
普通教育	学生数量	低	8 596 397	9 511 197	10 300 000	11 000 000	11 800 000	12 700 000	13 800 000	15 000 000
		高		9 600 000	10 425 998	11 340 798	12 255 599	13 170 399	14 085 200	15 000 000
	教师数量	低	184 178	195 400	204 200	215 600	228 000	241 900	257 500	275 000
		高		225 000	250 000	285 000	325 000	370 000	430 000	500 000
	学校数量	低	14 599	15 371	16 142	16 914	17 685	18 457	19 228	20 000
		高		16 200	17 100	18 100	19 200	20 400	21 700	23 000
	有教学楼学校比例	低	51%	53%	55%	57%	60%	62%	64%	66%
		高		55%	63%	70%	78%	85%	93%	100%
	教学楼数量	低	7 300	8 000	8 700	9 500	10 300	11 200	12 100	13 100
		高		8 900	10 700	12 700	14 900	17 300	20 100	23 000
	雇员数量	低	225 242	233 000	244 000	257 000	271 000	286 000	304 000	323 000
		高		234 000	262 000	296 000	336 000	385 000	443 000	513 000
	学生数量	低	254 316	267 985	281 654	295 323	308 993	322 662	336 331	350 000
		高		290 000	300 000	310 000	320 000	330 000	340 000	350 000
伊斯兰教育	伊斯兰教师数量	低	6 813	6 800	7 000	7 300	7 600	7 900	8 300	8 700
		高		7 100	7 500	7 900	8 400	9 100	10 000	11 600
	伊斯兰教育中心数量	低	960	1 030	1 090	1 160	1 240	1 320	1 410	1 500
		高		1 070	1 170	1 270	1 390	1 510	1 650	1 800
	教学楼数量	低	350	380	430	480	540	600	670	750
		高		440	560	690	840	1 010	1 210	1 440
	雇员数量	低	8 400	8 000	8 500	9 000	9 200	9 500	9 900	10 300
		高		8 600	8 800	9 000	9 500	10 300	11 300	11 300

[①] 数据等信息遵照原文。

（续表）

主要指标		方案	基准线 2013年	年度目标						
				2014年	2015年	2016年	2017年	2018年	2019年	2020年
课程建设	拥有全套教师指南的教师的比重	低	85%	90%	95%	100%	100%	100%	100%	100%
		高		95%	100%	100%	100%	100%	100%	100%
教师教育	具有教师基本资格的比重	低	47%	52%	56%	61%	66%	71%	75%	80%
		高		55%	64%	71%	78%	86%	93%	100%
	教师教育中心学生数量	低	66 400	68 400	70 300	72 200	74 200	76 100	78 100	80 000
		高		78 400	85 300	92 200	99 200	106 100	113 100	120 000
	区域教育中心数量	低	187	220	254	287	320	353	387	420
		高		260	310	360	420	420	420	420
	每年接受过浦图训练的教师数量	低	23 500	27 000	31 000	35 000	38 500	42 500	42 500	50 000
		高		33 500	40 500	47 500	54 000	61 000	68 000	75 000
	每年建立的区域教育中心数量	低		10	15	20	25	30	35	40
		高		20	30	40	50	60	70	80
	教师教育中心的教师数量	低	2 466	2 400	2 520	2 640	2 770	2 910	3 050	3 200
		高		2 650	3 050	3 370	3 710	4 050	4 420	4 800
职业教育	学生数量	低	61 304	95 143	129 286	163 429	197 571	231 714	265 857	300 000
		高		172 900	227 400	281 900	336 500	391 000	445 500	500 000
	教师数量	低	2 281	4 800	6 000	7 200	8 300	9 500	10 700	12 000
		高		7 200	9 800	12 400	15 200	18 200	21 400	25 000
	职业教育中心数量	低	244	258	292	316	340	364	388	412
		高		275	320	355	390	430	465	500

(续表)

	主要指标	方案	基准线 2013年	2014年	2015年	2016年	年度目标 2017年	2018年	2019年	2020年
职业教育	每年建设的职业教育中心数量	低	15	20	20	25	25	25	30	30
		高		20	25	30	35	40	45	50
	职业教育中心的雇员数量	低	5 500	7 000	8 400	9 700	10 900	12 000	13 100	14 100
		高		8 700	11 700	14 900	18 200	21 800	25 700	30 000
	学习者数量	低	461 904	545 918	629 931	713 945	797 959	881 973	965 986	1 050 000
		高		923 000	1 102 000	1 282 000	1 461 000	1 641 000	1 820 000	2 000 000
	课程数量	低	19 797	24 460	29 134	33 807	38 480	43 153	47 827	52 500
		高		46 100	55 100	64 100	73 100	82 000	91 000	100 000
识字教育	社区读写中心的建设数量	低	16	18	20	22	24	26	28	30
		高		20	25	30	35	40	45	50
	全职教师数量	低	4 667	4 857	5 048	5 238	5 429	5 619	5 810	6 000
		高		5 250	5 550	5 850	6 150	6 400	6 700	7 000
	合同制教师数量	低	9 504	10 189	11 074	11 859	12 645	13 430	14 215	15 000
		高		13 210	16 490	19 790	23 070	26 420	29 700	33 000
	每年雇员培训数量	低	2 300	2 300	2 400	2 400	2 400	2 400	2 500	2 500
		高		2 700	3 100	3 500	3 900	4 200	4 600	5 000
教育管理	装备信息交流技术的教育部办公室比重	低		20%	25%	30%	35%	40%	45%	50%
		高		40%	50%	60%	70%	80%	90%	100%
	教育部雇员数量	低	258 996	258 380	270 200	258 000	300 000	317 000	336 000	357 000
		高		330 000	355 000	390 000	430 000	480 000	540 000	620 000

(一)普通教育

1. 总体目标

为所有学龄儿童无歧视、公平地提供接受教育的机会,使学生发展成健康的人,拥有融入家庭和社会生活所需的能力,以及继续接受更高层次教育的能力。

2. 2020年目标

将初等教育的毛入学率提高至110%,初中教育的毛入学率提高至80%,高中教育的毛入学率提高至60%;将接受普通教育的人数增加至1 480万(690万女性和790万男性);将初等教育性别平等指数增加至1,初中教育性别平等指数增加至0.8,高中教育性别平等指数增加至0.7;将退学率和重修率分别降低至3%和10%;将教师数量增加至275 000人;将学校数量增加至20 000所;增加有特殊需求儿童的学习机会(残障儿童和游牧民族儿童);促进各省和地区之间教育公平;将可使用的教学楼数量增加至13 100个;提高全国普通教育质量;构建并实施一套标准系统,对学生的学习成果进行评估。

3. 普通教育战略

教育部将实施以下战略来实现上述普通教育的目标:

(1)建立社区教育并在边远地区开设拓展课程

建立社区教育并在边远地区开设拓展课程是教育部促进教育发展的主要战略。教育部鼓励合作伙伴实施这一战略,并逐步将社区教育和拓展课程纳入官方教育体系中。

(2)规划学校布局

教育部将对现有学校和居住区进行布局,确定需要建立新学校或社区教育课堂的地区。通过实地考察,进行学校规划,并将当地民众纳入未来的教育中心规划中。

(3)增加女性入学人数

教育部提高女性入学人数的战略主要包含如下内容:①通过参加当地有宗教影响力的公众项目,唤醒人们对伊斯兰女性接受教育的重要性的认识;②招募更多的女性教师和行政管理人员,尤其是在边远地区;③对从城市来到乡村的女性教师进行重新安置;④给女子学校配备围墙、饮用水和卫生设施。

(4)分配食品和文具

教育部与国际组织(如世界粮食计划署)紧密合作,给穷困家庭的学生分配食品和文具,使贫困家庭的孩子不再因贫失学。这个战略的实施取决于可利用预算的数额。

(5)实施标准学业考试

通过与课程开发署进行合作,普通教育管理部门将设计出标准化的考试,对三年级、六年级和七年级的学生进行学业水平测试,并且定期整理测试结果,审查学校教学质量。

（6）提供科学和数学教育

教育部科学中心将通过开展科学实验、为教师分发科学实验指南、为学校配置实验室、分配数学工具和其他学习材料，培训教师掌握实验室的使用方法，最终提高学校的科学和数学教育的质量。

（7）强化学术监督

教育部将评价学术监督在提高教育质量方面的作用，并设法优化监督系统。同时，教育部将创造机会提高学术监督者的监督能力。

（8）发展学前教育

教育部通过与 MoLSAMD(Ministry of Labor, Social Affairs, Martyrs and Disabled，劳动、社会事务、烈士和残疾人部)的通力合作，发展基于阿富汗本国国情的学前教育，这也是全民教育目标(EFA)的首要目标。

（9）强化学校管理委员会

教育部通过成立和强化学校管理委员会，发挥当地年长者、有影响力的个人和父母在学校事务管理中的作用。学校管理委员会旨在管理、监督并保护学校。教育部将为学校管理委员会提供资金支持，并授权其来监管学校。

（10）鼓励社区参与学校建设

教育部鼓励社区，尤其是有善心的商人为学校捐赠土地。教育部将优先建造那些社区支持的学校。

（11）增加小学教学学时

教育部将增加小学的平均教学学时，并监督学校，确保该政策真正被落实。此外，教育部将学校从三班制改变为两班制，这样能够增加学校中的学生数量，并且将增加学时变为可能。

（12）为残障学生提供受教育机会

教育部计划为残障学生提供受教育机会以及必要的设备。为此，教育部将构建适合残障学生学习的教学楼、培训特殊教育教师、使用盲文和手语相关教学器材，并在学校营造友好包容的环境。此外，教育部将对一年级学生进行视力和听力的检查，以便为有视听障碍的学生提供必要设备。

4. 项目和年度目标

设计以下几个项目用于实现普通教育战略的目标：
①普通教育扩招；
②提高普通教育质量；
③增设并重建学校；
④为学校添置设备；
⑤提高学校管理质量。

表 2-8 包含了各项目的目标、关键指标、基准线和年度目标。

表 2-8 各项目的目标、关键指标、基准线和年度目标①

项目目标	关键指标		基准线 2013年	2014年	2015年	2016年	2017年	2018年	2019年	2020年
	小学毛入学率	女性	71%	77%	82%	88%	93%	99%	104%	110%
		男性	99%	101%	102%	104%	105%	107%	108%	110%
		总计	86%	89%	93%	96%	100%	103%	107%	110%
	初中毛入学率	女性	40%	44%	48%	52%	56%	60%	64%	68%
		男性	68%	71%	74%	77%	81%	84%	87%	90%
		总计	54%	58%	61%	65%	69%	73%	76%	80%
	高中毛入学率	女性	28%	31%	34%	37%	39%	42%	45%	48%
		男性	49%	52%	54%	57%	60%	63%	65%	68%
		总计	39%	42%	45%	48%	51%	54%	57%	60%
	三、六、九年级通过标准测试的比例	总计	—	80%	82%	84%	86%	88%	90%	90%
普通教育扩招	小学生数量	女性	2 490 746	2 863 497	3 236 247	3 608 998	3 981 748	4 354 499	4 727 249	5 100 000
		男性	3 621 604	3 861 375	4 101 146	4 340 917	4 580 687	4 820 458	5 060 229	5 300 000
		总计	6 112 350	6 724 872	7 337 393	7 949 915	8 562 435	9 174 957	9 787 478	10 400 000
	初中生数量	女性	561 942	654 522	747 101	839 681	932 261	1 024 841	1 117 420	1 210 000
		男性	994 534	1 083 886	1 173 239	1 262 591	1 351 943	1 441 295	1 530 648	1 620 000
		总计	1 556 476	1 738 408	1 920 340	2 102 272	2 284 204	2 466 136	2 648 068	2 830 000
	高中生数量	女性	324 198	382 170	440 141	498 113	556 085	614 057	672 028	730 000
		男性	603 373	672 891	742 409	811 927	881 446	950 964	1 020 482	1 090 000
		总计	927 571	1 055 061	1 182 550	1 310 040	1 437 531	1 565 021	1 692 510	1 820 000
	普通教育学生数量	女性	3 376 886	3 900 189	4 423 489	4 946 792	5 470 094	5 993 397	6 516 697	7 040 000
		男性	5 219 511	5 618 152	6 016 794	6 415 435	6 814 076	7 212 717	7 611 359	8 010 000
		总计	8 596 397	9 518 341	10 440 283	11 362 227	12 284 170	13 206 114	14 128 056	15 040 000

① 数据等信息遵照原文。

(续表)

项目目标	关键指标		基准线 2013年	年度目标					
				2014年	2015年	2016年	2017年	2018年	2019年	2020年
普通教育扩招	公众意识实现数量		1	1	1	1	1	1	1	1
	学校布局地区数量		—	100	100	100	112	135	135	142
	社区基地和速成班数量		8 000	9 000	10 000	11 000	12 000	13 000	14 000	15 000
	普通教育学校		14 599	15 371	16 142	16 914	17 685	18 457	19 228	20 000
	学前教育班数量		3	10	15	20	20	20	20	20
	游牧民族学校数量		160	190	220	250	280	310	330	360
	残障儿童学校数量		—	—	2	2	2	2	2	2
	普通教育教师数量	女性	61 320	70 231	79 143	88 054	96 966	105 877	114 789	123 700
		男性	122 858	126 921	130 984	135 047	139 111	143 174	147 237	151 300
		总计	184 178	197 152	210 127	223 101	236 077	249 051	262 026	275 000
	普通教育雇员数量	女性	76 044	86 270	96 496	106 722	116 948	127 174	137 400	137 400
		男性	163 221	167 017	170 814	174 610	178 407	182 203	163 221	186 000
		总计	239 265	253 287	267 310	281 332	295 355	309 377	239 265	323 400
	接受食物的学生数量		100 000	100 000	100 000	100 000	100 000	100 000	100 000	100 000
	支援边远地区的合格教师数量		100	100	100	100	100	100	100	100
	每年表得土地的教师数量		5 000	10 000	10 000	10 000	10 000	10 000	10 000	10 000
	18小时电视节目和广播数量		18	20	22	24	26	28	30	32
提高普通教育质量	接受培训的监管者数量		1 500	2 000	2 500	3 000	3 500	4 000	4 500	5 000
	通过实验培训的科学教师数量		1 500	2 000	2 000	2 000	2 000	2 000	2 000	2 000
	接受全纳教育和儿童友好学校培训的教师/管理者数量		10 000	10 000	12 000	12 000	15 000	15 000	20 000	20 000
	三班制学校数量		433	371	309	247	186	124	62	0
	标准化测试实施		1	1	1	1	1	1	1	1

(续表)

项目目标	关键指标	基准线 2013年	年度目标					
			2014年	2015年	2016年	2017年	2018年	2019年	2020年
增设并重建学校	考试实施率	51%	53%	55%	57%	59%	61%	63%	65%
	每年学校建成数	625	675	725	775	825	875	925	975
	每年学校维修数量	300	300	300	300	300	300	300	300
	每年围墙建造数量	200	200	200	200	200	200	200	200
	环境卫生设施建造数量	500	500	500	500	500	500	500	500
	配有饮用水设备的学校数量	500	500	500	500	500	500	500	500
为学校添置设备	为学校提供的桌椅数量	400 000	400 000	400 000	400 000	400 000	400 000	400 000	400 000
	每年装配计算机实验室的学校数量	200	250	300	350	350	400	450	500
	每年获取教学工具的学校数量	400	400	400	400	400	400	400	400
	每年获取急救工具的学校数量	400	400	400	400	400	400	400	400
	每年添置实验室的学校数量	300	300	300	300	300	300	300	300
提高学校管理质量	接受过培训的学校管理委员会数量	1 000	1 000	1 000	1 000	1 000	1 000	1 000	1 000
	每年获得津贴的学校数量	2 000	2 000	2 000	2 000	2 000	2 000	2 000	2 000

(二)伊斯兰教育

(略)

(三)课程建设

1. 整体目标

根据今后的社会需求,遵循伊斯兰国家的价值观,依照学术规范和新课程框架,提供质量合格的教材与教师指南。

2. 2020年目标

建设和完善普通教育课程和伊斯兰教育课程、修订教材和教师指南;为普通教育和伊斯兰教育的所有学生提供完整的教材;为所有的普通学校和伊斯兰学校的教师提供教师指南。

3. 课程建设战略

教育部将实施以下战略来实现上述课程建设的目标:

(1)完善课程和修订教材

定期对全国范围内的课程实施情况进行评估,并将其结果用于改善现有的课程和修订教材。指派教材编写者入校教授相应课程,从而发现教材中存在的短板,并进行修订完善。此外,邀请有资质和经验的教师协助教材编写者修订教材,与社区、学生、父母和其他利益相关者协商,提高课程质量并且借鉴其他国家课程建设的经验。

(2)将能力培养纳入课程

课程建设部门将结合各年级学生的能力,完善教材、评估学生学习成果并设计标准化测试。

(3)为幼儿教育开发课程

课程建设部门将为幼儿教育开发课程和学习材料。

(4)为第三语言、盲文、手语教学设计教材

继续编写第三语言的教材,并对已经编写好的教材进行必要的修订;为视力障碍儿童提供盲文教材;为听力障碍儿童提供手语教材。

(5)关注一至三年级的阅读理解

三年级末的学生拥有阅读理解能力是非常重要的。课程建设部门将完善一至三年级的课程,重点放在培养阅读理解能力方面。课程建设计划将减少一至三年级的教科书主题数量,并且减少不重要科目的课时,以此增加培养学生阅读理解能力的时间。

(6)提高印刷和分发教科书的效率

教育部将改进教科书的印刷和分发系统,保证学生按时拿到全部教科书。为此,教育部将根据准确的数据和信息对教科书的印刷和分发做整体规划,同时还将定期对整个过程做出评估。

(7)能力开发

课程建设部门的能力开发是教育部的优先发展事项。教育部将实施培训项目,提高教科书的编写和评估水平。对在海外学习的部内学术人员,教育部将给予奖学金支持。此外,教育部联合高等教育部在课程建设领域建立大额奖学金,使更多的专家能够接受该领域的培训。

4. 项目和年度目标

设计以下几个项目用于实现课程建设战略的目标:

①为所有普通教育和伊斯兰教育的教师提供全套教师指南;

②修正普通教育和伊斯兰教育的教科书和教师指南;

③印刷及分发普通教育和伊斯兰教育的教科书与教师指南;

④对学术成员进行能力培养。

表2-9包含了各项目的目标、关键指标、基准线和年度目标。

(四)教师教育

1. 整体目标

为普通学校和伊斯兰学校提供专业教师,遵循伊斯兰和国家价值观,消除任何形式的地域、语言和民族的歧视,开发普通学校和伊斯兰学校教师的基本能力以提高教学质量。

2. 2020年目标

开发普通教师和伊斯兰教师的基本能力以保证教学质量;开发普通管理者和伊斯兰管理者的能力以保证学校管理;将学生增加至80 000名(45 000名岗前学生和35 000名在职学生);将教师教育中心的教师增加至3 200名;建造42个教师教育中心和420个区域教师教育中心。

3. 教师教育战略

教育部将实施以下战略来实现上述教师教育的目标:

(1)教师基础能力教育

教师教育计划将利用阿富汗最新的教师能力框架改善教师教育中心的课程设置和培训材料质量,提供教师水平,优化资格认证体系。

(2)实行教师能力测试

教师教育计划将开发并实行教师的标准能力测试,对现有教师和教师教育中心即将毕业的学生做出评估。测试结果将被用来改善教师培训材料、改进教师教学过程和提高教师资质。测试将对教师的知识储备和实践技能做出评估。

(3)关注教师教育中心服务计划

教育部将招录具有十二年级毕业资质的现有教师,让其通过两年的在职教育获取教师教育学位。教育部将密切监督各地区教师教育中心的在职课程,促使学生按时上

表 2-9 各项目的目标、关键指标、基准线和年度目标①

结果目标	关键指标	基准线	年度目标						
		2013年	2014年	2015年	2016年	2017年	2018年	2019年	2020年
为所有普通教育和伊斯兰教育的教师提供全套教师指南	普通教育教师获得全套教师指南的比重	—	100%	100%	100%	100%	100%	100%	100%
	伊斯兰教育教师获得全套教师指南的比重	—	100%	100%	100%	100%	100%	100%	100%
修正普通教育和伊斯兰教育的教科书和教师指南	普通教育教科书内容修订数量	100	120	140	160	180	200	220	250
	伊斯兰教育教科书内容修订数量	50	50	50	50	50	50	50	50
	第三语言教科书编写数量	8	8	8	8	8	8	8	8
印刷及分发普通教育和伊斯兰教育教科书与教师指南	普通教育教科书与教师指南印刷及分发量（百万）	—	31.4	33.8	36.3	38.9	41.6	44.5	47.5
	伊斯兰教育教科书与教师指南印刷及分发量（百万）	—	0.9	0.9	1.0	1.0	1.1	1.1	1.2
对学术成员进行能力培养	接受短期课程培训的学术成员数量	50	50	50	50	50	50	50	50
	走海外深造的学术成员数量	5	5	5	5	5	5	5	5

① 数据等信息遵照原文。

课并且接受高质量的教师教育。在合格教师短缺的边远地区，教育部将招募十二年级毕业生担任教师，并且促使其参加教师教育中心的在职学习。

（4）女教师教育

教育部的主要战略之一是提高教师教育中心的女性入学率，增加合格女教师的数量。因此，计划优先招募和培训女教师，并且向招募的女教师提供奖励，同时为其提供生活所需的设施（比如宿舍等）。

（5）升级教师教育中心的职前管理系统

教育部将与高等教育部紧密合作，对岗前教师教育中心的管理系统进行升级，录取对教学工作有兴趣并达到最低入学资格的学生。此外，教育部强制要求岗前学生在毕业后作为教师至少服务两年。

（6）为有特殊需求的学校和教师制订教师教育计划

教育部将统计各地区、各学科缺少的合格教师，并相应地为教师教育中心招录学生。教育部同时为不同地区的特殊需求教师设计并实施短期培训。

（7）培训社区学校教师

教师教育计划将为社区学校教师开发标准化的培训包，并且同实施伙伴进行合作，对教师进行培训以达到提高社区教育质量的目的。

（8）培训学前教师

考虑到幼儿教育的重要性，教育部将通过教师教育中心培训学前教师，同时为区域教师教育中心提供教师支持。

（9）强化实习课

教师教育计划将延长学生岗前和在校时的实习时间，并安排有经验的教师对教师教育中心的教学过程进行观察，提供帮助和指导。

（10）为全纳教育储备教师

教育部将在课程中整合全纳教育的概念和战略，教育部还将通过全纳教育的规则来发展教师教育中心，以便教师教育中心应对不同群体的教师需求。

（11）提高教师教育中心的教学质量

教师教育计划将继续完善教师教育中心的课程以保证其质量。同时，为教师教育中心的教师提供培训以提高其授课质量。例如，教育部将为攻读硕士学位的教师教育中心的教师提供奖学金。

（12）发展区域教师教育中心

教育部将在各地区建立区域教师教育中心，为在职教师提供教学材料。中心教员也将定期造访学校，跟进教师培训并进行指导。

（13）为十二年级以下学历的教师提供速成学习

由于约10%的教师没有达到十二年级毕业的学历，教育部将召集这些教师加入速成学习项目帮助其完成学业，并且取得进入教师教育中心进行在职培训的资质。

(14)教师学习圈

教育部支持各学校间的教师建立起学习圈,观察各班级的情况,为他人提供意见,交流经验并在非正式场合相互学习。此外,教育部还培训教师进行行动研究,以便形成团队完成小规模研究,从而解决实际问题。

(15)管理者培训

教师教育计划将继续为学校管理者提供培训,并且基于阿富汗学校管理者的能力框架设计和实施新的一揽子培训计划。

(16)教师资格认证

教育部将根据教师能力测试结果、教师资质和教学经验等标准,制定教师资格认证体系。体系由横向维度(不同领域同级别教师)和纵向维度(为更高资质的教师谋求更高的职位)组成,并且系统将评定教师的专业化程度。

(17)教师教育机构的认证

教育部将对教师教育机构开发认证系统,通过资质认定以及标准化程序,评估公立和私立的教师教育机构。

(18)加强同高等教育部的合作

推动教师教育是教育部和高等教育部合作的共同责任,因此,教育部将协同高等教育部研究教师教育政策、战略和计划。

4. 项目和年度目标

设计以下几个项目用于实现教师教育战略的目标:
①提高普通学校和伊斯兰学校的教师质量;
②增加教师教育中心的录取率;
③为教师和学校管理者提供短期培训;
④提高教师教育质量;
⑤建造并修复教师教育中心;
⑥提高教师教育管理质量。

表2-10包含了各项目的目标、关键指标、基准线和年度目标。

(五)职业教育

1. 整体目标

向包括女性在内的全体社会成员提供符合市场需求且高质量的职业教育,使他们满足阿富汗劳动力市场的需求,促进国家均衡、公平发展。

2. 2020年目标

职业教育学生增加至300 000人;职业教育教师增加至12 000人;职业教育中心增加至412个;有教学楼的职业教育中心增加至225个;根据市场需求提高职业教育质量;为未能考取大学的5 000名学生提供短期职业教育。

表 2-10 各项目的目标、关键指标、基准线和年度目标①

项目目标	关键指标		基准线 2013 年	年度目标						
				2014 年	2015 年	2016 年	2017 年	2018 年	2019 年	2020 年
提高教师质量	获取最低资质的教师比重		47%	52%	56%	61%	66%	71%	75%	80%
	通过能力测试的教师比重		75%	78%	80%	82%	84%	86%	88%	90%
	通过能力测试的管理者比重		75%	78%	80%	82%	84%	86%	88%	90%
	岗前教师教育中心的学生数量	女性	10 000	11 500	13 000	14 500	16 500	18 000	20 000	22 000
		男性	22 500	21 500	20 500	19 000	17 500	16 000	14 500	13 000
		合计	32 500	33 000	33 500	33 500	34 000	34 000	34 500	35 000
	在职教师教育中心的学生数量	女性	19 500	20 500	21 500	22 500	23 500	24 000	25 000	26 000
		男性	14 500	15 000	15 500	16 500	17 000	17 500	18 500	19 000
		合计	34 000	35 500	37 000	39 000	40 500	41 500	43 500	45 000
	教师教育中心的教师数量	女性	489	556	624	691	758	825	893	960
		男性	1 977	2 015	2 052	2 090	2 127	2 165	2 202	2 240
		合计	2 466	2 571	2 676	2 781	2 885	2 990	3 095	3 200
	教师教育中心的雇员数量	女性	620	684	749	813	877	941	1 006	1 070
		男性	3 113	3 054	2 995	2 936	2 877	2 818	2 759	2 700
		合计	3 733	3 738	3 744	3 749	3 754	3 759	3 765	3 770
提高教师教育中心的录取率	参加速成学习的教师数量		—	2 000	2 000	2 000	2 000	2 000	2 000	2 000
	教师教育中心数量		42	42	42	42	42	42	42	42
	区域教师教育中心数量		210	240	270	300	330	360	390	420
	获得地区奖励的教师教育中心教员数量		500	500	500	500	500	500	500	500
	获得奖学金的教师教育中心女学生数量		2 500	2 700	2 900	3 100	3 200	3 300	3 400	3 500

① 数据等信息遵照原文。

(续表)

项目目标	关键指标		基准线 2013年	年度目标					
				2014年	2015年	2016年	2017年	2018年	2019年	2020年
为教师和学校管理者提供短期培训	接受培训的教师数量	女性	8 500	10 500	12 500	14 500	16 500	18 500	20 500	22 500
		男性	15 000	16 500	18 500	20 500	22 000	24 000	25 500	27 500
		合计	23 500	27 000	31 000	35 000	38 500	42 500	46 000	50 000
	接受培训的管理者数量		10 000	10 000	10 000	10 000	10 000	10 000	10 000	10 000
	功能性教师学习圈数量		6 000	6 500	7 000	7 500	8 000	8 500	9 000	10 000
	教师教育中心教科书修订数量		90	90	90	90	90	90	90	90
提高教师教育质量	教师教育中心教科书印刷和分发数量/百万		0.71	0.75	0.78	0.82	0.85	0.89	0.92	0.96
	教师能力测试实施数量		1	1	1	1	1	1	1	1
	资格认证体系实施数量		—	1	1	1	1	1	1	1
建造并修复教师教育中心	每年建成的教师教育中心综合楼数量		3	3	3	3	3	3	3	3
	每年落成的地区教师教育中心数量		5	10	15	20	25	30	35	40
提高教师教育管理质量	每年接受培训的教师教育管理者数量		20	20	20	20	20	20	20	20
	开发和实施的教师教育信息系统数量		1	1	1	1	1	1	1	1

3. 职业教育战略

教育部将实施以下战略来实现上述职业教育的目标：

(1) 开展市场导向的职业教育

教育部的职业教育部门与劳动、社会事务、烈士和残疾人部将对全国的劳动力市场进行调研，根据调研结果制订相应的职业教育计划。职业教育部门将同私立部门的代表们共同对专业课程做出评估，使其能够适应劳动力市场的需求。此外，职业教育部门还将跟踪毕业生在相关领域的就业率，审核职业教育项目与市场需求的相关性，使职业教育计划能够满足劳动力市场的需求。

(2) 建立职业教育研究中心

教育部的职业教育部门将建立国家职业教育研究中心，开展劳动力市场需求研究，关注阿富汗职业教育的发展。

(3) 实施基于需求的课程与评估

教育部职业教育部门将在私立部门的帮助下，了解各职业教育领域所需培养的能力，同时制定评估这些能力的标准，针对这些能力培养标准来设置相应的课程。课程将涵盖一般性的工作技巧，例如纪律、团队协作、创造力和技术技巧。职业教育部门将对毕业生做出评估以确保其得到高质量的教育。

(4) 鼓励私立部门参与职业教育

职业教育计划的关键战略是增加私立部门在职业教育计划实施过程中的参与度。教育部职业教育部门鼓励并支持私立部门建立职业教育中心，为私立部门参与开发评估标准和职业教育领域的课程提供机会。在私立部门的支持下，为参加职业教育的学生提供学徒制机会，帮助其获取实践经验。

(5) 开展短期职业培训

考虑到日益增加的普通教育毕业生数量和高等教育的有限容量，职业教育部门将为那些未能获得高等教育机会的毕业生提供短期培训（六个月的课程），并将利用职业教育学校现有资源，在劳动、社会事务、烈士和残疾人部规定的150个标准领域内，提供两班制职业培训。短期培训的目的是增加受训者在劳动力市场被雇用的概率。主要通过私立部门的学徒制职业培训实现。

(6) 将农业和食品加工作为研究的主要方向

随着农业成为本国最大的产业，职业教育部门将增加农业和食品加工研究方向，教育部也将提供高质量的农业研究并确保该计划的有效性。

(7) 升级职业教育登记系统

职业教育部门将升级职业教育登记系统，使每个学生都能够根据其个人兴趣、需求和能力，接受相关方向的教育。

(8) 增加职业教育的女学生

职业教育部门将采取以下措施来增加女学生的录取率：①为女学生举行公共认知

宣讲;②发展女性更为关注的职业教育领域;③雇用更多女性教师;④为边远地区的女学生提供宿舍等设施。

(9)发展职业教育方面的教师教育和制订奖学金计划

职业教育面临的一个主要挑战是在市场相关领域缺少合格教师。为应对这一挑战,职业教育部门同德国的相关组织合作,为职业教育教师建立两所学校,并将在世界银行的支持下,建立在职教师培训学校。此外,职业教育部门将为教师提供机会,推动教师获取学士、硕士和博士学位。

(10)在每个地区至少建立一所职业教育学校

教育部将在各地区建立职业教育学校,增加全国范围内的职业教育学生数量。

(11)利用普通教育学校的教学楼

在可行的条件下,职业教育部门将利用普通教育学校的教学楼,作为两班制职业教育学校的教学场所,这将以极低成本加快职业教育学校的发展。

(12)与职业教育利益相关者合作

教育部将在与职业教育利益相关者合作的过程中发挥积极作用,尤其加强同高等教育部和劳动、社会事务、烈士和残疾人部的合作。

4. 项目和年度目标

设计以下几个项目用于实现职业教育战略目标:

①提高职业教育录取质量;

②提高职业教育录取率;

③建造并配置职业教育中心;

④提供短期职业培训;

⑤提高职业教育质量;

⑥提高职业教育管理质量。

表2-11包含了各项目的目标、关键指标、基准线和年度目标。

(六)识字教育

1. 整体目标

提高阿富汗15岁以上公民的识字率,使其获得必要的能力从而胜任父母、雇员和公民的角色,并且为他们提供更多受教育的机会。

2. 2020年目标

截至2020年将15岁以上公民的识字率提高至60%(女性50%、男性70%);为105万学生提供识字课程(女性至少占50%);为20万识字学生提供学习读写的机会;在各省建造社区识字中心;提高识字课程质量,确保至少80%的参与识字学习课程的人能够成功通过标准测试。

表 2-11 各项目的目标、关键指标、基准线和年度目标①

项目目标	关键指标		基准线 2013 年	年度目标					
				2014 年	2015 年	2016 年	2017 年	2018 年	2019 年	2020 年
提高职业教育录取质量	接受职业教育的学生数量		61 000	95 143	129 286	163 429	197 571	231 714	265 857	3 000 000
	职业教育毕业生的被雇用率		50%	50%	55%	60%	65%	65%	65%	70%
	职业教育学生数量	女性	8 145	18 410	28 675	38 940	49 205	59 470	69 735	80 000
		男性	52 855	76 733	100 611	124 489	148 366	172 244	196 122	220 000
		合计	61 000	95 143	129 286	163 429	197 571	231 714	265 857	300 000
	职业教育教师数量	女性	524	906	1 289	1 671	2 053	2 435	2 818	3 200
		男性	1 757	2 763	3 769	4 775	5 782	6 788	7 794	8 800
		合计	2 281	3 669	5 058	6 446	7 835	9 223	10 612	12 000
提高职业教育录取率	接受职业教育的雇员数量	女性	814	1 212	1 610	2 008	2 406	2 804	3 202	3 600
		男性	3 605	4 604	5 604	6 603	7 602	8 601	9 601	10 600
		合计	4 419	5 816	7 214	8 611	10 008	11 405	12 803	14 200
	职业教育学校数量		155	177	200	222	245	267	290	312
	职业教育机构数量		89	91	92	94	95	97	98	100
	为儿童和残障人士开设的学校数量		9	10	11	12	13	14	15	16
建造并配置职业教育中心	有教学楼建的职业教育中心数量		65	80	100	120	145	170	195	225
	每年修建的职业教育中心的宿舍建造数量		15	20	20	25	25	25	30	30
	每年职业教育中心的宿舍建造数量		2	2	2	2	2	2	2	2
提供短期职业培训	职业教育中心短期学员数量		60	80	100	120	140	160	180	200
	修订课程职业教育领域数量		—	5 000	5 000	5 000	5 000	5 000	5 000	5 000
提高职业教育质量	获得全套教科书的学生比重		75	80	85	90	95	100	105	110
			40%	50%	55%	60%	65%	70%	75%	80%
	教科书印刷和分发数量		400 000	450 000	200 000	100 000	100 000	50 000	50 000	50 000
	参与能力开发的教科书编者数量		20	30	40	50	20	20	10	10
	接受培训的教师教师数量		2 494	4 127	5 760	7 393	9 026	10 659	12 292	12 500
提高职业教育管理质量	接受职业教育中心的访问数量		261	282	303	324	345	374	403	432
	每年职业教育中心雇员的受训数量		120	150	180	210	240	270	300	350

① 数据等信息遵照原文。

3. 识字教育战略

教育部将实施以下战略来实现上述识字教育的目标：

(1)打响国家识字战役

下设在识字高级监督管理委员会的识字部门将打响国家识字战役，以此来巩固国家政权并消除文盲。识字部门通过媒体(例如教育广播、电视)以及伊斯兰学校和普通学校开展识字教育，让文盲群体参与到识字课程中；同时该部门还邀请了本国商人和志愿者对识字教育的实施提供支持。此外，该部门还鼓励政府组织、非政府组织和私立部门为文盲员工开设识字课程。该部门将在必要的时候提供教科书并对教师进行识字课程培训。教育部将优先与国家内务部和国防部合作，为阿富汗国家警察和军队开展识字教育。

(2)部署普通教育学校的教师和清真寺的毛拉伊玛目(Mullah Imams)教授识字课程

为录取更多的学生并且以最低的成本提升识字教育的质量，识字部门协同学术部门部署普通教育学校的教师和清真寺的毛拉伊玛目以加班的形式来教授识字课程。此外，识字部门将根据成人教育的原则和特殊性对识字课程的教师进行培训。

(3)将普通教育学校和清真寺作为识字课程的开展中心

识字部门动员普通教育学校和清真寺，并鼓励社区，参与到识字课程的开展中，推动识字教育在乡村和边远地区的开展，收集学生识字教育的有关信息。识字课程将尽可能在普通教育学校或者清真寺里教授。

(4)建立社区识字中心

识字部门将在全国范围内建立8个社区识字中心，对识字教育进行协助和监管。该部门将对识字课程的教师和监管者制订并实施能力开发计划。社区识字中心将首先在省会建立，随后在区域中心建立。这些中心将由当地社区进行管理，同时将采取必要措施使社区识字中心能够经济独立。

(5)聚焦青少年作为首要目标群体

考虑到青少年(15～24岁)在国家发展中的角色，教育部将其作为首要目标人群，并且为他们继续在成人学校接受教育做准备。同时，教育部试图为所有学习者提供识字课程，而不受年龄限制。

(6)特别关注女性和弱势群体

教育部通过与女性事务部和其他部门合作伙伴的协作，为女性提供更多接受识字教育的机会。随着全纳教育政策的出台，本战略关注点也会放在弱势群体(如游牧民族和边远地区的民众)上。

(7)推动成人识字教育毕业生继续学习

依据学龄条件，很多识字教育的毕业生可升入普通教育学校四年级。此外，需要借助其他解决方案为超过年龄的学生提供继续教育的机会。通过与普通教育计划合作，识字部门将推动成人教育计划，让成人识字教育毕业生能够学习特别的成人识字课程。

识字部门将同课程开发部门紧密合作,为成人识字教育研发出更为紧凑的相关课程。成人识字教育的学生需要像其他学生一样通过能力评估测试。识字部门也将考虑利用开放教育系统和远程教育手段进行识字教育。

(8)利用信息通信技术

识字教育还将利用广播、电视、电话、移动终端、计算机网络等信息通信技术,推动识字课程的发展,同时也激励文盲学习识字课程并提高课程质量。识字部门将制作并分发用于电脑学习的CD材料,也将利用短信系统(SMS)向识字课程学习者的手机发送学习材料。

(9)构建识字能力评估标准系统

识字部门将设计并使用一套应用于识字课程学生识字能力评估的标准系统,评估学生的学习所得,确保识字课程具有良好效果并且学生获得了基础的识字技能。在得到识字能力证书之前学习者必须通过能力评估测试。

(10)结合市场需求设计识字课程

识字部门将对现有的识字课程进行修订,使其更加紧密地结合学习者的生活和职业,增加课程效益,并为不同的职业设计多种教科书。

(11)升级识字教育监督和评估系统

在规划部门的支持下,识字部门将强化其监督和评估系统,确保识字教育的有效实施。升级后的系统能够提高决策制定过程中信息的利用率。该系统包含了学习者、课程、教师、合同伙伴的相关项目内容。

(12)增强与实施伙伴的协作

识字部门将同实施伙伴协作,确保识字教育与国家教育战略规划的一致性,确保项目的实施能够更加经济节约。

(13)可持续发展计划

识字部门将设计一系列可持续发展计划并推动计划的落实,对本部门的组织与个人能力进行持续开发。修订现有政策和机制,推进短期课程,并为各中心、省、地区的识字管理者实施长期培训,鼓励提出可持续发展建议。

4.项目和年度目标

设计以下几个项目用于实现识字教育战略的目标:

①提高识字率;
②提高识字教育录取率;
③提供职业教育中的识字教育;
④提高识字教育质量;
⑤建立社区识字中心;
⑥提高识字教育管理质量。

表2-12包含了各项目的目标、主要指标、基准线和年度目标。

表 2-12　各项目的目标、关键指标、基准线和年度目标①

项目目标	关键指标		基准线 2013 年	年度目标 2014 年	2015 年	2016 年	2017 年	2018 年	2019 年	2020 年
提高识字率	15 岁以上公民识字率	女性	20%	25%	30%	35%	40%	45%	50%	50%
		男性	50%	53%	55%	58%	60%	63%	67%	70%
		合计	36%	38%	40%	43%	45%	48%	52%	60%
	学习者数量	女性	207 857	256 735	305 612	354 490	403 367	452 245	501 122	550 000
		男性	254 047	289 183	324 319	359 455	394 592	429 728	464 864	500 000
		合计	461 904	545 918	629 931	713 945	797 959	881 973	965 986	1 050 000
	全职教师数量	女性	1 353	1 517	1 681	1 845	2 008	2 172	2 336	2 500
		男性	3 314	3 341	3 367	3 394	3 420	3 447	3 473	3 500
		合计	4 667	4 858	5 048	5 239	5 428	5 619	5 809	6 000
	合同制教师数量	女性	5 874	6 249	6 624	6 999	7 375	7 750	8 125	8 500
		男性	3 630	4 040	4 450	4 860	5 270	5 680	6 090	6 500
		合计	9 504	10 289	11 074	11 859	12 645	13 430	14 215	15 000
	雇员数量	女性	1 590	1 740	1 890	2 040	2 190	2 330	2 480	2 630
		男性	3 880	3 850	3 820	3 790	3 760	3 740	3 710	3 680
		合计	5 470	5 590	5 710	5 830	5 950	6 070	6 190	6 310
	课程数量		9 787	24 460	29 134	33 807	38 480	43 153	47 827	52 500
	宣传活动数量		—	1	1	1	1	1	1	1
提高识字教育录取率	职业识字课程学习者数量	女性	17 100	17 300	17 400	17 500	17 600	17 800	17 900	18 000
		男性	11 300	11 300	11 300	11 300	11 300	11 300	11 300	12 000
		合计	28 400	28 600	28 700	28 800	28 900	29 100	29 200	30 000
提供职业教育中的识字教育	职业教育识字课程数量		—	1 907	1 913	1 920	1 927	1 940	1 947	2 000

① 原文数据无单位。

(续表)

项目目标	关键指标	基准线 2013年	年度目标						
			2014年	2015年	2016年	2017年	2018年	2019年	2020年
提高识字教育质量	通过最终测试的学习者比重	—	50%	55%	60%	65%	70%	75%	80%
	接受培训的教师数量	10 000	10 000	10 000	10 000	10 000	10 000	10 000	10 000
	获取识字材料的学习者比重	100%	100%	100%	100%	100%	100%	100%	100%
	修订的教科书数量	28	28	28	28	28	28	28	28
	每年印刷和分发的教科书数量（百万）	1.22	1.32	1.42	1.51	1.61	1.71	1.80	1.90
建立社区识字中心	建立的社区识字中心数量	15	17	19	22	25	28	31	35
	每年建立的社区识字中心数量	2	2	2	3	3	3	3	4
	开发识字信息管理系统	1	1	1	1	1	1	1	1
提高识字教育管理质量	每年接受培训的管理者数量	900	900	900	900	900	900	900	900

(七)教育管理

1. 整体目标

为全国成功实施教育战略规划,提供有效并透明的教育管理服务。同时,在与国家法律框架和国际承诺相结合的战略层面下,改善教育部门的效率和透明度。

2. 2020年目标

发展并修订教育政策、规则和条例,并向所有学校分发;制订国家、省和地区层面的可操作的计划;促进科研类政策的规划、监督和评估,并且向国家、省和地区汇报;向教育管理者授权并增加省、地区教育部门的行政权和财政权;截至2020年,将教育部的预算执行比例提高到95%;通过信息通信技术提高行政过程的效率和透明度;为国家、省和地区实施教育管理提供足够、及时的预算支持;减少各级教育部门的腐败行为。

3. 教育管理战略

教育部将实施以下战略来实现上述教育管理的目标:

(1)教育管理授权

授权意味着向省、地区教育部门移交责任和决策权,这是教育部的主要政策之一。教师招募、迁移和对学生证书的分发日后将由省、地区教育部门接管。政策的规划、监督和评估,管理信息系统的优化升级,教育采购,财政流程,等等,将被授权给省、地区教育部门,同时教育部将强化监管系统,以确保教育政策恰当落实。

(2)促使管理程序合理

教育部门现有程序冗余,为发展和改革教育管理,并且减少腐败,教育部门将精简行政和财政流程,并宣传其规章和条例。此外,有关部门将更加关注受益人的服务满意度,并且对客户的需求更加重视。

(3)利用信息通信技术

教育部将利用信息通信技术提高教育管理效率。为此,教育部将把中央行政系统信息化,并且向省一级推广,同时利用互联网和电话技术促进不同部门之间的沟通。

(4)升级信息管理系统和基于信息的决策制定

教育部将通过对管理过程的信息化来收集数据,诸如学生注册情况,教师在省、地区和学校层级的招聘结果等教育数据,从而提高数据的准确性。此外,所有的教育部数据库和信息系统将会通过信息管理系统进行整合,方便其他部门查询,促进更好的合作和决策的落实。教育部的所有决策和规划都是基于数据的分析而制定的。教育部将收集大量的弱势群体数据(例如残障儿童、游牧民族儿童、少数民族儿童等),并向民众提供教育数据和报告。

(5)强化审计系统

教育部将建立一套标准的审计系统以减少腐败;为提升效率、透明度开发程序,并对省、地区教育部门和学校提供必要指导;建立内部审计委员会,提升教育部门审计者的业务能力。

(6)建设符合标准的学校

教育部将根据已确定的标准完成教育中心的建设。所有的新教学楼实现无障碍化,并且包含必需的设施,如边界墙、饮用水和卫生设施等。教育部将监督学校的建设项目,确保其达到教育部的标准。

(7)通过不同方法将薪水发放到边远地区

教育部将利用不同的方法按时将雇员薪水发放下去,即便其身处边远地区。方法包括通过移动终端和直升机发放薪水。

(8)通过国家预算引导财政救助

依据东京宣言(2012年),教育部鼓励捐赠者通过政府核心发展预算来投放他们至少50%的财政援助,而不是通过外部预算投放。这将使教育部对财政预算的开支与优先顺序一致,并且能够让发展计划更为有效。

(9)开发雇员能力

教育部将进一步开发其雇员的能力,尤其是省、地区的教育部门雇员,提高教育质量并且增强支持服务的有效性。教育部将回顾现有的能力开发战略,尤其是雇用技术助理的效果。教育部还将开发并实施一套综合的员工绩效评估系统。

(10)增加教育部门同其他部门的合作

为了促进任务的执行,提高工作效益,教育部门将增加与其他部门之间的协同合作,并在教育部内部各部门之间召开协同磋商会议。

4. 项目和年度目标

设计以下几个项目用于实现教育管理战略的目标:

①提高发展预算执行效率;

②修订教育部立法文件;

③强化战略管理;

④监督教育中心的建设;

⑤建一个教育部中心大楼;

⑥为教育中心和办公室安装信息管理系统;

⑦对财政和采购进行授权;

⑧行政改革和人力资源开发。

表2-13包含了各项目的目标、关键指标、基准线和年度目标。

表 2-13 各项目的目标、关键指标、基准线和年度目标[1]

项目目标	关键指标	基准线 2013年	2014年	2015年	2016年	2017年	2018年	2019年	2020年
提高发展预算执行效率	预算执行比例	37%	45%	54%	62%	70%	78%	87%	95%
修订教育部立法文件	修订立法文件数量	10	10	10	10	10	10	10	10
	立法文件印刷和分发数量	152 700	158 900	165 300	171 900	178 700	185 700	192 900	200 500
	制订的国家级运营计划	1	1	1	1	1	1	1	1
	制订的省级运营计划	35	35	35	35	35	35	35	35
	制订的地区级运营计划	412	412	412	412	412	412	412	412
	教育部项目评估数量	5	5	5	5	5	5	5	5
强化战略管理	制定的进度报告数量	36	36	36	36	36	36	36	36
	在规划机构受培训的雇员	242	240	240	240	240	240	240	240
	开发的教育管理信息系统模块数量		35	110	180	340	300	360	412
	使用教育管理信息系统的省级教育办公室数量	36	50	232	232	232	232	232	232
	使用教育管理信息系统的地区教育办公室数量	232	232						
监督教育中心的建设	施工工程师数量								
建一个教育中心大楼	依照计划进行的建设比重			33%	67%	100%			
为教育中心和办公室	安装信息管理系统的省级办公室数量	30	35	35	35	35	35	35	35
	安装信息管理系统的地区办公室数量	0	0	30	60	90	120	150	180
安装信息管理系统	给学生分配的笔记本电脑数量	800	1 000	1 200	1 400	1 600	1 800	2 000	2 200
	接受IT培训的雇员数量	200	250	300	350	400	450	500	550
	行政管理信息系统数量		3	3	3	3	3	3	3
对财政和采购进行授权	拥有 AFMIS 的省份数[2]		35	35	35	35	35	35	35
	拥有 BPET 的省份数		35	35	35	35	35	35	35
行政改革和	教育部雇员数量 女性	69 473	81 120	92 766	104 413	116 060	127 707	139 353	151 000
	男性	188 334	192 501	196 667	200 834	205 000	209 167	213 333	217 500
	合计	257 807	273 621	289 433	305 247	321 060	336 874	352 686	368 500
人力资源开发	改革后分配的雇员数量	240 000	271 000	284 000	296 000	309 000	321 000	334 000	345 000
	每年雇员培训数量	2 300	2 300	2 400	2 400	2 400	2 400	2 500	2 500

① 数据等信息遵照原文。
② AFMIS 和 BPET 是功能不同的财务结算信息系统。

四、预算

表 2-14 包含了每个教育战略所需的发展预算。

表 2-14　　　　每个教育战略所需的发展预算① 　　　　（百万美元）

	战略内容	2014	2015	2016	2017	2018	2019	2020
普通教育	子计划 通识教育扩招	41.74	47.84	54.32	61.18	68.4	76.01	83.98
	提高通识教育质量	6.96	7.87	8.38	9.61	10.17	12.04	12.67
	学校的修建	212.12	235.97	261.07	287.42	315.02	343.87	373.97
	学校配置	18.38	19.25	30.13	21	21.88	22.75	23.63
	增强学校管理质量	9.19	9.63	10.06	10.5	10.94	11.38	11.81
	发展预算	288.39	320.56	353.96	389.71	426.41	466.05	506.06
	业务收支预算	472.8	495.56	524.01	553.09	584.06	620.72	659.28
	通识教育总预算	761.19	816.12	877.97	942.8	1 010.47	1 086.77	1 165.34
伊斯兰教育	子计划 伊斯兰教育扩招	0.08	0.08	0.08	0.09	0.09	0.1	0.1
	提高伊斯兰教育质量	0.24	0.25	0.26	0.27	0.29	0.3	0.31
	伊斯兰中心的修建	9.67	10.13	13.47	14.05	17.76	18.47	19.19
	伊斯兰中心的配备	1.31	1.38	1.44	1.5	1.56	1.63	1.69
	增强伊斯兰教育管理质量	2.39	2.5	2.62	2.73	2.85	2.97	3.08
	发展预算	13.69	14.34	17.87	18.64	22.55	23.47	24.37
	业务收支预算	19.54	20.34	21.15	21.81	22.66	23.7	24.74
	伊斯兰教育总预算	33.23	34.68	39.02	40.45	45.21	47.17	49.11
课程建设	子计划 对普通教育、伊斯兰教育教材和教师指南的修订	3.57	4.18	4.83	5.52	6.25	7.02	8.1
	印刷并分发普通教育以及伊斯兰教育的教材和教师指南	28.27	31.72	33.4	39.74	44.35	49.27	54.54
	学术成员的能力发展	0.21	0.22	0.23	0.24	0.25	0.26	0.27
	发展预算	32.05	36.12	38.46	45.5	50.85	56.55	62.91
	业务收支预算	2.04	2.2	2.36	2.46	2.57	2.68	2.79
	课程研发总预算	34.09	38.32	40.82	47.96	53.42	59.23	65.7
教师教育	子计划 教师教育扩招	20.33	21.21	22.24	23.29	24.5	25.48	26.63
	为教师和学校管理者提供短期培训	10.1	11.65	13.31	14.92	16.77	18.55	20.59
	提高教师教育质量	2.13	2.24	2.35	2.46	2.57	2.69	2.8
	修建教师教育中心	5.75	6.55	7.41	8.32	9.27	10.27	11.33
	提高教师教育管理质量	1.06	1.11	1.16	1.21	1.26	1.31	1.36
	发展预算	39.37	42.76	46.47	50.2	54.37	58.30	62.71
	业务收支预算	13.34	14.01	14.65	15.11	15.59	16.04	16.53
	教师教育总预算	52.71	56.77	61.12	65.31	69.96	74.34	79.24

---

① 数据等信息遵照原文。

(续表)

	战略内容	2014	2015	2016	2017	2018	2019	2020
职业教育	子计划 职业教育扩招	0.08	0.08	0.08	0.09	0.09	0.1	0.1
	建造并配置职业教育中心	25.79	31.97	38.75	45.95	54.26	63.39	73.56
	提供短期职业培训	0.32	0.36	0.38	0.4	0.41	0.43	0.45
	提高职业教育质量	18.93	27.32	36.39	46.15	56.58	67.7	71.54
	提高职业教育管理质量	0.13	0.15	0.17	0.2	0.22	0.25	0.29
	发展预算	45.25	59.88	75.77	92.79	111.56	131.87	145.94
	业务收支预算	31.45	36.58	41.41	45.47	49.22	52.97	56.43
	职业教育总预算	76.7	96.46	117.18	138.26	160.78	184.84	203.37
识字教育	子计划 识字教育扩招	57.98	85.53	96.29	107.58	119.54	132.09	145.24
	提供职业教育中的识字教育	8.95	9.41	9.87	10.34	10.84	11.31	12.07
	提高识字计划质量	9.1	10.04	10.97	12	13.08	14.14	15.31
	建立社区识字中心	3.27	3.64	4.03	4.43	4.86	5.31	5.78
	提高识字管理质量	0.76	0.79	0.83	0.86	0.9	0.94	0.97
	发展预算	80.06	109.41	121.99	135.21	149.22	163.79	179.37
	业务收支预算	9.58	9.89	10.2	10.46	10.74	11	11.26
	识字能力总预算	89.64	119.3	132.19	145.67	159.96	174.79	190.63
教育管理	子计划 修订教育部立法文件	1.88	2.01	2.14	2.27	2.41	2.55	2.7
	在政策的规划、监督和评估方面的授权	10.01	11.8	13.95	16	18.16	20.45	22.64
	监督教育中心的建造	6.15	6.45	6.74	7.03	7.33	7.62	7.91
	为教育部构建综合楼	—	4	—	—	—	—	—
	为教育中心、办公室配备信息系统	1.92	2.22	2.53	2.86	3.22	3.59	3.97
	财政权和采购权的向下授权	1.1	1.16	1.21	1.26	1.31	1.37	1.42
	行政改革和人力资源发展	2.41	2.52	2.58	2.64	2.7	2.83	2.89
	发展预算	23.47	30.16	29.15	32.06	35.13	38.41	41.53
	总业务收支预算	59.27	61.1	62.93	64.15	65.37	66.59	67.81
	教育管理发展总预算	82.74	91.26	92.08	96.21	100.5	105	109.34
教育部发展预算		522.28	613.23	693.67	764.11	850.09	938.44	1 022.89
教育部总业务收支预算		608.02	639.68	676.71	712.55	750.21	793.7	838.84
教育部总预算		1 130.3	1 252.91	1 370.38	1 476.66	1 600.3	1 732.14	1 861.73

五、实施、监管和评价体系

1. 实施体系

建立适当的实施体系是达到第三次国家教育战略规划目标的关键。教育部已经采用下列措施来促进第三次国家教育战略规划的实施。

(1)国家、省和地区的发展工作计划

规划和评估部会参与国家、省和地区发展工作计划的制订。通过这些工作计划,第三次国家教育战略规划将开始运作,并且根据各省和地区的具体情况进行调整,设计出高质量的工作计划,促进第三次国家教育战略规划的实施。

(2)对第三次国家教育战略规划和教育部组织架构进行调整

为了促进第三次国家教育战略规划更好地协同实施,第三次国家教育战略规划的设计必须与教育部现有的组织架构一致。教育部部长直接监管整个规划的实施,每名副部长都要领导一个方向的计划,同时在副部长的直接监管下,三到八个部门来指挥各子计划的特定活动。

各省在教育主管的监管下,五名高级管理者将直接负责该教育部门所有各主要计划的领导工作。

(3)增强实施过程中的协作

为更有效地实施规划,教育部将增强中央和地方不同部门之间的协作,同时定期召开会议,加强教育部与合作伙伴之间的协作。

(4)分散教育行政权

教育部为推动第三次国家教育战略规划工作的实施,将职责和决策权授权给省、地区教育部门。此外,教育部还将增加雇员在计划中的参与度,以此增强其归属感,并且希望他们能够在规划实施过程中有所担当。

(5)调动非营利性组织和私立部门的积极性

调动非营利性组织和私立部门的积极性是实施第三次国家教育战略规划的关键策略。非营利性组织将基于教育部的制度框架参与第三次国家教育战略规划的实施。

私立部门也将依托教育部的制度框架,参与教育服务的供给(如修建学校、供给商品及服务等)。当出现特殊情况或者本国满足不了下游需求时,教育部将允许外国企业协助规划的实施。

(6)强化教育部的监管系统

强化教育部的监管体系,以确保第三次国家教育战略规划的实施。为此,学术监督成员将接受培训,同时改革监管系统。此外,各级部门需要准备季度和年度进度报告,并提交至教育部领导层。各类监管机制将被评估和补充。

2. 监管与评价体系

教育部将系统地收集以下数据和信息:预算的执行情况;活动的实施情况;第三次国家教育战略规划的实施情况。收集的数据和信息将被用于向内阁、议会、民众汇报,并且用于改善规划的实施。此外,教育部将评估政策、计划和关键项目以确保其有效、合适,并且总结经验教训,用于改良教育部的政策和项目。

(1)优化教育部的信息管理系统

教育部将优化信息管理系统,增强教育数据的质量与可靠性,并且向教育部领导层和其他利益相关者及时提供所需数据和信息。此外,教育部将提升自身的分析能力,把分析报告用于规划和决策制定。教育部还将优化省、地区教育部门的信息管理系统,以此提高数据采集的准确率。教育部每年都将发布信息管理系统分析报告。

（2）年度和半年度报告

依据教育部领导批准的报告程序，教育部将制定基于国家、省和地区的规划实施监督情况，制定出年度和半年度报告。基于在此过程中的经验教训，报告程序将被修订，同时教育部会提供必要的指导，让不同级别的人员能够更好地加入项目的实施。对与报告和监管相关的能力开发将成为规划评估部门的首要目标。

（3）提高利益相关者在评估过程中的参与度

为提高评估质量，教育部将为利益相关者参与评估过程提供更多的机会。教育部将和国际捐赠者一起，在与人力资源开发部和教育合作委员会的紧密协作下，参与对外部项目的评估。教育部每年会同相关部门、发展伙伴和其他利益相关者举行年度教育部门审查会议。同时，规划部门的评估小组将协助其他部门进行国际评估，并促进外部评鉴。

（4）发展部门的研究能力

教育部将提高其研究能力并且进行评估以确保实施政策和计划的有效性，同时，教育部将制订科研实施能力发展计划，并且增强与研究小组的协作。教育部将独立实施研究计划并且同国际研究组织紧密合作。

阿富汗教育部国家教育战略规划
（2017—2021年）

一、教育部部长致辞

2001年以来，阿富汗伊斯兰共和国政府在国际合作伙伴和民间社会组织等的支持下，在教育重建方面取得了令人瞩目的成就：全国新增学校13 000所，大部分配备了新的基础设施和建筑；在校学生人数增加了超过9倍，女学生占在校学生人数的39%；普通教育系统中三分之一的教师是女教师，具有教师资格的教师超过60%；社区教育等新战略将教育惠及偏远农村的数百万儿童，在此之前农村儿童从未有上学机会……教育已成为公众参与阿富汗未来、保持阿富汗稳定和构建阿富汗民主的重要途径。

然而，教育重建进程中遇到的挑战仍不容低估：我们必须提高学习的质量和相关性，以便学生们掌握技能和知识，从而更好地为就业做准备。其中，课程和培训的重大改革将成为规划的核心，教师能力的提高将成为改革的优先事项。我们将充分利用现有资源（人力资源和基础设施）增加学习机会：一方面，在普通教育学校中为私立教育机构的学徒开设下班后的课程；另一方面鼓励教师加入成人扫盲教育。我们将在未来5年大幅度降低阿富汗的文盲率，减少基础设施不完备的学校数量，朝着实现联合国教科文组织可持续发展目标努力；我们将在教育部内部推进持续性的能力发展改革，从人员上确保第三次国家教育战略规划（NESPⅢ）①的实施。

NESPⅢ是在阿富汗教育利益相关者的共同参与下制定的，既有对国家未来的美好期待，也有对现实制约因素的清醒认识。我们将重心放在了亟待取得进展的关键领域，并制定了同私立部门、社区和民间社会的合作计划，共同推进计划的实施。随着规划中各项新战略的扎根实施，政府将会增加对教育的投入，集所有力量让教育为我们的人民服务。

NESPⅢ将仔细监控规划的实施结果，因此加强教育部的监控和评估能力对教育部本身和所有合作伙伴至关重要。我们将同国际合作伙伴、当地社区和教育利益相关者共享调查结果。我们制定了未来五年可测量和可实现的推进目标。我们将公开透明地向公众解释资源的利用情况，并公布阶段性成果，建立公众对政府行政管理的信心；

---

① NESPⅢ作为全国性的规划，是由阿富汗政府官员主持、阿富汗民主社会和国际合作伙伴支持，遵循全球教育伙伴关系组织"国际教育规划研究所"的教育部门规划所编制的指南。

我们将基于现实需要和实施经验调整战略。

教育部将以NESPⅢ的实施为契机,成立学生教师中心,这对阿富汗的发展至关重要,教育部会推动和监测该项目的实施。

二、摘要

NESPⅢ(第三次国家教育战略规划,以下简称"规划")是阿富汗伊斯兰共和国教育部在变革理论(TOC)的指导下,在国际合作伙伴、国内合作部委以及教育利益相关者的共同指导下制定的。规划总体概述了阿富汗国内教育系统取得的成就以及存在的问题,通过聚焦"质量和相关性""公平准入""高效透明管理",实现教育系统"培养熟练能干的公民,维持阿富汗经济发展和社会凝聚力"的总体目标。

(一)成就显著但仍面临挑战

2001年以来,阿富汗伊斯兰共和国在国际合作伙伴的支持下,教育系统重建取得了令人瞩目的成就:2015年在校学生超过920万人,增加了超过9倍,其中女学生占在校学生人数的39%;学校数量从3 400所增至16 400所;学校管理委员会在当地社区参与儿童教育方面发挥了关键作用。

但是,教育系统仍面临挑战:兴建更多学校,提高课程质量和课程相关性,使毕业生能更好地完成创造性的工作;在未来五年,提高农村地区小学和中学的入学率;精简部门业务,提高捐赠者资金的利用率和统一性,加强项目管理;应对收集、报告和分析全国各地绩效数据的挑战;等等。为此,教育部进行了详细的教育分析,讨论NESPⅢ的制定基础。同时,NESPⅢ持续关注EQUIP[①]、GPE[②]等捐赠项目的后续发展。

(二)国内合作部委

阿富汗教育主要由教育部负责。但是,其他部委和政府机构也会实施相关教育项目,如高等教育部、劳动、社会事务、烈士和残疾人部、朝觐及伊斯兰事务部、妇女事务部、农村复兴与发展部均提供教育服务,支持教育发展。今后,教育部将在满足双方共同利益的基础上,进一步改善和扩大同各部委之间的合作。

(三)国际合作伙伴

阿富汗的国际合作伙伴,如美国国际开发署、英国国际发展部、世界银行、联合国、瑞典、加拿大、德国、澳大利亚、日本、挪威、芬兰、丹麦等国家的大使馆也参与了NESPⅢ的制定。民间社会组织和非政府组织,如瑞典援建阿富汗委员会、救助儿童会、阿加汗基金会和阿富汗救济协调机构也参与了NESPⅢ的制定。社区教育得到了民间社会组织的广泛支持。保证援助的有效性对NESPⅢ的成功落实至关重要。

---

① EQUIP是Education Quality Improvement Programme的缩写,即教育素质改善计划。
② GPE是Global Partnership for Education的缩写,即全球教育伙伴关系。

(四)规划的总体目标

NESPⅢ通过"质量和相关性""公平准入""高效透明管理"三个主要领域实现其总体目标——通过教育系统培养熟练能干的公民,维持阿富汗经济发展和社会凝聚力。此外,规划内容同时也是教育部结构功能的反映,过去的规划内容分为普通教育、课程建设、识字教育等,如今 NESPⅢ聚焦领域的变化也预示着教育部结构功能的自我审视和今后可能的变化。阿富汗作为一个脆弱的冲突后国家,通过 NESPⅢ 的实施,教育系统必须让儿童和青少年相信国家的未来属于他们;教育必须满足他们的物质和心理需求,增强他们共同的社会责任感。

(五)规划的指导理论

变革理论是 NESPⅢ的指导理论。NESPⅢ的三个领域——"质量和相关性""公平准入""高效透明管理"分别对应变革理论的三要素,并且三要素呈自上而下的层次结构,助力 NESPⅢ总体目标的实现。三要素的目标如下:

1. 质量和相关性

质量和相关性要求所有阶段的学习者掌握作为一名多产、健康、有责任心的公民所必需的知识、技能、态度和价值观,为社会福祉做贡献,成为国内和国际劳动力市场上有活力的劳动者。

教育部及其合作伙伴的优先任务是提高教育质量和相关性。因此,在更好地实施和评估课程之前,首先需要开发同就业紧密相关的课程。

(1)融合现有课程,改善职业教育

融合现有的普通教育、识字教育、职业教育、伊斯兰教育,确保学习者拥有更高效和便捷的学习途径;为提高学生们面向劳动力市场的技术和能力,教育部将加强与行业、雇主和中小企业的联系,确保毕业生的技能能够满足市场的需求;在职业教育方面,鉴于私立教育机构的学习者数量至少是公立教育机构学习者数量的 10 倍这一事实,需要加强对这些私立部门的审查,扩大对非正式和正式私立教育机构的精准支持。

(2)多途径出版教科书,降低经费支出

通过权力下放、规划和试点外包给私立出版机构等一系列活动,拓展学校接收教科书的途径。此外,学校、学习中心等尝试使用基于信息和通信技术的教科书和学习材料。

(3)聚焦重点领域,保证教学质量

以下是教学质量改进的六个方面:

①保证课程的相关性,学习者通过课程学习,能够掌握正确的社会价值,能将知识转化为个人实践、社区、社会和国家发展所需的技能;

②通过教师培训项目、培训系统和灵活的教师部署,储备和发展专业教师;

③储备和部署学校行政人员,如在学校治理和教师监督方面担任领导角色的行政管理人员(包括校长);

④创建安全(身体和心理安全)、健康、非歧视、包容、友好的学校和课堂环境；

⑤促进教师的专业发展,修订关系教师专业能力提升和教师资格认证的政策,确保公、私立教育机构和社区教育部门教学质量的持续改进；

⑥从国家层面进行学生学习成果的常规客观评估。

2. 公平准入

公平准入即保证教育的平等性和包容性,保证阿富汗儿童、青少年和成年人特别是妇女和女童享有安全、优质的学习机会。

公平是NESPⅢ的关键内容,并体现在其中的诸多方面。例如:教育部追踪不同性别(尤其是女性)学生的入学情况；针对特定需求制定具有针对性的战略,强调为社会弱势群体提供平等教育机会；尝试实施能将特殊群体融入主流教育的包容性战略；等等。确保所有人公平享有教育机会。实现公平有两种思路：

(1)供给侧战略公平

NESPⅢ供给侧战略公平将解决以下问题：

①地域——城市和农村的地区差异；

②性别——在学校和其他学习项目中,女性的公平准入和留住率；

③包容——有特殊需求的学习者、国内难民、返乡难民和其他弱势群体。

公平的学习机会包括公平享有接受初等教育、中等教育、社区教育、伊斯兰教育、职业教育和学前教育等的机会,也包括公平享有进入短期学习中心、社区学习中心、读写中心和成人学习中心、清真寺学习,以及接受远程教育等的机会。规划将寻求以新的方式,利用现有设施、开设非正式中心或利用信息技术克服地理挑战等限制因素,保证教育公平。

(2)需求侧战略公平

①促进需求公平

影响教育需求公平的主要障碍是贫困、社会旧习(如早婚)、步行距离内缺少学校等,缺乏女教师等供给问题进一步加剧了需求问题。需求和供给方面的公平对确保儿童完成基础教育、学习者充分利用学习机会至关重要。

②保障社区参与

社区的持续参与是规划实施的关键。结合当地和学校发展的实际情况,充分发挥社区发展理事会的桥梁作用,保证所有公民享有最低限度的核心服务。此外,各部委之间特别是财政部、教育部和农村复兴与发展部正在讨论研究当地活动资金的详细资助机制。在NESPⅢ框架内,社区发展理事会将与学校管理委员会合作,将教育服务的规划和监督延伸至当地社区。

3. 高效透明管理

确保国家和地区层面的教育服务和管理的平等、优质、透明、高效,并且符合经济效益。

高效透明管理有助于"质量和相关性""公平准入"的实现。

(1)机构审查,统筹管理

规划中的许多战略是跨领域的,并且直接或间接涉及所有学习阶段,这对教育部及相关部门的行政管理提出了更高要求。对教育部职能部门及相应人力资源的审查是提高教育部统筹管理水平和提高效率的第一步。审查工作将确定教育部各职能部门的核心和非核心业务,明确教育部机构的职权范围。此外,还需引进针对雇员的招聘、培训、指导和专业发展系统,通过权力下放和人事改革发展,确保来自所有省份的工作人员享有平等和基于需求的发展。

(2)权力下放,各司其职

权力下放是教育系统的优先事项。各省、地区教育部门及学校将在预算规划和控制方面拥有更多权力。教育部的人力资源开发部门将通过社区振兴项目,帮助地方各机构薄弱环节的发展并且监督其权力行使。教育部的人员招聘将与部门的职能重组相适应,国家技术助理将帮助NESPⅢ的实施和雇员的发展。

(3)更新协议,提供资源

教育部计划更新同国际合作伙伴以及其他合作伙伴的现有协议内容,以及审查同社区、民间社会组织、国际合作伙伴以及私立部门利益相关者之间的合作协议。作为所有协议中不可或缺的内容,教育部将为学校和学习中心持续提供战略性的资金、资源支持。

(4)消除腐败,重塑信心

腐败是阿富汗面临的仅次于安全的第二大问题,教育部高度重视消除各级腐败。教育部将与其他利益相关者合作制定强有力的反腐战略,重塑公众及捐赠者对教育部各项政策、标准、计划、预算、结果、报告的信心。

(5)实施监测,层层把关

过去几年教育部设置专门单元对教育绩效进行监测,并取得了显著成效。今后,NESPⅢ将进一步提升各部门的监测和评估能力。改革培训、立法、监管等部门,将数据收集、保存和使用的权力转交给地方;中央和地方通过监督访问,保障数据的准确性;使用电子设备公开展示各种信息。此外,NESPⅢ计划将独立的第三方监测引入教育部数据系统。

(六)规划的总体框架

规划的总体框架除上文提及的三个领域外,还包括政策行动矩阵和投入产出矩阵,以及风险缓解策略分析报告和监测矩阵等若干内容。政策行动矩阵和投入产出矩阵从内容上补充了变革理论的细节内容,风险缓解策略分析报告和监测矩阵列出了教育部未来五年的监测内容。明晰NESPⅢ总体框架的支撑内容将有助于跟踪了解规划是否按计划实施,并对规划适时做出调整。

(七)规划的实施

教育部所有工作人员将同其他部委、非政府组织、民间社会组织、国际合作伙伴,共同朝着实现NESPⅢ的方向努力,确保实现监测矩阵中设定的年度产出目标。此外,通过组织研讨会制定指导方针,确保所有参与人员清楚地理解各自的任务分工。

任务和职能的重新划分是重新考虑参与阿富汗教育的团体的角色的基础。继功能审查之后,将迅速开始针对参与人员的能力发展计划,以确保工作人员就位,从而实施 NESPⅢ。省、地区教育部门以及中央部门将负责年度目标,并为实现这些目标组织资源。规划的实施将涉及修改教育部同其他部委、民间社会组织、非政府组织和私立教育机构的合作关系。伴随 NESPⅢ 的实施,教育部同各合作伙伴之间的关系也将调整。家长和社区的重要作用将得到更多的认可和支持。

(八)规划的风险

NESPⅢ 在风险矩阵中详细地列出了风险评估和缓解策略。在风险矩阵中,所有 NESPⅢ 战略实施的风险都根据其产生后果的可能性和潜在影响进行了评估,同时制定了缓解策略。总体而言,除了阿富汗国内潜在的不安全因素之外,出现高风险或威胁的概率并不大。25 项战略实施中只有 6 项被认为面临最高风险,11 项被认为面临低风险,8 项被认为面临中风险。

(九)规划的监控

在教育部内部,通过对年度计划、目标设定、预算分配以及监督和评估过程进行监控。一方面加强了学校层面的数据收集,保证信息的公开透明。另一方面,教育部将整合国家、省和地区的信息,并整合到统一的信息管理系统中。学校管理委员会通过接受培训,审查学校发展计划,投入资源应对当地挑战,并联合学校管理层发布年度"教育联合回顾"。

NESPⅢ 制定了详细的监测矩阵,设定了每项战略的预期成果和产出,监测内容包括:跟踪教育部、国内合作部委、民间社会组织、非政府组织、国际合作伙伴、私立教育机构、社区等参与者在促进实施 NESPⅢ 方面取得的成效,并用于发布"教育联合回顾"以及随后的战略调整;评估学生学习情况和教师表现。评估学生学习情况将通过新的评估机制来完成,评估教师表现将通过资格认证和年度评估系统来完成。

(十)规划的成本和财政

2016 年,教育预算包括 64.5% 的经营性预算(主要是工资等运营成本)和 35.5% 的发展预算。最近,经常性预算几乎全部用完,而发展预算的支出只有 50%。教育部决心在国际合作伙伴的协助下提高发展预算的有效支付率。捐赠者对教育的贡献是成功实现 NESPⅢ 目标以及最终实现可持续发展目标的先决条件。

发展预算的主要项目成本包括建设教育机构,制订学校发展和提升教育质量计划,实施课程改革和开展教师教育。设备成本包括科学实验室、职业教育学校的计算机和车间设备。而现阶段,无法预测今后人事改革的经费支出。

NESPⅢ 三个主要领域"质量和相关性""公平准入""高效透明管理"的支出金额分别为 100 418 万美元、43 812 万美元和 15 946 万美元(合计 160 176 万美元)。

三、规划总体情况介绍

NESP Ⅲ是新政府起草的、新的国家发展战略,该战略将社会经济发展同人民向往、国家需求紧密结合,并遵循《公民宪章》;NESP Ⅲ是在主要利益相关者的积极参与下(例如,妇女事务部负责讨论女教师的调配、发展和支持的相关内容,以增加农村地区的女教师数量和学生数量),并在指导委员会和技术工作小组的指导下制定的,"教育分析"为规划的起草奠定了基础;NESP Ⅲ基于NESP、NESP Ⅱ的实施经验,更加注重结果导向,以全新方式为阿富汗人民提供教育的全国性规划。此外,NESP Ⅲ也将持续跟进捐赠项目(EQUIP、GPE等)的后续发展。

(一)规划背景

1. 成效显著

阿富汗伊斯兰共和国政府在国际合作伙伴的支持下,教育系统重建工作取得显著成效:全国学校数量(包括农村地区在内)从2001年的3 400所增至2015年的16 400所,超过8 000所新建学校具备了便利的学习环境;在校学生从2001年的约90万人(几乎无女学生)上升至2015年的超过920万人(其中女学生占39%),增加超过9倍。此外,学校管理委员会在当地社区的儿童教育方面发挥了关键作用。

2. 面临挑战

一方面,对比持续扩大的教育需求和新政府的优先战略,兴建更多学校并完善其配置、提高课程质量和相关性、让毕业生能更好地胜任工作变得更加紧迫。2016年1月,阿富汗总统穆罕默德·阿什拉夫·加尼提出要从根本上进行改革,并受到国际合作伙伴的认可。另一方面,教育绩效的公开程度直接影响公众对政府的信心。因此,阿富汗总统和政府领导层认为,教育部迫切需要通过尝试不同的教育参与形式,提高效率和工作透明度,以教育产出为导向,增加教育对经济增长的贡献率,重塑民众对阿富汗教育服务的信任。

(二)规划目标

NESP Ⅲ以"教育分析"确定的优先事项和阿富汗总统给出的指示为导向,明确了学习的质量和相关性、学龄儿童特别是女童的公平入学、教育部业务管理的高效透明,大幅度提高了资金捐赠和项目管理的效率,实现了为儿童和青少年提供更好的学习机会,为阿富汗人民提供就业的相关教育,服务国家社会经济发展的战略目标。

(三)规划研制

1. 组建研制团队

教育部部长牵头的指导委员会统筹NESP Ⅲ的研究,技术工作小组①提供政策方

---

① 技术工作小组是由来自教育部、支持教育发展的其他部委、国际合作伙伴、非政府组织、民间社会组织的专家共同组成的。

向。指导委员会秘书处(同时也是NESP秘书处)设在教育部规划评估指挥部。人力资源开发委员会[①]监督联合工作组(下设技术工作小组)的筹备工作。同NESP、NESPⅡ使用的传统方法相比,NESPⅢ的三个重点攻关领域"质量和相关性""公平准入""高效透明管理"构成的新结构为未来五年教育发展提供了整体衡量框架。

2. 收集资料

"教育分析"和"教育联合回顾"工作组负责提供资料。2015年,教育部率先起草了NESPⅢ,之后便委托"教育分析"工作组把握全国教育现状、挑战和需求。"教育分析"工作组主要通过教育管理信息系统的数据、国家风险和脆弱性评估,以及其他调查和评估报告获取数据资料。此外,部分更新数据来源于教育部2015年的"教育联合回顾"。

3. 举办研究会

教育部在为期五个月的时间内举办一系列研讨会,会上介绍了"教育分析""教育联合回顾"的结论和建议,起草讨论政策框架、成果、战略和目标,开发模型展示未来五年的战略选择和预算方案,公开NESPⅢ草案,征集反馈意见。

4. 多方吸纳意见,形成终稿

教育部专家小组拟好NESPⅢ初稿后,教育部于2016年7月主持召开研讨会,邀请省、地区教育部门,以及私立教育机构参加,就NESPⅢ初稿中列出的优先事项征询反馈意见,意见最终被吸纳到NESPⅢ终稿中。终稿形成后,教育部先同主要利益相关者、政府领导人和人力资源开发委员会讨论,之后接受第三方审查,审查建议提交给人力资源开发委员会,并对文件做进一步调整。最后,NESPⅢ由教育部和国际合作伙伴提交给政府领导予以审批。

四、成就显著但仍面临挑战

"教育分析""教育联合回顾"作为NESPⅢ制定的前期调研基础,概述了当前阿富汗国内教育取得的成就、面临的挑战,并给出政策建议:

(一)人口、贫困、营养、残疾和难民

1. 人口与教育

据中央统计局统计,2015—2016年阿富汗总人口约为2 860万(男性为1 470万,女性为1 390万),固定人口为2 710万(女性占49%,男性占51%,75.3%的人居住在农村地区),游牧民族人口为150万。据2014年国家风险和脆弱性评估的预测,年均人口增长率预计达到3.2%,这将给教育系统带来很大的负担。

2. 贫困与教育

阿富汗贫困线以下人口常年保持在36%左右,主要聚集在农村地区。经济增长和

---

① 人力资源开发委员会,简称HRDB,是由各部委联合成立的论坛,参会者主要为国家合作伙伴、非政府组织和民间社会代表的教育利益相关者。

服务的提升取决于更加安全和稳定国内的环境,因此要实现国家繁荣,必须通过长期、务实、坚定的努力,从而解决当前积贫积弱的国内问题。

3. 营养与教育

根据 2014 年中央统计局发布的《阿富汗生活条件调查报告》,阿富汗大多数儿童营养不良——大多数体重过轻。营养不良与母亲的受教育程度呈负相关,同母亲没有受过教育的儿童相比,母亲接受过中等教育或高等教育的儿童,体重过轻、发育迟缓或被遗弃的可能性小。

4. 残疾与教育

在阿富汗文化中,不同性别、传统、民族、宗教,以及不同经济地位的人,对残疾的看法不同,残疾被认为是阻碍上学的严重障碍。阿富汗全国残疾人口约为 80 万,占总人口的 2.7%。据阿富汗残疾人无障碍组织统计,因学校缺乏支持性环境,95%的残疾儿童不能享有上学机会,招收残疾儿童并为他们提供教育是一项重大挑战。

5. 难民与教育

为流动人口尤其是国内难民和返乡难民提供教育服务是规划面临的又一挑战。根据联合国难民事务高级专员公署的统计,约 20%的阿富汗人口为返乡难民,到 2016 年 3 月,将有约 120 万阿富汗难民分散在全国 31 个省。为应对这一挑战,2014 年 2 月,难民和归国部主持并启动了"国内难民政策"。该政策基于公平考量,符合国内和国际标准,突出强调了难民享有同其他阿富汗公民一样的生存权、户籍、住房、土地、财产和服务等权利,为阿富汗当局解决国内难民问题制定了全面的责任框架。政策强调,教育部有义务"确保所有难民儿童接受免费的初等教育和中等教育",教育部应致力于在有大量返乡难民聚集区的地区建设新的学校、教室;致力于教师、教学、教材建设;致力于为返乡难民提供住所;致力于将其融入主流教育系统。此外,教育部一方面支持阿富汗难民进入阿富汗国内兴办的学校(私立教育机构或国际援助教育机构),另一方面支持阿富汗难民在东道主国(通过两国签署谅解备忘录达成协议)接受教育,如教育部支持阿富汗政府在塔吉克斯坦、印度和沙特阿拉伯兴建数量有限的学校,并通过在这些国家任命教育专员,继续支持难民教育和教育相关事务。

(二)语言、宗教和识字率

1. 语言

普什图语和达里语是阿富汗的官方语言,根据当地大多数居民的语言使用情况,学校选择其中一种语言作为教学语言或同时使用两种语言。同时,阿富汗《宪法》第十六条规定,国家有义务教授阿富汗所有语言。因此,在多数居民使用乌兹别克语、土库曼尼语、帕齐语、努尔斯坦语、俾路支语或帕米里语的地区,学校应同时教授以上语言,并用当地语言印刷教科书。

2. 宗教

大多数阿富汗人为穆斯林,不到1%是非穆斯林,逊尼派穆斯林和什叶派穆斯林待遇一样。其他宗教信徒在法律规定范围内自由选择宗教信仰,课程开发要适当考虑逊尼派穆斯林和什叶派穆斯林的情况。

3. 识字率

阿富汗是世界上识字率最低的国家之一。对比低收入国家15岁以上男性70%、女性57%的识字率中位数,阿富汗对应的数字分别为62%、18%。阿富汗仅有不足五分之一的女性识字,农村地区女性的识字率是城市的三分之一。

(三)宏观经济和公共财政

1. 宏观经济

2003年开始,阿富汗经历了十年经济高速增长期。随后,经济进入转型期,2013年经济增长率开始下降,2014年、2015年的经济增长率分别为2.1%、2.6%。阿富汗的经济高增长率得益于国际合作伙伴用于国际军事的拨款支持,服务业(包括教育业和健康业)是经济增长的关键因素。

2. 公共财政

2014年的GDP贡献率:运输和通信业,28%;农业,25%;建筑业,13%;制造业,10%;贸易,8%;公共行政,13%。2015年政府主要通过税收增加财政收入(20%以上)。2015年,经常性支出占GDP的19.4%,发展支出占GDP的6.9%。教育支出占政府总支出(不包括还本付息)的14.1%、经常性支出的15.5%、发展支出的10.3%,占GDP的3.7%。由于安全成本上升,公务员人数增加,特别是在教育、卫生以及公共基础设施方面的开支增加,发展支出进一步增长。

(四)教育

过去15年,阿富汗教育改革和重建取得了显著进展,然而,省、地区之间的差距很大,需要在以下几个方面努力:

1. 质量和相关性

NESPⅢ制定期间,教育质量和相关性受到了前所未有的关注,尤其需要解决中央和地方教育质量与相关性差距进一步扩大的危险,中央和地方差距主要表现在以下几个方面:学校建筑设施;基于市场/社会需求的课程改革;教师储备和资格认证;教科书;学习材料和评估;等等。

(1)保留率和完成率

2013年,"教育分析"调查结果指出,进入小学一年级的所有儿童,仅有五分之四最终能毕业,无明显的性别差别和城乡差别,而中央统计局《阿富汗生活条件调查报告(2013—2014年)》显示,男孩的完成率为58.1%,女孩的完成率为40.3%。不同的监测和计量方法,呈现出的不同性别的完成率、城乡的完成率并不一致。NESP Ⅲ应进一步完善监测指标,追踪提高质量和相关性战略的实施情况,监测各地区在减小差异方面采取的措施。

(2)教师质量

提高教学质量必须成为NESP Ⅲ的优先考虑事项。目前,近一半的教师具有教师资格,教育部需要通过开展专业技能培训和建设专业认证系统提高所有教师的技能,通过"最佳候选人"计划,增加农村地区女教师数量,监督教师出勤情况,使教师质量得到充分保证。

(3)课程改革与评估

课程改革是NESP Ⅲ的实施重点,新政府呼吁课程改革应具有相关性、结果性、应用性,符合家长和社区需求,呼吁教育为年轻人进入就业市场做准备,使他们成为技术熟练的劳工,过上更好的生活。"教育分析"指出,要提高课程质量和相关性,制定评估系统确保学习成效。教育素质改善计划曾委托国外大学实施针对六年级学生的学习评估,目前,阿富汗尚未在初等和中等学校实施国家统一考试,这使得评估学习成果成为家长、学生、雇主和教育系统面临的主要挑战。联合国教科文组织、美国国际开发署等各项研究也指出,要实施针对职业教育、普通教育和早期阅读的课程改革和评估。

(4)教科书

尝试同私立教育机构合作,拓展学校接收教科书的途径,并提高教材内容和印刷质量;尝试使用基于信息和通信技术的教科书和学习材料。

(5)职业教育

教育部应加强同行业、雇主和中小企业的联系,确保毕业生的技能满足市场需求。"教育分析"指出,迄今为止,职业教育部门的所有注意力几乎都集中在供给侧,忽视了需求侧,应扩大对非正式和正式私立教育机构的绩效评估和精准支持。研究显示,大多数学习者受益于私立教育机构的职业教育。目前有77 380名学生就读于公立的职业教育机构(单位成本是普通教育的5至8倍)。而非正式私立教育机构的培训人数至少是公立教育机构的10倍。

2. 公平准入

(1)入学率

在校学生从2001年约90万人(几乎无女童)上升至2015年超过920万人(其中女童占39%)。其中,所有年级男性的毛入学率都很高,但是男性入学较晚。平均学校生活时间为9.6年(城市男学生平均学校生活时间为12.4年,农村女学生平均学校生活时间为4.4年),教育部面临的挑战之一是降低辍学率和重复注册率,并确保毕业生离开学校后能够就业。

导致入学率低的因素包括经济、文化、安全和健康等,如学校与家庭之间的距离、女教师数量不足、教育质量低、与就业相关性差等。如今,完成中学教育的学生人数稳步增加,高等教育需求也在增长。教育部会通过NESPⅢ的实施,增加高中毕业生寻找生产性就业的机会。

(2)贫穷、辍学与童工

据阿富汗多指标群集调查(2012年)的统计,初等学校(7~12岁)的入学率平均只有55%,其中:城市地区入学率为78%,农村地区入学率为50%;富裕家庭入学率为79%,贫困家庭入学率为40%。据教育部统计,有超过350万的失学儿童。1 681 250名学生(占2014年总人数的18.3%)虽注册入学但永久缺席,原因可能是注册后失去家园,也可能是在别的地方注册,还可能是辍学。"教育分析"介绍了学龄儿童的童工情况:42%的5~14岁儿童上学,超过一半(51%)的5~14岁儿童过早开始工作(童工)。本应上学的儿童却放弃学业开始工作的情况,受性别、居住地、地区、母亲的教育水平、家庭社会经济地位影响。

(3)社区教育

社区教育在确保辍学学生和有辍学风险的学生接受教育方面发挥着重要作用。社区教育是NESPⅢ将公立教育延伸至偏远农村地区的重要战略,对于改善偏远农村地区的教育公平、提高入学率和学习成绩至关重要。社区教育战略需要在NESPⅢ框架下进行试验,确保农村层面可持续社区教育供应模式的实施。

(4)基础设施

改善基础设施、完善学习环境是NESPⅢ的另一优先事项。2015年,49%的学校缺乏足够建筑,62%的学校缺乏围墙,31%的学校缺乏饮用水,33%的学校缺乏功能性卫生设施,76%的学校缺乏电力设备。总之,完善基础设施迫在眉睫。

3. 高效透明管理

教育部现有结构和功能尚不能很好地提供优质教育服务,教育部领导层已经表明将齐心协力解决这个问题。通过更加明确的部门和办公室职能划分,减少职能重复和分散,提高教育部各部门的协作效率。

(1)权力下放

权力下放是教育系统的优先事项。各省、地区教育部门及学校将在预算规划和控制方面拥有更多权力。"教育联合回顾"(2015年)的重点之一是改进省、地区教育部门和地方教育董事会的预算管理,并接受NESPⅢ的监督。教育部人力资源开发委员会将通过实施社区振兴项目,帮助地方各机构增强薄弱环节并监督其权力行使。

(2)监测和评估

教育部的两个特设单位,即教育管理信息系统理事会下设的监测和报告单位以及战略和运作规划部下设的研究和评估单位,共同负责教育绩效评估,并在过去几年取得了显著成效。教育部将改进数据收集,降低各种数字被夸大的可能,提高规划、评估和识别优先事项的能力,"教育联合回顾"将继续协调教育部和国际合作伙伴的规划和监测绩效。

总体而言,所有计划的财政限制都突出表明,教育部需要提高效率,明确核心业务和优先事项,并同其他部委、社区和私立教育机构建立伙伴关系,分担服务工作,这些措施将通过立法进行调整和保障,帮助教育部从服务提供者角色到监督者角色的转变。

(3)腐败

腐败是阿富汗面临的仅次于安全的第二大问题,教育部高度重视消除各级腐败。消除腐败行动包括改革教师招聘和投诉管理,以及对合格承包商和供应商公开、透明地甄别。

(五)《宪法》、主要教育政策和国际贡献

1.《宪法》

《宪法》规定公民享有接受"国立教育机构学士学位以下"免费教育的权利;强调九年制义务教育(特别是让女性接受教育);支持知识、文化、艺术、道德/伦理、国家和地方语言的普及。此外,《宪法》还规定征集税收支付公共服务。

2. 教育法规及政策

《教育法》和其他相关法律文件为教育项目的制定和实施提供了法律框架。针对不同领域(如社区教育、教师教育等)制定的不同的教育政策,满足了日益增长的教育需求。此外,《私立教育机构法》为私立教育机构的私人投资和运营铺平了道路,提供了保障。

3. 法律的修正

《宪法》以及最近制定的立法文件在很大程度上为本国的教育发展提供了良好的框架。伴随新政府政策的出台,相关立法文件的修订也相应地提上了日程,正在考虑修订的主要立法/监管领域包括:国家预算中的教育财政和份额;不同教育部门之间的重叠和协调;教育部核心任务的微调以及将非核心职能转移到其他机构;为私立教育机构的投资创造更有利的环境;教师招聘、认证和绩效评估。此外,在NESPⅢ获得批准后,通过协商,将近年来制定的教育政策的各个组成部分合并为一项全面的国家教育政策将作为优先事项进行落实,从而为教育规划和管理提供统一的政策指导。

教育部已经开始同从事教育服务的其他部委和利益相关者展开对话,确保规划和立法文件的匹配和协调,进一步构建双方合作的有利环境。

4. 国际贡献

2005年,阿富汗制定了千年发展目标(MDGs)和全民教育目标(EFA),其国际承诺已被纳入NESPⅢ中,并且在2020年之前完成。此外,阿富汗政府同时致力于到2030年实现可持续发展目标(SDGs)。

(六)部门及职责

在新政府的领导下,人力资源开发委员会负责审查和批准重点项目和预算分配,之后提交给内阁。

1. 不同部门负责不同层次和类型的教育

高等教育部负责十三年级及以上的教育,教育部负责学前、一至十二年级的教育,以及16～24岁青少年的职业教育、教师教育;其他部委也负责职业教育课程,如公共卫生部提供护理和助产课程,劳动、社会事务、烈士和残疾人部负责其他年龄层次的教育。阿富汗国家资格框架(ANQF)的开发和国家资格认证机构(NQA)的建立已经启动,并且草案已经形成。目前,各部委负责课程的开发、测试以及各项目毕业生的认证。

在教育部部长的统筹下,副部长领导的教育部项目包括普通教育、伊斯兰教育、课程建设、教师教育、职业教育、识字教育、教育管理等。省、地区教育部门负责领导地方一级的项目管理。教育中心、学校、研究所负责人负责教育服务的日常管理,并对地方教育办公室和学校管理委员会负责。过去几年伴随学生入学人数的迅速增加,教育系统同时面临多重挑战,如新生住宿问题以及如何提高服务能力。

人力资源开发委员会和教育协调委员会作为政府教育部门和发展伙伴之间政策对话和教育项目协调的平台,每年发布"教育联合回顾"是其主要工作之一。在中央和地方层面逐步扩大教育信息管理系统(EMIS),为规划的制定、资源的分配和结果的监测提供决策依据。截至目前,EMIS已经捕获了大量的数据,并制订了收集、处理和传播数据的计划,抽样检查培训和监督是提高数据可靠性的战略选择。

2. 教育部的职责

教育部已开始审查其核心业务、与其他部委的重叠领域以及审视将部分职责转移给其他利益相关者(其他部委、私立教育机构、社区委员会等)的可能性。通过集中现有能力发展核心业务,利用可替代方案发展非核心业务,改善政府职能。目前,教育部不直接对所有服务负责,需要通过合作伙伴解决优先事项,加强对阿富汗社会的问责,并注重结果,让阿富汗青年为就业做好准备。虽然NESPⅢ不面向高等教育,但高等教育部仍派代表参与了NESPⅢ的起草工作。教育部与高等教育部在诸如教师培训领域方面的合作将通过签署谅解备忘录进一步明晰,比如,根据NESPⅢ的内容,职前培训在很大程度上属于高等教育部的职责,两部委将在课程开发、教师招聘和部署方面开展重要合作。

受严峻的经济、安全形势以及双边、多边协议终结的影响,阿富汗处在危机之中,政府决策也更加艰难。例如,安全形势给政府的教育拨款规模带来压力。"教育分析"指出,教育拨款仅占政府总支出(不包括偿债)的14.1%,经常性支出的15.5%,发展支出的10.3%,GDP的3.7%。与此同时,由于能力、安全和过于乐观的规划,发展基金利用不足,强烈需求变革。

"教育分析"强调,政府在面临国内收入限制的同时,必须应对因冲突带来的不断增长且难以预测的公共服务需求,为弱势群体、国内难民和农村人口提供基础教育。合理审视学习者和教育系统面临的挑战,通过实施"政府《公民宪章》项目"(CCP),授权地方将女性、残疾人、国内难民、返乡难民纳入主流服务,提供全国范围内的优质教育。通过增加基础设施和建立基于社区教育的课程,增加接受教育的机会,确保女性、国内难民和弱势群体的课程需求。

在发展项目的技术支持下,中央一级的发展能力得到了提高,省级和地方发展能力的提高将成为未来几年绩效提高的突破口。能力建设主要面向教育部和各省的领导层,同时兼顾地方管理人员。

通过立法和法规修订强化治理能力,根据公共财政管理法推动授权。开展培训,沟通改善渠道,将信息和通信技术广泛应用于数据收集、信息共享、项目协调和信息系统整合。将数据的收集和使用下放给学校,省、地方教育部门负责整体设计和统筹。例如,学校校长和地方教育主管通过学校数据的收集、更新和使用,了解辍学儿童的信息,制定针对性的政策。各省、地区教育部门通过提供准确的机构和服务信息,扩大公民的学习机会。

NESPⅢ重点支持学校的发展建设。一方面,目前正在开展的准备工作和监管调整均是为确保地方赋权的透明度和问责制度的建立;另一方面,最为关键的,是教育部一再指出制定切合实际的目标,让管理人员负起责任,这一点在所有联合目标设计讨论中都曾反复强调。

此外,通过更好的项目设计,更有效且透明、合理的预算和经费支持,改善治理效果。在NESPⅢ实施的早期阶段,同国际合作伙伴签署的新协议将更加注重对受益人、政府领导和捐赠者的结果问责。利益相关者公开、积极地参与NESPⅢ意味着他们会承担起改善治理效果的共同责任,因此,作为NESPⅢ实施的一部分,需要对这一伙伴关系进行有效监督。

(七)国内合作部委

阿富汗的教育服务主要由教育部负责,其他部委和政府机构也实施教育相关项目。高等教育主要由高等教育部负责,并且如上所述,职业教育不仅由教育部提供,劳动、社会事务、烈士和残疾人部,非政府组织,高等教育部等通过社区教育也提供职业培训。此外,朝觐及伊斯兰事务部、妇女事务部和农村复兴和发展事务部都为教育服务提供定期投入。

各部委之间以及所有利益相关者之间的合作必须得以改善:高等教育部目前在其教师教育中心提供教师培训课程,教育部通过责任的有效分配,协调在职培训。今后,两部委应分享计划和目标数字,形成合力,为实现目标而努力;教育部承诺与妇女事务部密切合作,试着向农村地区部署女教师、建立培训中心、兴建宿舍,让女学生和女教师继续接受教育;教育部同信息通信技术部通过签署谅解备忘录,加强并扩展在课程改革和电子学习材料开发方面的合作,为受地域和安全限制的领域提供多种学习途径,促进远程学习和个性化教学的开展;教育部同公共卫生部达成协议,通过改进学校课程中的健康教育以及使用公共卫生部提供的持续健康服务,改善学生健康。农村复兴和发展事务部和城市发展事务部通过各种途径支持社区学校建设。总之,通过不同部委的规划局起草谅解备忘录,强调各部委之间的合作关系是NESPⅢ的重要战略。

(八)国际合作伙伴

阿富汗的国际合作伙伴全面参与了NESPⅢ的制定,包括美国国际开发署、英国国际发展部、世界银行、联合国,瑞典、加拿大、德国、澳大利亚、日本、挪威、芬兰、丹麦等国家的大使馆。民间社会组织和非政府组织,如瑞典援建阿富汗委员会、救助儿童会、阿迦汗基金会和阿富汗救济协调机构也参与了NESPⅢ的制定。社区教育得到了民间社会组织的广泛支持。

保证援助的有效性对NESPⅢ的成功落实至关重要。教育部的国际合作伙伴集中资金调整双边业务,重视援助结果的报告和鉴定。

五、战略框架

NESPⅢ的制定充分吸取NESP和NESPⅡ的经验教训,既考量了阿富汗国内的制约因素(如财政困难和局势的不稳定),又结合了总统对未来的美好愿景,同时防止由腐败导致的不切实际的设想和管理不善。

(一)总体目标

教育在满足个人生理、心理需求以及创建共同社会责任感方面发挥着极其重要的作用。NESPⅢ的总体目标是通过教育系统培养熟练劳工,教导儿童和青少年为社区和国家发展做贡献,提高阿富汗经济发展水平,提高社会凝聚力。阿富汗是一个脆弱的受到战争破坏的国家,教育系统必须让儿童和青少年相信国家的未来属于他们,并赋予他们将这种信仰转变为现实的知识和技能。通过NESPⅢ的实施,培养儿童和青少年的探究心和好奇心,培养所有阶段学习者欣赏和容纳不同观点的宽容精神、培养阿富汗人民的审美能力[①]、发扬阿富汗的多样性[②],并尊重妇女和少数民族的权利,使阿富汗成为邻国和地区宽容、合作、繁荣的榜样。

(二)主要领域

规划的三个主要领域分别为质量和相关性、公平准入、高效透明管理。

1.质量和相关性

质量和相关性是指要求所有阶段的学习者掌握成为一名多产、健康、有责任心的公民所必需的知识、技能、态度和价值观,为社会福祉做贡献,成为国内和国际劳动力市场上有活力的劳动者。

教育部及其合作伙伴的优先事项是提高课程质量和相关性。提高课程质量将重点面向农村地区,实施课程、教材改革,开展教师教育,提高整体教育质量;提高课程相关

---

① 阿富汗拥有世界著名的手工艺品和纪念碑,在审美能力的培养方面独具优势。
② 阿富汗作为以穆斯林为主的多民族国家,多样性一直是阿富汗人民力量和自豪的源泉。

性的措施包括邀请商界、雇主、学者和民间社会成员共同谋划新课程改革,确保新课程的实用性,遵循社会对建设文明阿富汗伊斯兰国共和国的期望,使学习者掌握正确的社会价值观,以及能将知识应用个人实践、社区和国家发展所需的技能。NESP Ⅱ 期间,尽管入学率有所增加,教育改革取得一定成就,但仍未满足阿富汗公众对教育质量的期望以及雇主对熟练劳工的需求。根据 2013 年针对六年级学生实施的识字和算数评估报告显示,阿富汗学生的总体熟练程度与邻国四年级学生相当。加之全球化带来的机遇与挑战,愈发凸显了提高课程质量和相关性的迫切性。提高课程质量和相关性的具体措施如下:

(1)实施课程改革,保障教学质量

实施课程改革,保障教学质量,需要广泛吸纳教育利益相关者的意见。建立课程改革咨询机制,广泛吸收利益相关者的意见,包括教育服务的直接受益者(如儿童、青少年),教育系统和产品的直接使用者(如私立部门、政府机构、大学、教育专家),以及其他对课程感兴趣的主要利益相关机构(如负责健康教育的公共卫生部、负责职业教育课程协调的高等教育部)。

实施课程改革,保障教学质量,需要明确课程标准和目标。修订课程框架,制定课程标准,开发国家级评估框架以及课程监测框架。课程改革应充分考量性别需求,促进男童、女童地位平等;教育既要满足青少年健康成长等个人需求,也要为城市和农村地区的经济发展培养熟练劳工;根据市场和利益相关者的意见,制定不同学期和年级学生的学习成果评估框架。

实施课程改革,保障教学质量,涉及整合普通教育、职业教育、伊斯兰教育、教师教育和识字教育,加强课程体系建设,建立统一的国家课程中心,并通过实施硕士项目,培训国家级核心课程开发专家。具体内容如下:

①普通教育。整合包括学前教育在内的不同阶段的学习任务,凝练教科书内容,改革课程框架,改进教学内容。设定的课程标准要尊重阿富汗的文化传统和做法,反映当代国际课程标准,重视实践和生活技能的培养,强调早期阅读,关注健康、气候和环境、人权、反腐败、信息通信技术等跨领域问题。制定的课程目标要符合现实需求,倡导质疑精神,重点培养学生的批判性思维。改革后的教学方法要以儿童为中心、鼓励主动学习等。

②职业教育。将职业教育纳入课程改革,实现知识、管理和实践技能的平衡。教育部将基于市场需求,改进课程,根据行业标准修订教学大纲和教学材料,及时响应用户需求。除主流的职业教育课程修订外,教育部还将为希望进入职业教育学校的学徒准备学习手册指南,帮助他们提高综合职业技能,获得管理技能,促进职业发展并获得更好的收入。如教育部将进一步密切同私立教育机构的合作,将普通教育学校的教室在闲置时供学徒学习,多渠道满足职业教育学生的需求。

③伊斯兰教育。教育部将筹集资源印刷和分发近期开发的伊斯兰教育教科书,尊重妇女,支持穷人,预防冲突,解决阿富汗社会面临的挑战。

④教师教育。修订在岗教师教育培训课程,开发教师培训方面的能力考试制度,实施低年级教师文凭项目,帮助教师掌握教授低年级阅读和数学的教学能力。

⑤识字教育。教育部将进一步加强同职业教育课程开发人员的合作,设计合适的教材,丰富扫盲课程,教授实用的农业和机械知识,鼓励教师利用课余时间担任扫盲指导员。

改善学习条件包括解决教学时间不足、学生教师比过高,实验室设备、实验室技术人员、图书馆和运动场地不足等一系列降低教育质量的问题。提高教学技巧包括:高效利用时间检查出席情况,收集作业、记录作业结果;在两班制和三班制课堂以小组为单位,教师指导小组完成课堂任务,专注特定问题的解决;降低学生教师比,增加学习时间,提高效率。此外,学校学术理论监督员定期监督课程开展情况,并同教育部相关部门共享调查结果和建议,用于制定相关教育政策和采取进一步的行动。

(2)开展教师培训,促进教师专业发展

①各部门各司其职。高等教育部和教育部将专注于教师专业发展的不同部分,减少重叠并为想要攻读硕士学位的教师提供职业发展途径。教育部将把资源集中在在职培训、支持和指导在职教师,使他们获得相应资质;高等教育部将提供岗前教师培训课程,并将与教育部建立联合机制,以满足喀布尔以外地区对教师的急剧需求;职业教育方面的教师教育机构将继续为职业教育教师提供专业发展课程,提高职业教育教师的实用技能。

②教育部职责。实施不同层次的教师培训项目,建设质量保证支持系统以及灵活的教师部署模式,储备和发展专业教师;改革成人教育、识字教育、职业教育、伊斯兰教育等领域的教学标准和绩效要求;统筹教师教育课程、教师指南和教师辅助材料的修订,教师教育课程尽量满足小学、初中和高中学习者的不同需求;修订在职培训计划,使培训后的教师更加关注学生学习;教育部科学中心将为教师提供额外的培训支持,使教师能够具备科学、数学知识和使用配有电子设备的实验室/工具包进行教学实践。

③教师资格认证及招聘。阿富汗教师资格认证系统已初步建立,并通过了试点测试,准备实施。该系统将与教师职业发展联系起来,私立教师培训机构应遵循这一国家标准,以确保所聘教师合格。此外,教育部还建立了学校管理人员进入教师资格认证系统的若干途径,将在各省建立公平、透明的教师招聘机制,保证新教师的招聘符合国家标准、规定以及学校、培训中心的要求。重视从私立教育机构招聘和引进技能培训员,加强职业教育学校的实用技能培训。

(3)加强行政队伍建设,保证教学改革

NESPⅢ将储备和部署学校行政人员,包括在管理、行政、学校治理和教师监督方面担任领导角色的校长。校长基于对学生怎么学、学什么、什么时候、为什么学的理解,通过为教师提供支持影响课堂实践。

校长将接受培训,遵循学校管理者能力框架和学校管理培训手册的要求,负责课程框架及学校各项目的实施,负责学校同教学部门的合作,以及保证社区的参与,在利益相关者的参与下领导学校的教学、组织、教育和环境发展。此外,NESPⅢ要求未来五年扩大所有学习项目中女性的比例,而受过良好教育的女性能够促进社会和经济发展。因此,NESPⅢ期间将培养一支在管理学校和行政管理方面发挥领导作用的女性学校管理者。

(4)改善对教师、校长的支持及问责

学术监督和科学中心负责为教师、校长提供持续支持,课堂教学和学校管理的定期观察反馈将成为支持的核心部分。教育部会制定行为准则,确保学术监督和科学中心教员的有效监督;实施学术监督项目,培养专业学术督导和教师,为教职员工提供短期专业培训。

(5)构建安全、包容、积极的学校环境

学校管理者同教师、学生、社区等利益相关者合作,制订和实施学校年度计划,保证国内难民、返乡难民、少数民族和社会弱势群体的参与,防止学校暴力和虐待行为的发生。通过开展课外活动,加强学生对社区发展的兴趣,缩小在学校学习的内容同现实世界的差距。

教育部将与改革的直接、间接利益相关者定期举行会议和磋商。如教育部将与卫生部合作制定全面的学校卫生战略,包括为在校学习的学生和社区教育的学生提供健康检查和支持服务(疫苗接种、健康教育等)。NESPⅢ预算中包含了一笔小额拨款,用于制订和实施该计划,并对其进行监测和报告;教育部将与社区、私立教育机构密切合作,完善学校基础设施(教室、实验室、边界墙、水和卫生设施),配备计算机实验室、科学工具包和其他教学材料,引导培训教师和实验室技术人员使用实验室设备。

(6)设计并构建学生学习评估系统

2013年开展的一项为期两年的评估显示,阿富汗学生的识字和算术熟练程度低于邻国水平,并指出需要改进教学方法以及构建更加综合的全国性的评估系统。目前,学校和课堂层面的评估较为分散,不能确保评估结果的可靠性,NESPⅢ将实施可靠的全国性学生学习评估,提供快速反馈,改进学习质量。

学生学习评估由多个元素构成,教师在确保和监督学生学习成果方面发挥重要作用,包括使用形成性评估技术,确保所有学生理解评估结果。学生学习的评估结果将成为评估教师能力的一部分。针对三年级的语言(重点是早期阅读能力)和数学,六年级和九年级的语言、数学、科学和社交技能,十二年级的技能,选择具有代表性的学校、班级、学生作为样本进行评估。评估还将关注二年级和四年级学生的早期阅读能力。

国家课程中心、教师教育和学术监督部门将联合开发特定年级和学科领域的工具和测试项目,并设置专门模块,记录、分析和报告评估结果。学术监督总局下设学习评估理事会,负责学习评估管理,提供培训和技术支持。

(7)建立示范学校,保证改革实施

教育部将在每个地区建立示范学校,作为研究、开发和提供优质教育的实验区。

示范学校将根据既定标准招收来自该地区的优秀学生,并提供寄宿和全日制教学。学校将配备合格的教师和非教学人员;学校将配备包括电子设备在内的教学材料和设备;学校董事会将负责学校的日常管理;定期邀请其他学校的教师和管理人员来校访问,了解如何设立学校以提供优质教育。此外,将从经营预算中支出学校工作人员的薪水,从发展预算中支出建设和改善学校环境、购买教学设备和用品以及学校教师培训和管理的费用。

2. 公平准入

公平准入是指保证教育的平等性和包容性,保证阿富汗儿童、青少年和成年人(特别是女性)享有安全、优质的学习机会。

公平是NESPⅢ的关键内容,并体现在规划的诸多方面。例如:教育部追踪不同性别(尤其是女性)的入学情况;针对特定需求制定相应战略,强调为社会弱势群体提供公平教育机会;尝试实施能将特殊群体融入主流教育的包容性战略;等等。从而确保所有人公平享有教育机会。

实现公平有两种思路:供给侧战略公平和需求侧战略公平。

(1)供给侧战略公平

①配置学校地图系统,降低辍学率

在学校和社区内配置学校地图系统,识别和追踪辍学儿童,并通过预警系统防止儿童辍学;利用学校地图系统,同时结合辍学儿童调查报告,确定辍学儿童的数量、性别和辍学原因,以及明确能将他们招生入学需要采取的措施;学校管理层利用学校地图系统锁定面临辍学风险的儿童,并根据所获信息,采取必要行动,使教育服务对即将辍学儿童更具吸引力,如部署女教师、允许父母参加学校管理委员会、兴建学校设施等。

此外,当地学校地图系统的数据将与地区一级教育部门的数据相结合,建立国家数据库,用于规划新学校或学习中心的设立,或扩建现有学校和学习中心。同时,数据的公开透明有助于消除低效率和腐败行为,例如为虚设学校和教师申请资金等。

②扩充职业教育系统,满足市场需求

研究表明,大多数职业教育都是通过正式和非正式的私立教育机构实现的,公立职业教育系统无法满足公民对职业教育的全部需求。

作为解决问题的第一步,教育部将制定恰当的细则、程序和指南,使公立的职业教育尽量满足公民的需求,并优先考虑贫困和农村地区的青少年入学,鼓励正式、非正式私立教育机构同公立学校和学习中心合作,更好地响应学徒和其他学习者的需求。职业教育将更加注重技能培训以及青少年技能的获取,通过课程改革和教师能力发展来满足市场需求。同时致力于现有学徒制度的扩大,选择性支持学习者获得技能认证,学员还可以学习识字和算术等课程,以补充他们基于技能的实践需求。

③多措并举,保证教育公平

公平准入旨在扩大所有阿富汗社会群体,特别是女童和弱势群体的入学率和留住率。规划将通过"最佳候选人"计划在当地招聘女教师,配套支持教师专业发展和资格认证,并尽可能在财务和后勤方面提供激励措施。

A. 开展学前教育

研究表明,开展学前教育对提高小学教育入学率和留住率具有积极作用。教育部已经把修订学前教育部门中的政策文件作为优先事项,支持扩大伊斯兰教育和社区教育,为大量儿童(特别是农村地区的儿童)提供学前教育。鼓励在社区建立学前教育中心,利用当地设施,以国家课程为指导,提供简单教学指南。

B. 开展社区教育

社区教育的主要特征之一是减少家庭和学校之间的距离,有利于提高女童的入学率。因此,教育部将更加重视社区教育的制度化,特别是监测和报告女童的入学率和女教师的招聘情况。教育部将同相关部委探讨现有及今后的合作计划,提供其他形式的实物奖励(如有选择地提供食物和文具)。

C. 建立具有校舍的学校。

规划将为学生(特别是来自不安全地区、欠发达地区和弱势地区的女孩)提供具备校舍的学校,扩大基础设施。学校的基础设施包括边界墙、饮用水和卫生设施,更好地支持普通教育、职业教育和识字教育的开展。

D. 开展"最佳候选人"计划

制订各种招聘和培训计划,增加农村地区女教师的人数,试行的两项战略分别是实施农村地区"最佳候选人"的培训,以及实施奖励措施鼓励合格女教师到偏远农村地区工作。通过一级临时证书认证以及为"最佳候选人"提供培训,可以促进这些低资质教师的专业发展。

E. 开展融合教育

当地学校相关部门将调动资源,鼓励有特殊需求的学生进入主流学校;将寻求额外资金建立特殊教育中心以及为无法进入主流学校教育的儿童开发材料(例如盲文教科书)。非政府组织的协调援助将是这一举措实施的关键。

F. 实施学生分流政策

教育部将同合作伙伴就政策选择进行讨论,为完成九年级课程的学生提供国家/省级考试,并根据成绩将学生分为 A、B、C 级。A 级和 B 级学生将继续在普通教育或职业教育系统中接受高等教育。C 级学生将被要求注册成为私立教育机构的技能培训学徒,为今后在公立学校继续接受教育做准备。这一政策选择倾向于将大多数人纳入职业教育,帮助他们获得实用技能培训。这一政策选择不仅可以鼓励学生提高学习成绩,还可以让更多的青少年参与技能培训计划,从而更好地就业。

规划将通过对各地区不同性别、群体的入学率、辍学率和完成率的分析,实现教育公平以及确定下一步行动。规划将调查辍学儿童与有辍学风险儿童的概况。辍学风险包括贫困、早婚和强迫婚姻等。女性识字率和女教师比例过低也是导致辍学率高的原因。

此外,教育部将修订学校设立规章,撤销违规学校;教育部将利用和升级现有信息管理系统和 GPS 技术,明确需要提供服务的领域,保证资源分配。资源分配将公平透明,严格遵循财政部的指导方针和公共财政管理的规定,最大限度地利用现有资源(包括由教育部直接控制的资源,以及其他部委负责的资源和私立教育机构的资源)。例如,将普通教育学校的建筑用于其他学习项目。此外,教育部将制定弹性法规,根据当地社区的现实及需求,制订学习计划,完善设施。

④开展补救教育,保证教育公平

A. 社区教育和加速学习中心

研究表明,社区教育和加速学习中心对提高女童入学率有很大作用,但社区教育和加速学习中心由捐赠者主导,呈现碎片化以及在向正规学校过渡中出现不可持续性等问题。

教育部将修订社区教育和加速学习中心政策,制订具有成本效益的一系列计划。国际非政府组织将逐步减少对社区教育的直接援助,参与国家实体建设以及对社区教育的战略监测,促进社区教育发展;教育部将通过内部和外部预算资助机制,宣布各省的社区教育服务交付计划,并建立联合机制,通过预算外资金审查社区教育和加速学习中心的提案。地区一级的学校地图系统和辍学儿童调查资料将成为发展社区教育和加速学习中心的基础。

在远离现有正规学校的地区,社区教育将升级为正规小学。社区教育学生毕业后可进入正规学校,根据需要升入六年级或更高年级。社区教育和加速学习中心将与学校校长和地区教育办公室密切合作,帮助社区教育的学生和教师过渡到正规学校。教育部将在年度计划中考虑为正规学校提供额外资源,以促进社区教育学生和教师的顺利过渡。加速学习计划将满足超龄和辍学学生的学习需求,为他们提供快速教育,补上错过的教育阶段,帮助他们重新进入教育系统。

B. 识字教育和成人教育

教育部将为那些错过教育机会的人(15岁及以上)提供扫盲课程,优先考虑15~24岁的青少年和女性学习者。正规学校将作为开展识字教育的中心。在社区内建立扫盲班,为有兴趣完成基本识字率的人提供学习机会,并在附近学校监测和认证他们的学习成果。此外,还将在普通学校的夜班设立扫盲课程,方便白天工作的人学习,以及为普通学校教师在不同班次教授识字课程提供便利。

完成基础识字课程的成人将获得相当于三年级毕业的证书,识字课程由教育部扫盲部门或非政府组织合作伙伴代表教育部使用与社区教育类似的方法操作运行。完成基础识字课程的青少年将有机会在普通学校的夜班继续接受教育。

C. 替代学习途径

规划鼓励学生通过普通基础教育和中等教育模式以外的学习途径进行替代学习。在现有的识字课程或其他非正式学习的基础上,建立季节性学校、夜校、使用信息技术的远程教学和游牧民族流动学校等。以上途径的课程学习都将与考试或测试关联。

D. 利用技术增加学习机会

在阿富汗,不安全是儿童(尤其女童)不上学的主要原因,技术是实现教育公平准入的主要载体。阿富汗本地生产的计算机软、硬件在存储容量和处理速度方面正在迅速变得经济、有效和强大。连通性的提高克服了物理障碍（道路不畅和远距离），与印刷和分发纸质教科书的成本相比，电子设备的价格具有竞争优势。适合教育的电子设备包括媒体播放器、电子阅读器、平板电脑等。在家中进行学习，男童、女童都可以获得高质量的教材和学习课程，在不能进入实体教室的情况下也能继续接受教育。

⑤建立"无障碍"学习中心

权力下放将逐步扩展到学校层面，校长和社区负责完善学校的硬件设施，包括边界墙、引用水质量、厕所设施，以及学校内和上学路上的安全，确保学校和学习中心成为"避风港"和"无障碍"学习中心。

教育部将制定"无障碍"学习中心的最低标准，监测和报告省、地区在完善所需硬件设施方面的进展情况，此外，教育部将减少没有教室和教学设备的学校数量，学生不应坐在露天操场上课。加速课堂建设，确保安全、适当的学习环境，首要任务是通过新建教学楼或租赁设施将三班制班级减少到两班制。

建议将目前的儿童友好学校理论（包容、安全、健康、优质学习）扩展到各级学校和学习中心，教育部将为教师、其他学校人员以及教育部官员制定和传播行为守则。

学校校长、教师、家长、学生和利益相关者将负责监督和报告违反教育法规、教师和学生行为准则以及侵犯儿童（学生）权利的事件。学校将在网站上公布行为准则，并在课堂上公布课堂行为规则和惩罚措施。对学生身体或心理的虐待行为，对同伴的欺凌、歧视、虐待和不公平对待等，将受到严肃处理（被学生和学校工作人员认可的惩罚）。

教育部将推出减少社区不安全因素战略，建立社区学校保护机制。呼吁安全部队提供支持，鼓励当地社区保障学校安全。新的行动计划已经详细阐述了学习中心作为"和平区"的概念，进一步加强地方理事会以及其他机制建设，防止叛乱分子破坏、焚烧或关闭学校。

⑥为返乡难民和国内难民提供紧急情况教育

除上述措施外，规划还将制定紧急情况教育战略，应对人道主义危机，并将其纳入培训计划，使学校员工、学生和家长熟悉。即使在遇到不可抗力如洪水、山体滑坡、火灾和地震时，也能继续接受教育。教育部将与合作伙伴协作，制订特别计划，支持受战争影响和欠发达地区的教育，增加获得优质教育的机会，确保涵盖此项计划的额外预算拨款，监控计划的制订。

根据政府颁布的难民政策条款，规划为返乡难民和国内难民提供教育，为返乡难民、流离失所的教师和儿童提供入学登记便利。课程修订将考虑到返乡难民和国内难民的需求，如使用不同语言的返乡学生面临的挑战，课堂建设和学校翻新计划将特别关注有大量返乡难民或国内难民的地区。

此外，教育部将继续提高教育工作人员和内部系统的能力建设，完成将所有弱势儿童纳入主流学校和学习服务的任务。在目前未能为返乡难民或流离失所儿童提供正规学校的地区，开设社区学校和加速学习中心。

⑦鼓励私立教育机构提供教育机会

教育部将建立与私立教育机构的合作框架,鼓励私立教育机构投资教育。

目前有相当数量的私立学校提供学前教育、普通教育和伊斯兰教育,而职业教育和教师教育主要在城市开展。因为城市家庭相对富裕,可以为子女的教育支付学费。教育部将进一步鼓励私立学校扩建,减轻公立学校的压力,并将公共资源投入贫困的农村地区,改善贫困地区的教育机会。

私立教育机构为阿富汗学徒提供迄今为止最大规模的培训。教育部将与私立教育机构密切合作,开设正规职业教育学校,为私立教育机构的培训师和在讲习班/生产中心学习技能以提高收入和绩效的学徒提供进一步的支持(知识、技能和技术)。这将使政府能够以更高效、更快、更少的资源实现其目标。教育部将扩大与私立教育机构的服务合作,包括进行学校建设,提供教育用品和咨询服务。

允许市场向消费者提供书籍的试点工作正在推进,教育部允许私立教育机构出版书籍并出售给学校。教育部将考虑发行可用于学校购买书籍的资金券,从而在保障私立教育机构利益的同时,确保儿童拥有必要的学习工具。

(2)需求侧战略公平

①发挥社区发展理事会的作用

社区的持续参与是规划实施的关键。结合当地和学校发展的实际情况,充分发挥社区发展理事会的桥梁作用,保证所有公民享有最低限度的核心服务。此外,各部委之间特别是财政部、教育部和农村复兴与发展部正在讨论研究当地活动资金的详细资助机制。在NESPⅢ框架内,社区发展理事会将与学校管理委员会合作,将教育服务的规划和监督延伸至当地社区。

②促进需求公平

影响教育需求公平的主要障碍是贫困、社会旧习(如早婚)等,步行距离内缺少学校、缺乏女教师等供给问题进一步加剧了需求问题。需求和供给方面的公平对确保儿童完成基础教育、学习者充分利用学习机会至关重要。

③鼓励社区参与教育

社区为学校和学习中心基础设施的完善和教学工作的运行做出了贡献。社区愿意提供空间以及各种形式的贡献,促进学校教育发展;发挥社区成员与农业、手工艺品、机械修理等相关的实际技能,为学校和学习中心的生活技能指导提供支持,通过提供技能和财务投入,完善学校建设,改善教育服务。

④多方协作,满足教育需求

识别社区教育需求是制定需求战略的起点。教育部同地方理事会、教育专家等合作,了解他们的教育需求,改善伊斯兰教育;教育部将支持社区学校、儿童保护行动网络和学校管理委员会的流动,确保所有学龄儿童(男童和女童)完成基础教育。其中,儿童保护行动网络和学校管理委员会共同负责学校儿童和教师的安全,来自社区和儿童保护行动网络的自愿警戒小组确保男童和女童上学安全,学校为学生提供安全的学习环境。

教育部就私立伊斯兰学校的角色和注册需求展开政策辩论,考虑以下两种可能:一是私立伊斯兰学校采用教育部统一设定的课程;二是私立伊斯兰学校自设课程,教育部对其进行审批。

⑤发挥青少年作用

A. 关注青少年(包括女孩)的技能提高

一方面,教育部将通过当地和宗教有影响力人士,提高公众意识,提高人们对伊斯兰教育重要性的认识。所有儿童都有受教育的权利,支持冲破由社会习俗造成的障碍。另一方面,要求社区承诺确保所有学龄儿童上学并完成基础教育。

B. 明确不同性别青少年的需求,提供优质教育和职业课程

教育部将与社区合作,绘制关键教育指标,包括教育获得感、满意度和识字水平。动员青少年参与农村发展,利用掌握的技能和知识成为多产的公民。

3. 高效透明管理

高效透明管理是指确保国家和地区层面教育服务和管理的平等、优质、透明、高效,并且符合经济效益。

NESPⅢ制定了一系列根本性战略,来改善行政和管理,提高学习质量和增加学习机会。与其他组成部分一样,规划中的许多战略是跨领域的,并且直接或间接涉及所有学习阶段。相关策略和指标会出现在 NESPⅢ 的不同组成部分中。为了实现短期效果,活动需要以综合方式进行规划和实施,以确保支持方案(例如培训、监测)的效率和连贯性。

(1)制定基于结果的体制框架和组织结构,确定核心职能和能力发展

如上所述,NESPⅢ反映了教育部所强调的质量和相关性、公平准入和高效透明管理的组织结构。目前,教育部在制度上按照早期战略计划(如 NESPⅡ)中提出的项目内容进行划分(分为普通教育、伊斯兰教育、职业教育、识字教育),导致效率的低下和职能的重复(包括采购、课程开发、教师培训等)。审查和进行相关的人力资源规划是提高教育部管理效率的第一步。审查将更明确地定义核心和非核心业务,提出最新的工作内容,并澄清教育部机构/部门的职权范围。改革方式由改革小组和当局根据改革的实际情况和可行性协商决定。

机构重组将需要进行政策变更和修订教育部运作的法律框架,从中央教育部门到省级教育部门、地方教育董事会、学校和其他学习中心的各个层面引入新的程序和报告要求。

(2)建立或改革合作、外包程序

教育部计划与国际合作伙伴和其他合作部委(如职能部委)签订最新协议,并清楚地审查和定义合作协议的内容和范围。将制定协议框架,以正式确定教育部与社区、民间组织、国际合作伙伴和私立教育机构、其他利益相关者之间的分工。

涉及国际合作伙伴的运营采购程序将受到国家采购规则的约束,将在公共财政管

理改革框架内审查、澄清和调整资金支付的法律程序。教育部将减少批准采购所需的流程和人员数量,这有利于提高效率、增加透明度和建立问责制。

教育部将通过整合预算外和预算内的捐款项目和方案,改善教育方案供资的可预测性和一致性。遵循各部门的政策要求,和其他国际合作伙伴的系统运作保持一致,减少重复和浪费,确保更有效地实现规划目标。

(3)实施基于结果/规范的资源分配制度

教育部将制订并实施最低限度的学校和学习中心资源分配方案。这些将与包括国际合作伙伴和其他职能部委在内的利益相关者进行讨论,以确保资金和支持的协调和可持续性。分配制度会着情考虑当地的条件和优先级。

提供公平的服务需要一致的标准和灵活的参数,同时还要反映和报告当地取得的成果。标准包括学生教师比、性别平等指数、学生教室比、学生教科书比、学龄儿童的数量。

(4)提供有效的人力资源,从而保障规划、管理和交付的效果

人力资源开发是NESPⅢ的核心战略。教育部将制定和实施详细的能力发展战略,通过功能审查和结构变革来提高效率。当前人力资源信息管理系统的改进计划涵盖了所有教育部工作人员(包括教师)。这将把雇员数据与工资单联系起来,实现对雇员更有效的规划、管理和发展。功能审查和结构变革已经开始,并将在第一年提出建议和给出结果。

雇员招聘将与修订的职责范围和能力框架相符,以配合教育部的职能重组。教育部将制订、实施和监测一项全面的区分性别的能力发展计划,以确保能够有效管理优先方案。教育部将向大量雇员提供高级培训(获得硕士学位),以有效管理教育系统。课程开发、教材编写、培训有效的培训师等将逐步纳入教育部的人员发展中。不仅关注雇员的学术能力,而且进行实用的现代管理,这对于复杂的国家运作来说至关重要。在可能的情况下,相关培训将在国内完成,以降低成本并确保符合当地现状。

教育部当前和过去的人员安排严重依赖于获得捐赠的国家技术助理(NTA)项目。国家技术助理项目并不总是面向教育部,并且国家技术助理不负责伊斯兰雇员能力的开发。随着国际合作伙伴资金重组,规划结束后,教育部很容易失去关键人员。因此,教育部将引入员工招聘、培训、指导和专业发展系统,确保所有省份的公平和以需求为基础的雇员发展。

加强目前基于结果的教育部雇员考绩制度,确保客观的绩效评估与职业发展和奖励挂钩。

(5)透明、问责和反腐有助于资源管理

教育部将与其他利益相关部委合作,制定强有力的反腐败战略,公开调查和报告涉嫌违反的行为,恢复公众和捐赠者对规划实施过程的公平和透明的信心。

为确保学校发展和学校在"《公民宪章》计划"获得的拨款得到妥善管理,教育部将通过获得认可的外部审计项目,制定强有力的监管框架并加强内部审计。所有教育部

的运营都将接受绩效评估,教育部将升级监测和报告教师和教育工作人员出勤的系统。绩效评估将与当地公共信息活动相关联,并在学校公告牌上报告绩效信息。

作为权力下放和控制执行预算的一部分,教育部将在省一级建立跟踪数据库并开展业务。目前高度集中的教育部和合作伙伴之间的项目系统将发生变化,赋予地方政府更大的控制权和责任。

正如 NESPⅢ指出的,改革的关键是公开发布政策、标准、计划、预算、结果和报告。教育部的作用是完成规划的协调工作,并向公众公开透明地呈现进展。

(6)实施有效、综合的监测和评估

教育部教育信息管理系统是目前部门内单独运行的系统和数据库之一。其中的人力资源管理、教师管理、资产和财务资源管理等数据没有很好地衔接起来,并且仅对单独的部门公开。为了提高效率和透明管理,这些数据将被关联到统一系统中。

NESPⅢ将为监测和评估分配资源。除培训外,还包括立法和监管方面,教育部会将数据的收集、保留和使用权下放到地方层面。中央和省级教育部门仅监督、检查数据的准确性。教育部还将投入电子设备用于展示和报告信息。

此外,系统中保存的信息和数据将有选择性地、主动地提供给各级教育部门和所有利益相关者,从而提高效率并减少不适当和不负责任的资源部署。

战略的关键部分是快速从基于纸张的报告和监测过渡到基于电子设备的项目发布平台上。在扩建之前,教育部将对其他计划的电子设备项目平台进行可行性研究和试点。目前,地方监督和绩效监测的结果可能需要数月才能送达高级管理机构。

如之前所述,NESPⅢ规划的另一个举措是在教育部数据系统中引入独立的第三方监测和验证。该举措需要对客观意见持开放态度。

(三)规划的关键要素

规划将更加重视下列关键要素的战略实施:

1. 教师

尽管过去15年教师人数大幅增加,但阿富汗仍缺乏教师,特别是在农村地区。解决方案是接纳那些没有达到最低要求(十四年级毕业)或没有接受正式的教学培训的教师。农村地区十二年级的优秀毕业生将有机会申请当地社区的教学职位,并将同时参加在职教师教育计划,通过经批准的专业发展计划获得必要的证书。相关审查委员会可以向参加培训研讨会或系列计划的学员授予证书。

由于缺乏女教师,女孩通常难以参加学校或其他教育中心的学习。教育部计划采用"最佳候选人"计划,招聘农村地区的女教师。

"最佳候选人"计划是指允许没达到正常的教师招聘标准的女性在教育服务不足的地区(如在社区学校)担任教师。如果她们承诺参与到教师或行政人员的专业发展计划中,教育部可能通过津贴支持她们完成初等教育和高中教育,并完成在职教师培训课程,包括在家庭完成学习。

在NESPⅢ开发期间,教育部同妇女事务部讨论了增加农村地区女教师人数的进一步战略。NESPⅢ将试行激励措施(如住房、工资补助等),鼓励来自城市地区的合格女教师参与到教育服务不足地区的教学活动中。教育部将与当地社区商定支持措施,并将其纳入试点范围。

2. 社区教育

事实证明,社区教育是一项成功的战略,它将教育服务扩展到了偏远地区。目前,非政府组织和社区合作伙伴共同负责为约40万名儿童提供学校教育。

现在的挑战是通过规划、报告和分配资源,与普通教育系统合作,保证社区教育的可持续发展,已经实践的方法是鼓励缺乏资格的教师通过初步认证制度获得资格认证。

此外,教育部将制定社区教育服务的职责范围,为所有执行伙伴提供相同的标准服务。教育部已经计算出社区教育可持续发展的单位成本并纳入NESPⅢ预算中。

3. 学前教育/小学教育

教育部对NESPⅢ提供的资源有限,同时教育部也认识到提高学前教育入学率和完成率的积极作用。因此,教育部计划加强对合作伙伴在学前教育方面的奖励,重点放在学前教育的课程开发方面。效仿其他国家,工作重点是一年级课程的开发。

保障偏远和贫困地区的学前教育。逐步扩大社区教育与学前教育之间的联系,并对入学注册人数进行监测。

一项新的小学教育文凭计划将在小学前三年的教学中实施。具有专业指导、发展技能的教师可以有效降低辍学率,并确保低年级儿童的学习。学前教育和初级教育专家将研究早期阅读技巧和健康、环境和性别平等等跨领域问题。

4. 校长

学校校长在当地学习管理中发挥很大作用,他们负责开发基于能力的培训课程标准以及教师专业发展和认证标准,并与社区支持委员会一起接受培训,支持学校测绘、数据收集和管理、员工和设施开发与控制。

NESPⅢ将增加担任行政和领导角色的女性人数,对校长职务感兴趣的女性将接受有关教育领导理论和实践的特殊培训。

作为"无障碍学校"倡议的一部分,校长将带领教师、家长、学生和其他利益相关者监督和报告违反教育法规、教师和学生行为准则或其他侵犯儿童权利的事件。如果虐待学生,教师将承担严重的后果。同龄人对其他学生的欺凌、歧视和虐待也将受到严肃处理。

5. 灵活利用资源

目前国家教育资源分配的限制使得NESPⅢ必须"少花钱多办事",教育部将在未来五年内推动一系列创新战略合作,从而为教育和培训的稳定发展提供基础:

省、地区和学校社区需要优化基础设施和人力资源的使用,改善学习机会。确保不同的学习计划都能灵活利用基础设施,如学徒在非工作时间接受识字教育;普通教育学校、社区学校和教师培训中心将用于进行伊斯兰教育;清真寺将同时作为识字课程中心和学前教育中心;支持普通教育教师和伊斯兰教师教授识字课程和学前课程。

有效地利用时间,整合当前单独教授的科目,将诸如阅读、写作、说话、写字等融合起来,融合后的课时可能比一个课时更长,但远远少于单独教授的合计课时。科学可以在低年级作为主题引入,而不是作为单独学科引入。通过向许多其他科目寻找应用项目,重新强化数学;阅读是将数学与生活问题相关联的一项重要技能,在将数学作为一门学科进行教学时应予以重视。

教学效率低下严重浪费了宝贵的教学时间。建议在最近的教师培训中,通过更有效的考勤技术、论文收集和家庭作业结果记录等方法,更好地利用教学时间。

过去十年中,数百万本教科书的印刷和发行工作未成功完成。许多学生从未收到他们有权使用的教科书,父母则选择在当地市场购买影印版。因此,迫切需要改进教科书分发的方式。除了下文所述的电子书籍试点之外,教育部还将试行私立教育机构购买教育部教科书版权并对印刷和发行承担商业责任的政策。正在考虑的相关方法是学校使用由教育部分发的资金券从当地市场购买书籍。

6. 信息和通信技术

教育部将进一步加强同信息通信技术部的合作,尝试在整个教育系统中使用学习和报告数字技术。阿富汗地区各通信部门的相关合作有助于将价格降低到可承受的水平。即使在极度不安全地区,包括智能手机、电子阅读器、MP3 和 CD 在内的设备可以确保学习的连续性和认识更广泛的世界。在学校、教育中心和地方教育董事会、省级教育部门办公室之间以电子方式交换有关专业发展、在职培训、出勤和绩效表现的学校人事记录;可以在督导(校长、主管)和教学人员之间共享和记录督导在课程上的观察结果,以及对下一步改进的共识。

考虑到印刷、运输和配送成本,将一套教科书"装入"低成本且"坚固耐用"的平板电脑,而不是分发纸质书籍,更具成本效益,当然也更具教育吸引力。理论上,平板电脑中书籍的内容相对容易更正或更新,从而减少打印和运输新版本的重复成本。

六、实施管理

(一)年度运作方案和预算

NESPⅢ的实施将在现有的运作计划框架内进行。在筹备中,规划评估部将为国家和省一级的教育部门领导和主管组织定向培训。所有部门工作人员都将了解NESPⅢ中的新方法和政策优先事项。年度业务计划将更多地侧重于监测矩阵中设定的年度产出目标,而不是活动和培训研讨会。每年编制指南,确保所有部门和工作人员都清楚地了解分配给他们的任务。

同样,由于NESPⅢ是一项比之前战略计划更加综合和参与度高的工作,教育部将与其他部委的执行伙伴、非政府组织、民间社会组织、国际合作伙伴共同承担或由每个机构单独负责其中一部分。省、地区教育部门负责人和中央部门负责统筹年度目标,组织人员和物资实现目标,同时,负责管理和监督所有合作伙伴。省级教育部门、地方教育董事会的工作人员将在研讨会上分享他们关于NESPⅢ草案的想法。人力资源开发委员会负责中央层面的规划监督工作。经财政部预算批准后,国家和省级教育计划将按照分配的预算进行修订,经部长批准后,汇报中央和省级教育部门。

(二)教育部机构改革

保障NESPⅢ规划和实施的一项重大举措是教育部将进行职能审查和机构改革。早期准备工作已经开始,以响应总统采用新方法提供教育服务的呼吁。重新划分任务和职能是评估阿富汗教育参与团体的基础。

NESPⅢ将确保通过人力资源开发和能力发展支持各级履行责任,从而实现目标。战略计划的有效实施将取决于中央和地方、教育部和执行伙伴之间强有力的合作,教育部将通过人力资源开发委员会和定期联合会议进行协调。

(三)能力发展

在对重组计划进行功能审查和批准后,教育部将制订一个分阶段的能力发展计划,涉及中央和下级部门的各个层面,包括教师和教员、管理者和行政人员,并将工资、计划、员工和部门职能与绩效报告、人力资源招聘和管理、能力发展、培训和评估联系起来。虽然人们认识到社区教育机制并不是教育部人力资源能力发展的长期解决方案,但它对以前分散和不负责任的做法提出了实质性的改进。

(四)权力下放

根据核心和非核心任务的定义,教育部将增加地方行政和管理层面的责任和能力,包括省级教育部门、地方教育董事会和学校。根据最近的培训举措,地方一级有相当多的部门职能没有充分发挥出来,更多的授权、培训和支持将使这些职能得以发展,如上文提及的通过社区教育项目在省级教育部门内部招募更有能力的领导者。加强教育部与省级教育部门、地方教育董事会之间(以及省级教育部门和地方教育董事会之间)利用电子设备和其他的监测工具进行沟通和协调。

通过学校、地区和省一级数据收集和管理,分析教育指标和规划。在省级教育部门办公室设立教育信息管理系统,提高入学率,降低辍学率,并确保更高的完成率,特别是对于女孩和教育服务不足的地区。教育部将修订学校行政人员和校长的职责范围和指导方针,监督指标的改进,并向领导层和国际合作伙伴报告。

《公民宪章》将为民间社会的资金投入提供法律依据,并通过学校建设和其他服务协调社区对教育的支持贡献。当地社区、地方教育董事会和省级教育部门的办事处负责资金的使用和结果通报。

(五)部门协同

同样,教育部将与其他部委合作,通过明确的法律框架确保共同责任,共同商定战略方案。例如,教育部在职业教育发展领域的核心职责是商定共同战略并设定系列目标,支持劳动、社会事务、烈士和残疾人部开展的技能培训。实现目标的具体责任将在下面讨论的监测矩阵中进行说明。

过去5年中,基础设施建设和学校建设没有如预期那样迅速成功开展以满足需求,如果决定在这一领域与其他政府机构和社区分担责任,教育部应制定详细的框架协议和目标,然后制订完成建筑物的计划,当地社区可以由各部委负责。

联合行动的监测框架将参考联合协议和共同目标,然后确定优先事项。尤其是在初期阶段,优先事项比直接实施部门一级的培训更为重要。教育部将以结果为导向,严格执行针对目标的报告。

(六)民间社会组织和非政府组织

过去十年中,民间社会组织和非政府组织为扩大学习服务做出了巨大贡献。与此同时,教育部内部还制订了政策和战略计划,这些政策和战略计划的实施尚未得到均衡应用或监测。此外,尚未充分开发和监测实现关键目标的共同承诺。

教育部负责向阿富汗所有中小学儿童提供普通教育和伊斯兰教育的方案,并为青少年和成年人学习者提供职业教育和识字教育的方案。其他部委、社区、非政府组织和国际合作伙伴,协助教育部在难以获得施展或维持的领域发挥作用。存在不同合作伙伴部署的标准或方法彼此不兼容的问题,以及当外部资金不再可用时服务将在某些时候撤销等风险。缺乏可持续性和一致性,需要将更多时间用于管理和加强协调。此外,当前资源限制不利于提高效率。

根据NESPⅢ,教育部和所有部门合作伙伴、国际合作伙伴、非政府组织和民间社会组织将共同对一系列结果进行问责,需要就实施的资金规范和制度达成协议,并为当地社区和教育部领导层提供更加透明的报告程序。

(七)私立教育机构

与私立教育机构合作不仅仅是教育部对资源限制的回应,也是对私立教育机构在满足职业教育需求的优先次序方面的认可。例如,私立教育机构通过投资阿富汗最大的学徒培训系统,扩大了自己的商业份额。

教育部将寻求利用私立教育机构的优势,以更高的效率和更少的资源实现其公立教育机构的目标。例如,目前到达学校的集中制作的教科书的数量令人失望,因此,教科书的提供需要大量吸收政府和国际合作伙伴的资源。通过市场向消费者提供书籍将作为试点方式,即允许私立教育机构出版得到批准的书籍并出售给学校。教育部将考虑向学校发放可用于购买书籍的资金券,从而使私立教育机构获得利益的同时,确保儿童拥有必要的学习工具。教育部的作用将仅限于在试点地区建立法律框架,必要时监测结果。

(八)发展伙伴

在NESPⅢ中,教育部和阿富汗政府将在履行商定目标的共同责任的基础上建立更加协调和透明的关系。从双边资金到多边资金的转移将加强这一点,但也需要共同致力于监测结果。因此,正如 NESPⅢ 的起草所表明的那样,优先考虑的是参与式规划。

与最近的情况相比,教育部和国际合作伙伴对职责范围的相互严格审查将成为常态,对研究、评估以及预算外项目等的干预措施负有共同责任。发展伙伴和教育部将就项目周期管理的系统化流程达成一致,特别是那些通过预算外机制管理的流程。当地捐赠者和教育部将签署一份谅解备忘录,支持教育部门实现计划目标,提高外部援助的一致性、协调性和有效性。

捐赠者资助的国家技术助理(长期和短期捐赠者资助的本国工作人员以及国际顾问)项目将根据商定目标进行管理。在建设国家能力方面,将酌情监测业绩。如果是通过集合筹资机制(如社区康复改革计划)资助的国家技术助理,则还将公布其与改革相关的严格的绩效目标。

(九)家长和社区

NESPⅢ 旨在建立消费者(学生、家长和社区)与服务提供者之间的关系。教育部不仅鼓励父母和社区在明确的框架协议(与《公民宪章》有关)内分担责任,建立和扩大基础设施和教育系统的其他要素,还将改进问责制,公开披露容易理解的绩效成绩。例如,新的行为规范将建立学校的行为标准,并告知教师、学生、员工和家长;适用于所有人的行为守则和道德规范将得到公正和系统的实施。在学校和社区层面,学校校长有责任与家长和社区领导人接触,并作为当地利益相关者与政府当局之间的纽带。

开放性和问责制的逐渐普及将有利于更高效地实现国家重大目标。

(十)风险和防控

阿富汗安全问题在影响 NESPⅢ 实施的同时,也可能影响其监测和评估。所有利益相关者都充分理解任何脆弱的国家在经历持续冲突后所产生的业务风险和其他风险。明确什么是能完成的,什么是不可能完成的。本部分内容不是重复 NESPⅢ 的政治、地理和安全限制清单,而是对每种策略的总体风险进行分析。在安全威胁、访问困难、政治局势紧张的背景环境下,教育服务的提供可能会带来威胁,但也可能成为变革的源泉。

应当理解,尝试执行一个策略是存在风险,例如改善对辍学儿童的本地监控或者更准确地评估学生成绩,但也存在不试图解决这些系统性问题的风险。人们可能不欢迎更客观和严格的检测,但公众可能会对不公平的结果产生更大的不满。此外,除非教育范围和质量得到改善,否则国家的大部分地区(主要是年轻人群体)将被剥夺受教育的权利。这将对国家的整体经济发展产生深远影响,加剧不平等现象并助长和平与安全问题的长期存在。

最重要的是,阿富汗各地的风险各不相同。如一些能力更大的省份,面对的挑战更小。但还有一些社区仍然很困难,需要时间来改善。选择一个省份进行试验可能会降低其他省份的风险,NESPⅢ的报告透明并将广泛地接受意见。NESPⅢ将尽可能利用新技术(电子设备、智能手机等)来提高学生的学习效率并减少交流的负担。

教育部将继续建立和加强学校管理委员会,让社区参与学校保护,支持社区教育、支持紧急情况下的教育,确保儿童接受教育。社区发展理事会及其教育小组委员会将作为人民和教育服务提供者之间的接口,建立并加强相互问责制,使教育计划更符合当地需求,并动员当地社区支持教育服务。加强各部门的执行能力,特别是在地方层面,这将有助于减轻这些风险。在大多数情况下,通过一系列促进战略来降低风险,以减少负面影响。提高认识活动和改进沟通将是最常见的缓解策略,并且经常包含在下述的风险矩阵中。

NESP、NESPⅡ、NESPⅢ的共同点是对女性的关注。教育部计划通过提供更多的女性教师、校长和行政人员来增加女童的入学率。在教育部的大多数职位中,女性任职人数不足。在一些社区中实现更大的平衡将是一项挑战,并且可能会在一段时间内影响中学的入学率。基础设施(提供厕所、边界墙等)数量的增加以及女性教师和校长人数的增加成功增加了女孩受教育的机会。在《公民宪章》中引入和扩充相关内容也将有助于增加社会各阶层的认可和鼓励。

NESPⅢ实施的所有方面都面临着政府预算限制的威胁。外部资金的不可预测性将对教育的获取和质量的提升产生负面影响。提高援助的效率和效果将有助于减少教育服务不足和中断的风险。通过人力资源开发计划,教育部将在议会内游说,并鼓励捐赠者和财政部为教育和优先活动提供充足的资源。

教育资金使用不当或滥用的风险一直是许多独立研究的重点。政府和发展伙伴的制度和实践都需要改善。虽然对NESPⅢ战略来说这些风险仍然存在,但通过在资源分配中提高透明度和问责制,报告所有方案的结果以及制定具体的反腐败战略可以降低这些风险。

1. 风险矩阵

在风险矩阵中,所有的风险都可以根据其可能性和威胁发生的潜在影响进行评估,并且列出了设想的缓解策略。总的来说,除了潜在的不安全因素之外,高风险或可能的威胁并不多。在25项结果中只有6项被认为面临最高风险,11项结果被评估为低风险,8项为中等风险。风险矩阵总结了实现预期行业结果的主要风险以及将这些风险发生的可能性降至最低的缓解策略。每种风险的严重程度都是根据其发生的可能性以及如果确实发生将对NESPⅢ产生的影响进行评估的。然后将总风险从1分到5分进行划分,其中5分为最严重的风险(并以红色显示)。教育部将在监测报告中评估缓解后的风险评级,以便更好地了解其他风险。

2. 监控过程

教育部将通过年度计划、目标设定、预算分配以及监督和评估过程来执行监控职能,报告预算的拨款目标和资源的支出情况,包括发展伙伴的资源条款以及哪些条款利用了预算外捐款。与往年一样,规划和评估部门将进行年度调查,以获得教育信息管理系统进行分析和报告的数据。NESPⅢ将加强学校层面的数据收集,整合国家、省和地区的相关流程,然后在一个单一的信息管理系统内整合信息。

这一发展目标对提高教育部内部的管理效率,减少综合使用信息的障碍,促进中央和次国家级的管理决策发挥重要作用。然而,除了能力、安全和当地敏感问题之外,也存在收集和使用监测数据的障碍。NESPⅢ解决这些问题的战略是增加信息参与和传播的透明度。学校管理委员会将接受有关审查学校发展计划的培训,并为解决当地问题提供资源,与学校管理层一起,每年开展学校表现的教育联合检讨。教育部将每年监测和报告积极进行审查的学校管理委员会数量,从而帮助社区做出决策。教育部将通过拨款,使地方和国家计划保持一致,从而实现国家《公民宪章》计划的目标。目前,教育部已经实现了通过国家监测系统和教育信息管理系统有效地分享信息。

教育部将继续系统地收集以下相关数据和信息:①普通预算和开发预算的执行情况;②活动实施情况;③NESPⅢ和运作计划的成果。收集的数据和信息将用于向内阁、议会和公众报告,以改进计划和实施政策。此外,教育部将通过内部评估以及国家和国际研究组织共同评估,对政策、计划和项目实施情况进行研究以确保其有效、高效和可持续地执行,并吸取经验教训,及时改善教育部的相关政策。作为能力发展计划的一部分,教育部将努力提高研究和评估能力。

规划评估总局的评估和战略监测部门将使用战略监测矩阵来监测教育增长和扩展的趋势,组织联合年度审查,衡量项目实施的有效性和效率。教育部将委托第三方根据年度计划对特定领域进行更深入的评估。教育部和国际合作伙伴将根据需要制定和实施第三方监测策略,无论是在不安全的地区,还是在特定情况下需要第三方担保时(例如学校建设、教育信息管理系统的数据验证等)。

私立教育机构将在实施NESPⅢ方面发挥更大的作用。教育部将修订私立教育机构运作规范,鼓励和促进更多的私人教育投资,同时引入更严格的监测和评估,以确保服务质量符合既定标准。教育部将成立独立的理事会来监督私立教育机构,改善其协调和管理。此外,教育部还将制定新的举措来监督私立教育机构外包的学校建设、教科书印刷和分发的结果。

3. 报告

根据目前的做法,在结构审查和机构改革之后,教育部将根据对中央、省和地区各级业务计划实施情况的监测,编制年度和半年度报告。重点不是活动和预算支出,而是实现产出目标。根据在此过程中吸取的经验教训,教育部将改进报告程序,并向各级工作人员提供指导。报告和监测工作人员的能力建设仍将是教育部的优先事项。

加强报告程序的关键是开展年度教育联合部门审查,审查将寻求中央、省、地区和学校利益相关者的参与,确保规划和报告基于现实以及改善未来的愿景。人力资源发展委员会和联合工作组将作为政府、非政府组织和国际合作伙伴的协调机构。他们将为绩效跟踪提供交流平台,并共同承担责任。

4. 监测学习成果

提高教育质量和相关性是 NESP Ⅲ 的优先事项。目前的安排尚未提供关于通过教育和培训让父母、雇主和学生获得知识和技能的可靠信息。教育部需要这些信息,以评估其计划的有效性。为解决这一问题,在学术监督总局下设立了学习评估局,负责监督学习成果。该部门将与课程开发部门和教师教育部门合作,设计评估学生学习成果的框架和工具。

在国际专家的帮助下,教育部建立了综合评估系统。NESP Ⅲ 期间,完善该系统的关键将是教育部工作人员(和教师)持续使用该系统。在进一步试验之后,将在所有学校和学习中心分阶段部署用于评估学生学习成果的综合框架和工具,所得信息将为质量和相关性的后续改进提供新的关注点。

5. 监督教师绩效

在 NESP Ⅲ 下,教师绩效作为教育质量的核心要素也将受到监督。该战略计划包括若干培训计划,旨在增加教学人员的特定教学能力。加强学术监督制度,为教师提供指导和支持,特别是那些资格低于规定要求但愿意加入在职专业发展计划的农村新教师。教师教育部门将重点关注现有教师的资格认证,结果表明现有教师和加入改善教师教育计划的教师的能力都有所提高。

与此同时,校长和学校工作人员将更多地关注课堂观察和教学人员的出勤。通过提供支持、培训和材料以提高教育质量,系统地降低缺勤率。

七、资源需求

(一)规划的成本和财务

到 2021 年实现 NESP Ⅲ 的教育目标并解决局势动荡带来的挑战将花费巨大。如上所述,对教育服务的需求不断扩大,并越来越注重提高教育质量和相关性。各种规模的私立教育机构以及家庭和学生认为,教育方面的投资与更多的就业机会和经济增长有关。

教育是政府工作的重中之重。2015 年,教育支出占政府总支出(不包括还本付息)的 14.1%,占 GDP 的 3.7%。过去五年,随着教育服务、新入学群体、教师招聘和培训的扩大,教育部的官方支出从 328 亿阿富汗尼增加至 444 亿阿富汗尼。截至目前,其中的绝大部分已经用于经常性预算(83.4%),包括支付工资和薪水。尽管教师数量没有与学生数量同步增加,并导致学生教师比增大,但教师数量仍有所增加。商品和服务以及购买资产占剩余的 7%。

2016 年,教育预算的总体构成预计为办学费用占 64.5%,发展费用占 35.5%。近年来，经常性预算的拨款几乎被完全利用，而发展预算的支出仅保持在50%左右。这种较低的支出率是由过于乐观的发展项目规划、合同和实施能力的限制，以及前一年编制的未动用发展资金的大量结转造成的。教育部决心在国际合作伙伴的协助下提高发展预算的有效支付率。同时，与实际更切合的长期预算，透明度和政府管理系统能力的提高将有助于实现这一目标。

(二) 发展预算

阿富汗的国内收入有所增加，但并没有降低国家对外部支持的依赖程度。通过教育部和外部提供的教育服务仍依赖高水平的官方发展援助，这些援助用于资助教育部发展预算、业务预算和预算外项目的干预措施。

由于缺乏内部资源，阿富汗政府无法通过普通预算支付教育费用。捐赠者对教育的贡献是成功实现NESPⅢ目标以及最终实现可持续发展目标的先决条件。NESPⅢ的三个主要组成部分是质量和相关性、公平准入、高效透明管理（按优先顺序排列）。规划中每个组成部分的预算分配分别为62.7%、27.3%和10.0%，金额分别为100 418万美元、43 812万美元和15 946万美元（总计160 176万美元）。

NESPⅢ的目标是在与国际合作伙伴和政府领导层广泛讨论的基础上计算得出的。在这个过程中产生并提交了若干草案，以供广泛协商和评论。考虑的因素包括：部门能力、国家潜在的脆弱性和资源的可利用性。因为量化所有指示性结果并不简单，所以反复的商讨是很有价值的。

发展预算的主要成本项目包括：建设教育机构和提升教育质量计划、社区教育计划、课程改革和教师培训活动、职业教育学校的设备改革、能力开发和技术助理的改革。

开发预算通常包括预算外资金和非预算资金。根据过去的战略计划，在统一和协调的管理过程之外，对捐赠者投资的项目化运作，会降低效率和长期可持续性。教育部和国际合作伙伴的意向是，NESPⅢ将涵盖所有的计划和预算项目，并且联合分担监督绩效的责任。

(三) 经常性预算

经常性预算主要包括员工的工资和福利、教学和非教学计划的人员招聘，以及运营成本。

由于财务领域的公务员熟悉政府预算系统，经常性预算的执行率在大多数年份都是成功的。财务预算和采购系统与阿富汗政府系统不协调是预算支付缓慢的主要因素。NESPⅢ将通过更好的方案设计，协调资金和共同问责制来提高支付率和协调监测。

(四) 财务

"教育分析"指出，政府中期财政框架对经济的预测是紧张，而教育部门对2019年的预测是财政拨款相对不变，预计发展伙伴的资助将低于现有水平。

根据教育部 2016—2020 年的中期财政框架的预测,普通教育、教师教育、职业教育和高等教育经费将减少 16% 至 22%。这种减少将影响服务质量,限制运营资金投入,并导致学生教师比增加。

教育部虽然尽力提高绩效和效率,但很难实现中期财政框架所需的单位成本节约水平,尤其需要更高的优先次序、成本效益和效率审查,以评估更具成本效益的替代交付方式。私立教育机构更多地参与某些服务和低成本私立学校的费用分摊,其他提供教育服务和社区参与的部委都已在 NESP Ⅲ 战略规划中进行了讨论。捐赠者必须密切监测阿富汗的经济状况,了解政府预算拨款减少的风险,并补充分配给教育的财政资源。鉴于教育部是阿富汗最大的服务提供部门,并为 26.4 万个岗位提供长期就业机会,加之考虑扩大妇女的就业机会,财政部应逐步增加教育拨款,满足增大入学率的教育需求,或者在最坏的情况下至少保持原有的入学率,但目前的预算分配标准很低。

捐赠者对 NESP Ⅲ 的捐款尚未做出承诺。为期三年的拨款计划将于 2016 年 11 月开始实施,资金每年发放一次。根据过去的经验,教育部对捐助资金进行了以下估测:教育部和发展伙伴将就人力资源开发委员会的报告机制达成一致,通过该机制捐赠者将每两年更新一次教育预算外拨款。

作为预算中最大的项目,课堂建设吸引了大多数讨论。目前没有用来建造教室和学校(包括边界墙、行政办公室和厕所等)的预算。NESP Ⅲ 将利用新的渠道来解决建造教室和学校的预算问题,如通过农村复兴和发展部、城市发展部,以及通过《公民宪章》条款支持的社区来寻求帮助。但是,这笔预算的支付仍然是最具挑战性的。教育部将根据 NESP Ⅲ 的质量优先事项试行新的教科书印刷和分发方法,并使用更可持续和有效的方法将书籍送入学校。

(五) NESP Ⅲ 的仿真模型

教育部开发了一个财务仿真模型,用于估算资源需求和规划融资安排。建模方法遵循了最佳国际惯例。

模型具有以下优点:

(1)确保整个系统组成部分之间的一致性。由于内置链接的存在,一个元素的变化会导致所有其他元素的相关变化,从而使计算更容易、更快捷。

(2)具有行为视角,能够连接教育系统的所有子层次和课程。

(3)具有独特的能力,可以快速尝试多种方案和选择,使政策制定者能够权衡后做出决策并给出参考情景。

然而,还要注意的是,模型对计划的定量方面存在巨大偏差。换句话说,虽然非常清楚地对比了实现各种选择所需的资源(资金、教室、教师等),但该模型并未考虑质量优势。这种偏差可以通过计划和政策行动矩阵进行修正,该矩阵对优先事项进行了更细微的分析。

该模型捕获并预测了教育系统运行的所有主要元素,内容如下:

1. 入学预测

根据学龄人口(5~24岁),预测各年级的目标入学率和数量。总体而言,所有子项的总入学人数预计将从2015年的920万增加至2017年的970万,以及2021年的1 140万。基础教育(一至九年级)的学生人数将从800万增加到990万。

2. 资源需求预测

预测教学人员和非教学人员数量、教室和实验室数量、教科书和教学指南数量。该模型显示,由于入学人数增加,需要建设17 000间新教室,招聘58 000名教师,分发2.68亿本教科书和教师指南。

教师培训计划将允许100 000名教师通过新系统获得认证,同时175 000名教师将学习在职课程,33 000名学校管理人员将通过学校管理培训计划接受培训。

3. 资源需求成本

这是根据已知的单位成本计算的,例如建造教室的平均成本、教科书购买和分配的单位成本、教师工资等。将这些资源成本与财政部的预期拨款以及发展伙伴的预期捐赠进行比较,以发现存在的资金缺口。

官方发布的中期财政框架常被用作估算财务能力的主要来源。从2017年到2021年,教育部的总拨款估计为2 364亿阿富汗尼,其中1 504亿阿富汗尼用于经常性预算,860亿阿富汗尼用于发展预算。但是,教育支出的很大一部分通常由发展伙伴的捐赠支付。新的国家政策是将越来越多的捐赠放入国家预算。

用于NESPⅢ的发展伙伴的捐赠预测是估算得出的。保守假设是,预算外教育捐赠款相当于政府对教育部发展拨款的80%,即688亿阿富汗尼(约合10.3亿美元)。

将两个资金来源(政府拨款和预算捐赠款)与上述计划支出进行比较后发现,NESPⅢ期间的资金缺口为557亿阿富汗尼。值得注意的是,规划期间的资金缺口是不一致的,前两年为负,然后大幅上升。

这种差距被认为是合理的,并且是在教育部和发展伙伴以往合作和讨论的基础上获得的。在这个过程中,教育部在理想目标与现有财务能力限制之间进行了一些权衡。

伊拉克

伊拉克共和国,简称伊拉克,首都为巴格达。伊拉克位于亚洲西南部,阿拉伯半岛东北部。北接土耳其,东临伊朗,西毗叙利亚、约旦,南接沙特阿拉伯、科威特,东南濒波斯湾。幼发拉底河和底格里斯河自西北向东南流贯全境。国土面积为43.83万平方千米。

根据2018年的数据,伊拉克人口约3 800万。其中阿拉伯民族约占78%(什叶派约占60%,逊尼派约占18%),库尔德族约占15%,其余为土库曼族、亚美尼亚族等。官方语言为阿拉伯语和库尔德语。居民中95%以上信奉伊斯兰教,少数人信奉基督教等其他宗教。

伊拉克石油、天然气资源丰富,能源产业占主导地位。伊拉克全国可耕地面积占国土总面积的27.6%,农业用地严重依赖地表水,主要集中在底格里斯河和幼发拉底河之间的美索不达米亚平原。农业人口占全国总人口的1/3,主要农作物有小麦、大麦和椰枣等,粮食不能自给。国内交通运输以公路为主,公路网遍布全国,部分公路与叙利亚、约旦、科威特、土耳其等国相连。伊拉克主要旅游点有乌尔城(公元前2060年)遗址、亚述帝国(公元前910年)遗迹和哈特尔城遗址(俗名"太阳城")。位于巴格达西南90千米处的巴比伦是世界著名的古城遗址,"空中花园"被列为古代世界七大奇迹之一。

伊拉克2005年8月底出台永久宪法草案,并在10月举行的全民公决中获得通过,规定伊拉克实行联邦制,石油资源归全体人民所有。伊拉克党派众多,目前约有200余个政党和政治实体,组成多个政党联盟,各派在国家生活中的地位、联邦制、资源分配等问题上尚存争议。

伊拉克实施六年制义务教育,适龄儿童小学入学率为98%,但中等和高等院校入学率仅为45%和15%。成人识字率为79.7%。全国共有20所大学和44所专科院校。

注:以上资料数据参考依据为中国外交部官方网站伊拉克国家概况(2020年5月更新)。

伊拉克国家扫盲战略框架
(2011—2015 年)

前言(一)

从每个人都有权接受教育的观念出发,无论是作为基本权利还是作为人权,世界各国都在迅速采取措施,在全国范围内开展扫盲教育。虽然当今世界各国之间采取不同政治和经济形式的竞争,但是其核心仍是教育的竞争。

通过扫盲,所有发达国家在各个发展领域都实现了跨越式发展。伊拉克是通过《世界人权宣言》承认教育是每个人基本权利的国家之一。尽管伊拉克为人们提供了各种教育,特别是在扫盲领域,但伊拉克仍然处于落后状态。这意味着许多群体仍然被剥夺了许多机会,包括接受教育、培养生活技能的机会,以及使用一些技术的机会,这些技术可以帮助他们改善生活质量和满足日益增长的社会经济和文化发展需要。

如果不制定拥有明确目标和特征的战略,以及旨在实现预期目标的行动手段,任何国家可能都难以消除文盲。我们很高兴在此背景下介绍《伊拉克国家扫盲战略框架(2011—2015 年)》(以下简称《国家扫盲战略框架》)。该框架是教育部与教科文组织伊拉克办事处之间富有成效的合作和不断努力的结果。

该战略的重要性在于它适用于各种政府和非政府机构所采用的情景分析,主要特征是在推断新情况或条件方面具有灵活性,在规划可用资源和投资方面具有有效性,以及采用综合方式处理与扫盲相关的事项。

到 2015 年底,为实现战略目标,需要采取若干措施,将伊拉克男、女文盲率均降低 50%。主要措施包括重视教育的质量,确保免费的基础教育,提高入学儿童的适应率并防止他们辍学,设置适当的课程并使用适当的教学方法满足各类学生的需求,从根源上消除文盲。此外,还需要确保课程能够符合学生的心理特征,满足他们的需要和兴趣,并解决他们面临的实际问题和学术问题。

应特别注重为扫盲教师提供特殊培训,因为他们是学生和课程之间的调解员。除教育过程外,扫盲教师还负责协调和指导扫盲活动。他们也被看作将知识和价值观传递给学生的媒介。因此,除了培训计划外,还需要明确扫盲教师所具有的某些特征。

此外,需要明确扫盲目标群体的优先事项。优先考虑的是规模较大且处于弱势的群体,特别是在农村和贫困地区,同时侧重于女性识字率的提高,以缩小性别差距。因此,扫盲成为减少伊拉克社会、经济和文化差异的一种方式。在任何扫盲运动中都应该重视社区参与,确保民间社会机构和非政府组织在支持扫盲工作、增加动力和努力实现一体化方面发挥有效作用。

最后,为了扫盲,我们应着重强调努力和创新工作的必要性,为所有人争取更好的教育。

穆罕默德·阿里·塔梅姆博士

国家教育部部长

国家教育、科学和文化委员会主席

伊拉克巴格达

前言(二)

我们高度重视那些致力于修订《国家扫盲战略框架(草案)》的人的努力。我们也赞赏那些在2011年6月1日至2日在埃尔比勒举行的协商研讨会期间完成此战略框架的人的努力,并将此作为最终报告。

我们将这一战略的所有七个组成部分视为一项救助倡议,尽管这个倡议来得较晚,却是在适当的时机到来。中央技术委员会和扫盲高级委员会将在监测和评估方面系统地应用综合方法,弥补以前被忽视的部分。过去的阻力,包括决策中的困难、实施行动的延迟以及对挑战根深蒂固的恐惧,都是我们迄今为止的痛苦所在。文盲会对国家的方方面面产生影响,并对其机构的运行产生不利影响。特别是当它们成为导致基础设施受到损坏、社会关系崩溃以及拒绝接收文明世界所获取的知识的主要因素时,这种影响进一步提高了风险。

最终报告的各个部分详细说明了执行缓慢的原因及影响因素。因此,在这个阶段没有必要进行深入探讨。我们完全同意并支持迄今为止提到的内容,因为我们是倡导者。我们仍然努力实施正在进行的项目,包括开设扫盲中心和快捷课程学校,在过去十年中,这些中心和学校的数量超过了9 000所。

我们并没有因为在本地区取得的些许经验而感到自豪。相反,我们对伊拉克其他地区处境艰难的事实感到悲伤。在过去十年中,本地区的文盲率已降至50%,如本报告和其他可靠的教育资源所强调的,这一数字较伊拉克其他地区已翻了一番。一方面,在城市和农村之间进行比较;另一方面,在男性和女性之间进行比较,都表明扫盲相关指标将出现增长趋势。

我们在伊拉克设计此项目的目标是确保降低对它在正确的轨道上并且最终能够实现。因此,并不能因为困难和棘手的环境而降低对理想目标的追求。在这种情况下,把扫盲当作一项针对缺乏教育的成年人的仅仅包含学习阅读和写作技能的服务。更具体地说,是将文盲定义为无法读写(功能性文盲)的成年人。然而,当我们深入研究该术语的含义及其各种当代概念时,我们发现,根据人类近代发展的历史,文盲可以被分成不同的类型,出现在日常生活的各个方面。"文明文盲",即个人对实施和实践民主和人权原则的无知;"文化文盲",即个人对母语以外语言的无知;"技术文盲",即对使用现代技术手段的无知;"功能性文盲",即我们讨论的主题,也就是无读写能力。

我们部门使用的战略包括以上所有方面。我们的愿望和决心是将《国家扫盲战略框架》作为扫盲活动全方位的保护伞。通过该战略,我们可以让我们的公民更好地使用技术为劳动力市场服务,与此同时,我们也可以迎头赶上文明世界。

萨费恩·穆赫辛·狄札伊
库尔德斯坦地区教育部部长
伊拉克埃尔比勒

前言(三)

扫盲是有效参与社会和经济发展不可或缺的手段,有助于促进和平、人类发展以及减少贫困。这对个人发展和提升也很重要。这就是为什么扫盲是全民教育的基本目标,并可以成为可持续发展的基础。

几十年来,伊拉克经历了几次危机,包括战争、经济制裁、军事政策、军事占领、安全隐患和政局不稳。正如教科文组织《国家教育支持战略(2010—2014年)》所述,尽管需要付出相当大的努力,伊拉克仍在努力确保所有伊拉克公民享有受教育的权利。为恢复以前伊拉克人的教育水平,文盲是伊拉克政府及政府雇员在实施各级教育(幼儿教育、小学教育、中学教育和高等教育)改革中面临的挑战之一。

伊拉克的文盲率大约为20%。特别是在农村地区,女性的文盲问题尤为明显,其中近50%的15~24岁女性是文盲,而城镇和主要城市的女性文盲的比例则为28%~30%。

为应对当前的扫盲挑战,教科文组织作为联合国2003—2012年扫盲十年的牵头机构和国际协调员,与伊拉克政府于2009年签署协议纪要后,与卡塔尔第一夫人谢哈·莫扎·宾特·纳赛尔、教科文组织基础教育和高等教育特使合作发起了伊拉克扫盲倡议,并于2010年启动了伊拉克扫盲行动许可项目。伊拉克扫盲行动许可项目的总体目标是确保与伊拉克政府和民间社会一起制定全国范围的扫盲应对措施,以满足伊拉克文盲的学习需求,并为建设和平的社会做出贡献。

制定国家扫盲战略是实现到2015年将文盲率降低50%的目标的第一步。为此,伊拉克政府在教科文组织的支持下制定了国家愿景和详细政策,强调弱势群体和目前被排斥的群体的权利,满足降低伊拉克文盲比例关键而迫切的需求。

该战略基于证据、结果导向,采用参与式情境分析的方法,阐明了未来五年有效进行高质量扫盲和培养生活技能项目的前进方向。教科文组织将继续发挥主导作用,为执行该战略提供技术援助。我相信,伊拉克政府将与民间社会一起建立一个有文化的生态群落,以应对未来的挑战。

穆罕默德·杰利德
联合国教科文组织伊拉克办事处理事

一、行动纲要

《国家扫盲战略框架》的愿景基于这样一种观念,即文盲似乎是一个教育问题,但实际上这是一个严重影响和危及社会经济的问题。任何消除文盲的干预都应被视为发展性的干预,这意味着它们应与赋权干预联系起来。

该战略的重要性在于制定了具体和明确的目标并明确了干预领域。此外,该战略对不同的组成部分规定并概述了责任,强调了利益相关者之间协调的重要性,以便制定有效的扫盲对策。

在这种情况下,伊拉克政府努力建立一个立法伞,以法律为基础,以人力和物力资源的形式提供拨款,通过批准扫盲法在政策层面开展工作。

《国家扫盲战略框架》明确了七个干预领域,即治理、能力建设、合作关系和社区参与、社区动员、监测与评估、等效教育计划、教育环境。这些干预领域本身就构成了挑战。

为此,《国家扫盲战略框架》制定了工作机制和措施,根据不同的干预领域采取不同的措施以实现各项目标。建议成立一个由各部委、部门和民间社会组织的代表组成的高级扫盲委员会。该委员会将签署和批准更高一级的政策,并将组成一个中央技术委员会,将战略目标转化为行动计划和商务计划。这些计划应包括监督和评估机制,并由高级扫盲委员会批准,同时管理、监督和评估已实施的业务。此外,中央技术委员会主席应向高级扫盲委员会报告。

为了在地方社区层面实施实地工作,应设立小组委员会。小组委员会将由省级的执行机构组成,负责监督和评估各省和当地社区的实施进程,定期向中央技术委员会提交进度报告。

二、简介

文盲是一个真正的问题,确实阻碍着不同国家的发展进程,特别是贫穷国家和那些被称为第三世界的国家。文盲阻碍了大量人口有效参与社会活动,阻碍了他们打破贫穷和无知的束缚。

文盲代表着一种无效的社会经济力量,使民众无法抓住机遇来摆脱穷困和寻求知识。因此,文盲成为贫困、失业和无知等严重问题的孵化器。它使许多人无法积极参与社会活动。许多人被边缘化和变得被动,甚至变得无能为力,不断依赖他人,缺乏建设更美好未来的决心和希望。

对于如何评估文盲程度,2008年全民教育全球监测报告提供了一些参考。全球情况表明,成人文盲的绝对数量正在上升,近7.74亿成年人缺乏基本的阅读技能,其中女性占64%。此外,每五个成年人中就有一个被剥夺了识字权。

至于阿拉伯世界,根据阿拉伯教育、文化和科学组织发布的统计报告,文盲率已达29.7%,女性文盲率增大到46.5%。关于阿拉伯世界文盲的统计数据显示,15岁以上人口的文盲人数近9 950万,其中7 500万阿拉伯文盲的年龄为15~45岁。

在伊拉克,由于缺乏反映文盲近期实际数量的准确调查,很难对这种现象的严重程度进行合乎逻辑的合理预测。在此背景下,根据教育部的估算,我们可以推测文盲数量为总人口的20%～25%,并且在农村地区和偏远社区这一比例更高。农村和城市女性的文盲率高于男性。

为了准确地了解伊拉克文盲的程度,即将进行的全国调查有必要关注伊拉克的文盲情况。

鉴于此,教科文组织力求向成员国提供技术支持和建议,以促进可持续扫盲政策的制定。通过制定全面和可持续的扫盲政策和战略,为各级部门提供支持,将基本扫盲的实现视为全民教育的一个主要组成部分。

在国家层面,教科文组织鼓励成员国将扫盲政策视为教育系统和发展力的核心组成部分。在这方面,出现了一些挑战,特别是"扫盲仍然是受到最少关注的教育目标之一"[《全民教育全球监测报告(2010年)》]。

在2010—2015年伊拉克扫盲行动许可项目的框架内,为了制定旨在遏制文盲率上升的干预措施,教育部与教科文组织伊拉克办事处合作,启动了本项目。本项目旨在建立和制定伊拉克的国家扫盲战略,以确保到2015年通过一系列扫盲措施,将各级文盲率降低50%。

尽管当前的全球形势严峻,特别是国际金融危机加剧,但教科文组织伊拉克办事处仍然支持在伊拉克制定国家扫盲战略。"随着贫困和失业率的上升以及经济援助的减少,一些贫困家庭被迫削减教育支出或让孩子辍学。"[《全民教育全球监测报告(2010年)》]

三、方法

伊拉克制定《国家扫盲战略框架》使用的方法是参与式情境分析。这要求所有的利益相关者(包括政府或非政府组织、民间社会组织)参与战略发展的所有阶段。与会者包括巴格达和库尔德斯坦地区教育部、市议会和国家机构的代表。他们使用态势分析法和需求评估法参与情境分析,并明确战略领域和目标过程。

教育部与教科文组织伊拉克办事处合作,开展了一系列活动,为该战略奠定了具有实际操作意义的知识基础。

2010年6月2日至3日,伊拉克政府与26个国家和国际非政府组织合作,在伊拉克埃尔比勒举办国家研讨会,建立了"伊拉克扫盲网络"。巴格达和埃尔比勒的代表参与了研讨会。该网络不断扩大,至2011年3月,在位于巴格达的教育部门注册地,非政府组织的注册数量达到261个。

2010年7月21日至23日,在约旦安曼也举办了研讨会,有关伊拉克公共规划者(巴格达和埃尔比勒的教育部门)组成的指定工作队参加了研讨会,与国际专家一起评估了扫盲需求。

2011年2月21日至24日,在伊拉克埃尔比勒举办了主题为"制定《国家扫盲战略框架》"的研讨会。该研讨会旨在制定和发展《国家扫盲战略框架》。高级别员工和一些实体代表参加了此次研讨会,包括:总理办事处,巴格达教育部,国家教育、文化和科学委员会，库尔德斯坦地区教育部，公共教育和规划部，迁移和移民部，非政府组织，联合国儿童基金会伊拉克办事处，联合国教科文组织伊拉克办事处等。

这种制定战略的方法有效且重要，它如实地反映了真实情况。因此，发展进程将完全符合伊拉克的真实情况。由此产生的认识是各方所关心的，各方对伊拉克的情况和文化并不陌生，这是达成计划的重点。

制定战略框架前，要对相关政策和官方文件进行审查，这些文件包括：伊拉克的《宪法》，治理教育部的法律框架、重要数据和其他相关的法律法规、行政组织结构，教育部的一般教育预算，《国家扫盲行动计划（2010—2015年）（草案）》，评估伊拉克非正规教育的基础调查，伊拉克扫盲和成人学习教科书的评估，埃尔比勒目前的扫盲和非正规教育战略，巴格达扫盲和非正规教育的现行战略和情况分析，《扫盲法（草案）》及成人教育和与扫盲有关的立法，《国家发展计划（2010—2014年）》，与国家建立合作关系战略有关的文件、准则，以往对教育部（库尔德斯坦地区和巴格达）的分析，《食品安全和弱点评估调查（2007年）》，世界银行发布的《伊拉克家庭和社会经济调查（2007年）》，约旦教科文组织伊拉克办事处发布的《扫盲需求评估报告（2010年）》。

在制定战略框架的同时，为增加成功的概率，还考虑了一系列一般特征：

1. 灵活性

无论内部还是外部，均要考虑到最新发展状况和战略能力，并考虑时间因素，确保快速响应。

2. 效率

这意味着对所有资源进行合理而细致的规划，并在特定情况下对其进行投资。

3. 包容性

该战略应涉及与扫盲和成人学习有关的所有方面，并将包容性视为全面发展进程的一部分，而不仅仅是在教育方面。

4. 权力下放

这与灵活性密切相关，可以在省议会的框架内，通过制定有利于工作执行的行政结构，让伊拉克的地方管理系统获得更多的执行权力。

5. 整合与关联

尽管该战略主要针对成人扫盲，但不能忽视其他非正规计划（如青年计划和快捷课程计划），这些计划被认为是遏制辍学的关键辅助手段。

6. 实施阶段

实施过程应与执行行动计划的时间框架相关联，为修订和评估提供充足的机会，允许对干预过程进行必要的修订，以提高实施效率。

四、伊拉克文盲现状

伊拉克社会被认为是一个年轻的社会，15岁以下的人口占42.9%。伊拉克的扫盲需求评估报告由教科文组织伊拉克办事处与巴格达和埃尔比勒教育部任命的工作队合作完成。作为2010—2015年国家扫盲行动的一部分,报告显示,最新的官方统计数据是在1997年得出的,因此,大多数有关文盲的统计数据是基于十年之前的数据。最近进行的调查提出了一个关于文盲情况的最新想法,但不是一个全面的概念,类似官方统计或针对教育的大规模评估。

一方面,这种情况被视为决策者旨在制定有效降低伊拉克文盲比例战略面临的最重要挑战之一。另一方面,于2011年2月21日至24日在伊拉克埃尔比勒举办的"制定《国家扫盲战略框架》"研讨会期间巴格达公共教育部主管提交的工作文件(附件一)表明,将文盲率降低50%是合乎逻辑的。根据教育部的估算,目前文盲数量是总人口的20%~25%。

由于缺乏反映实际文盲率的最新和准确的调查,以及存在来源不同的数据和评估,伊拉克规划部发布的《国家发展计划(2010—2014年)》表明,10岁及以上的文盲率为28%。而世界银行发布的《伊拉克家庭和社会经济调查(2007年)》估计伊拉克的文盲率为18%~20%。这一差异是由年龄类别造成的。虽然规划部规定了10岁及以上的年龄类别,但教育部倾向于使用15岁及以上的年龄类别。在同一框架内,根据教育部报告的数据,可以推断出文盲率可能达到16.3%。

为了完成扫盲战略的制定工作,在"制定《国家扫盲战略框架》"研讨会期间,教育部根据上述工作文件,估算文盲为5 193 682人。该战略的目标是减少约50%的文盲,即到2015年约有文盲2 500 000人。

农村地区的文盲率高于城市地区,女性的文盲率高于男性。这意味着该战略有必要将重点放在农村地区以及制定性别干预措施。

鉴于这种情况,教育部已努力制定伊拉克扫盲和非正规教育项目的干预措施,具体如下:

(一)扫盲和成人教育项目

该项目包括向成年文盲提供扫盲课程,主要针对15~45岁的女性。该项目分为两个阶段:基础阶段和补充阶段,每个阶段为期7个月。完成该项目的课程后,教育部提供相当于正规教育四年级的证书。2009年,在官方公布的1 041个教育中心招收了近48 000名学生,每个教育中心平均招收50名学生。最近,巴格达和埃尔比勒的教育部门都为扫盲开设了新的课程。教科书包括数学、阿拉伯语和普通教育的内容,并得到了教科文组织的技术支持。

教科书还涵盖了与健康和其他基本生活技能相关的科目。但是,增加扫盲内容之外科目的空间有限。此外,扫盲教师大多是正规学校的教师,他们没有接受成人教育的培训,也没有因额外的教学时间获得任何实际奖励。

(二)青年学校项目

这是另一个非正规教育项目,始于1978年,目前仍在伊拉克实行。该项目旨在使已退出正规教育系统的 9~15 岁儿童定期学习特殊课程。通过这些课程,他们可以获得阅读、写作和计算技能。该方案由巴格达教育部门实施,为儿童和青年辍学者提供获得特殊教育的机会。青年学校项目将四年合并为两年,其中一年级和二年级的课程在一年内教完,三年级和四年级的课程在第二年教完。因此,基础教育周期被压缩到四年而不是六年(五年级和六年级的课程还是两年教完)。除了指导、培训和发展学生成为更好的公民的特殊课程外,学生还可以通过课程获得技能。完成该课程后,学生可以获得相当于基础教育的证书。

(三)快捷课程项目

最近,伊拉克实行了两项非正规教育项目:快捷课程项目,阅读、写作和生活技能发展项目。快捷课程项目是教育部于 2005 年与儿童基金会和美国国际开发署首次合作设计的。其目的是为巴格达 12~18 岁的辍学者和未注册入学的人提供学习机会。该项目尤其关注从未注册入学的女性,或是那些已经辍学的女性。

快捷课程项目的主要目标是为辍学的大龄孩子提供机会,这些孩子可以在三年内而不是六年内完成小学教育。然后那些希望继续接受教育的学生有资格选择以下任何一种方案继续学习:通过中等教育入学,注册进入正规教育体系;接受适当的职业教育课程;通过远程学习或替代教育模式获得高等教育学位。

自该计划启动以来,学生和学校的数量大幅增加。例如,2007 年的学校数量为 189 所,而 2009 年为 426 所。在计划运行的框架内,已经制定了新的课程来压缩正规课程,同时支持使用新教科书以及为参与快捷课程项目的教师进行特殊培训。

(四)库尔德斯坦地区的非正规教育项目

库尔德斯坦地区的非正规教育项目包括两个部分:扫盲和成人教育项目;快捷课程项目。

1. 扫盲和成人教育项目

2000 年,库尔德斯坦地区教育部门在国际组织的协助下,进行了一次全面的教育调查,以估算该地区的文盲人数。调查显示文盲率约为 34%,其中 60% 以上是女性。根据该结果,教育部门在"库尔德斯坦无文盲"的口号下发起了一场大规模的扫盲活动,对象是 15~45 岁的人。扫盲活动包括三个学习阶段,每个阶段相当于基础教育阶段的两个年级。成功完成第一阶段的学生将获得"读写"证书。完成了第二、三阶段的学生被视作六年级毕业。

在十年期间,教育部门已对大约 340 000 名文盲进行了教育。因此,文盲率下降到 16% 左右。

2. 快捷课程项目

库尔德斯坦地区的快捷课程项目在联合国儿童基金会的支持下始于 2005—2006 学年。当时,该项目的对象是 9~15 岁的人。快捷课程项目由三个学习阶段组成。每两个学年的课程合并为一个学习阶段,在一年内完成,这样学生可以在三年(而不是六年)获得小学教育证书。这给辍学者和未注册入学的人带来了很大的帮助。

该项目与库尔德斯坦地区的青年学校项目重叠。因此,该地区在2007—2008学年停止了青年学校项目的工作,并将快捷课程项目扩展到相当于九年基础教育的五个学习阶段。年龄组也被修改为男性9～22岁、女性9～24岁。

五、目标群体

伊拉克扫盲工作者面临的挑战之一是需要明确男性和女性的目标群体人数。该战略旨在到2015年底将文盲率降低50%,这需要对伊拉克的文盲程度进行合乎逻辑以及合理的估计。如前所述,2011年2月21日至24日在伊拉克埃尔比勒举办的"制定《国家扫盲战略框架》"研讨会期间,巴格达公共教育部主管提交的工作文件显示,文盲人数估计为5 193 682人。

为了以合理、有效、实际和可行的方式开展必要的干预措施,根据在进行下一次人口普查之前可获得的数据和信息,明确了目标文盲数量。不同的信息来源包括:规划部2009年估算文盲率为总人口的28%;世界银行发布的《伊拉克家庭和社会经济调查(2007年)》估计文盲率为18%～20%。

尽管存在差异,但数据仍适用于10岁以上的目标人群。但是,根据国家的教育结构,目标人口应超过15岁。因此,教育部估算文盲为5 193 682人,占总人口的16.3%。

上述信息意味着约有500万伊拉克公民是文盲。一方面,这个数字不应被轻视,因为它代表了无法积极参与建设社区和减轻国家负担的人数,而国家仍处于从恶劣环境中恢复过来的过程中。另一方面,为了使国家能够为文盲提供服务,需要根据当地社区和性别确定其位置和分布比例。

文盲通常与贫困和失业有关,这被认为是发展的主要障碍,特别是在当前以技术革命和前所未有的高深知识为特征的时代。这可能会加深文盲群体的边缘化和被孤立,从而加剧地区的社会和经济问题。

由于农村地区受文盲影响的程度超过城市地区,而且女性文盲率高于男性,因此,该战略的重点是制定农村地区具有性别差异的干预措施。此外,在制订行动计划内的干预措施时,应优先考虑高文盲率的省份。例如,穆萨纳、苏莱曼尼亚等。

根据文盲法,文盲是指"任何已经达到15岁,不懂如何读写,没有达到一定文化程度的公民"。文化程度被定义为"个人拥有的阅读、写作和算术技能,作为发展其职业生涯和提高其文化和社会经济生活水平的手段,使其能够行使公民权并参与决策过程和履行公共职责。"因此,目标群体应明确为那些15岁及以上不能读写的人。

六、情境分析

态势分析法是情境分析中的常用方法,有助于识别优势、劣势、机会和威胁。

2011年2月21日至24日举办的"制定《国家扫盲战略框架》"研讨会使用态势分析法进行了情境分析,得出的结论如下:

(一)优势

1.《扫盲法》的实施。该法律考虑了灵活性和权力下放的有效框架和工作机制,提升了扫盲的能力。

2.提出并采用扫盲战略的愿望。各级官员对伊拉克的文盲问题有强烈的共识,与教科文组织伊拉克办事处在2010—2015年伊拉克扫盲行动许可项目中的合作就是一个很好的例子。

3.以前在非正规教育领域的重要经验,特别是扫盲经验。伊拉克在扫盲问题上积累了大量经验,历史可以追溯到1980年的全国扫盲综合运动。

4.人力资源(教师)的可用性。尽管有人力资源,但部署方案效率低下。为了将这种劣势转化为优势,有必要以地域分配的最优方式重新考虑部署方案。

5.在伊拉克各地建设的扫盲中心。目前中心的数量不足以实现该战略的主要目标。针对这一点,可提高对宗教中心、社会组织中心等机构的利用率,减少建筑方面的阻碍。

6.发展和增设现有的扫盲课程。教科文组织目前正在努力开发适合当前情况的新课程,目前已进入最后阶段。

7.现存监督和后续机制。各部门和外部的协调不力。这需要在制定适当的监督和后续机制方面做出更大的努力。

8.具有消除文盲的真正愿望。这反映在教育部与教科文组织伊拉克办事处、民间社会组织合作扫盲的态度上。为了将这种愿望转化为现实,制定和采用可以实现目标的政策、法规、指令和机制非常重要。

(二)劣势

1.缺乏所有领域近期的和准确的扫盲人口调查。通过与民间社会组织(非政府组织)的合作和交流,可以在最短的时间内以最低的成本完成这项任务。

2.扫盲中心教学骨干资历低。这一点可以与"大量失业的本科生或毕业生的可用性"等问题联系起来。他们可以被录用或签约,并有能力使该项目取得成功。

3.大众媒体力量薄弱。这一点可以与"大量卫星和媒体、计算机、互联网中心和网站的广泛使用"联系起来。这些都是支持大众媒体发展的工具。民间社会组织的出现,是伊拉克的一个新现象。它们可以成为媒体发展的基础。民间社会组织以强大的招募和动员能力而闻名,可以利用它们的力量。

4.与扫盲相关的各方缺乏协调。在教科文组织伊拉克办事处的支持下,在伊拉克建立扫盲网络,这是伊拉克扫盲行动许可项目的一部分。

5.不执行义务教育法。这导致更多的学生辍学或无法入学,这意味着无法控制或消除文盲。可以通过执行《扫盲法》以及为民间社会组织提供资金来控制该劣势。

6.财政资源稀缺。可以通过《扫盲法》控制该劣势。在《扫盲法》实施之前,可以从民间社会组织获得资金支持。

7.缺乏良好和有效的规划,和其他各方之间的协调不力。

8. 课程没有满足伊拉克的性别要求和文化多样性。教科文组织正在最后确定适合当前阶段的新课程的开发。

9. 缺乏适当的课堂识字环境。通过与民间社会组织合作制定适当的课堂环境标准。

10. 对非正规教育的兴趣不足,无法减少辍学和未注册入学人数。依赖合作伙伴的帮助和有效干预措施的发展,通过类似于"主动读书"的举措将此劣势转变为优势。

11. 教师使用传统的方法进行教学,不符合成人教育的特点。教育过程需要采用适当的教学方法,如参与式教学方法。完成这项任务还需要在教科文组织伊拉克办事处的支持下筹备一个特别培训小组用来培训教师。

12. 课程体系不合理。教科文组织目前正在最后确定适合当前阶段并符合这些学科建设需要的新课程的开发。

13. 缺乏准确的监测和评估,无论是针对文盲还是非文盲。一种可能的解决办法是建立和发展监测和评估机制,由教科文组织发起的伊拉克扫盲网络可以参与进来并为之做出贡献。

(三)机会

1. 地方行政当局会在省议会提供支持。

2. 国际组织提供的支持。

3. 当地非政府组织提供的支持。

4. 伊拉克境内交流手段的多元化和多样性。

5. 大多数政治实体渴望消除文盲。

6. 增加可用人力资源,促进工作开展。

7. 大量的本科生或毕业生可以被录用。

8. 大量卫星和媒体、计算机、互联网中心和网站的广泛使用。

9. 宗教中心和民间社会组织的建筑物可以有效地缓解建筑物不足的现状。

10. 民间社会组织有很好的方案,可以与之合作。

11. 通过教育提高女性在家庭中的作用。

12. 《扫盲法》得到了部长理事会的认可,并通过了初审。

13. 伊拉克拥有丰富的财政和人力资源,这是必须利用的重要机会。

(四)威胁

1. 有关各方对扫盲和成人教育方案的反应滞后。

2. 由于正规教育学生的辍学,文盲不断出现。

3. 不执行《义务教育法》。

4. 在很多场合安全性不足。

5. 与合作伙伴缺乏明确的合作框架。

6. 伊拉克家庭经济状况恶化。

7. 社区对文盲严重性这一现象的认识不足。

8. 一些部委希望自主完成其文盲成员的教育工作,这样一来,会危及他们接受良好教育的可能性。

9. 由于缺乏协调各方工作的保护伞,资金仍然分散在民间社会组织和政府机构之间。

10. 某些地域的学校建筑有限,以及存在两班制和三班制学校等问题。

11. 文盲放弃在文化中心注册的权利。

七、《国家扫盲战略框架》的基本原则和基础

教科文组织伊拉克办事处支持伊拉克政府为启动伊拉克扫盲行动许可所做的努力。为此,教育部与教科文组织伊拉克办事处合作,希望制定一部消除伊拉克文盲的国家战略,以确保到2015年将文盲率降低50%。因此,制定了一系列消除伊拉克文盲的国家和全球承诺,主要包括以下几点:

1. 国家层面

学习是国家保障的所有公民的权利;在各级教育中,所有伊拉克人都应免费接受教育;小学教育是义务教育。

此外,2010—2014年国家发展计划也涉及:在目标年度内使15～45岁的文盲公民具有识字能力;到2014年,平均每个中心的学员达到30人。

2. 全球层面

响应达喀尔会议的目标——全民教育,特别是第四、五个目标。第四个目标是到2015年将成人教育的比例提高50%,第五个目标则是到2015年实现两性平等。这也是对千年发展目标的回应。

3. 人道主义层面

教育是一项基本人权(《世界人权宣言》第二十六条);学习可以减少(宗教的)狂热的盲信,促进社会经济发展。

八、宗旨

根据质量保证标准,制订非正规教育和扫盲计划。这将有助于文盲提升文明程度,从而能够促进他们在文化、社会和经济层面的发展。此外,这将使他们能够行使良好公民权利和做出承诺。因为全民教育是国家保障的权利,是民主、正义和人权指导下社会进步的基础。

九、战略目标

到2015年底,将伊拉克男性和女性的文盲率降低50%。战略目标包括确保公正,为成人提供教育服务,向所有社会成员提供接受教育的机会,从而消除所有领域的文盲现象;通过教育克服贫困和失业所带来的社会经济挑战;促进各种公共部门、国家机构和私立教育机构之间的合作与协调,并共同努力创造一个没有文盲的社会。

十、政策

通过教育和扫盲帮助文盲获得更好的社会、经济生活的基础。

把文盲转化成有效的生产力,使他们成为社会发展和进步的伙伴。发挥他们的作用,通过将他们从文盲链中解放出来,促进他们对社会的贡献。教育是衡量各国繁荣和进步的重要指标。受过教育的家庭是社会的核心,是成员成长的自然环境,也是社会发展和进步的基本条件。

十一、实现战略目标的利益相关者

为了实现战略目标,需要在特定时间范围内做出许多努力,法律草案(《扫盲法(草案)》)明确了组成高级扫盲委员会的17个政府机构。这些机构直接或间接由各部和各局组成。然而,在行政层面,民间社会组织(地方协会和省议会)在发挥关键和核心作用。

民间社会组织在行动中享有更高的灵活性,因为它们直接与当地社区和当地社会领导层合作,它们具有达到目标和缩小差距的优势,而这些优势是公共机构难以获取的;民间社会组织有能力吸引捐赠者资助扫盲和教育项目,这些项目可以支付部分财务费用并弥补资源的稀缺;民间社会组织可以与教育部合作,在其所在地、开放式教育中心招聘教师和实施扫盲方案,所有这些都是在教育部的监督和后续行动下进行的;民间社会组织有能力组织和实施有助于实现战略目标的方案,还可以作为扫盲计划的社会孵化器。

出于质量控制的目的,在与这些机构合作时应考虑其是否满足以下标准:相关机构(尤其是民间社会组织)应在教育部正式注册;拥有经认可的内部政策、明确的组织结构,以及财务和行政系统;拥有与当地社区合作的经验,并获得了与其合作社区的信任和尊重;在处理合作伙伴、决策和实施方面具有灵活性;能够游说、倡导和支持民众识字;有能力学习和发展技术能力,同时保持问责制和透明度;有助于加强民族团结,并考虑到文化和社会差异。

表4-1总结了关键利益相关者的角色和预期干预。

表4-1   关键利益相关者的角色和预期干预

关键利益相关者	教育部	扫盲部门	民间社会组织	省议会	扫盲中心
合伙关系	该项目的立法者	合作伙伴的官方组织者	负责与当地社区沟通联系,是社区动员的捐赠者	当地社区的协调机构,是财务和道德支持者	与合作伙伴沟通的渠道
管理和后续行动	资金和政策制定以及实施后续行动,批准主要行动计划,确认是否达到总体目标	制定工作机制和后续任务,实现部门目标,并为基于产出的评估建立有效的沟通渠道	使项目的工作机制适应体制结构,同时确保完成战略目标和任务	与合作伙伴一起参与次要目标层面的后续评估过程	根据可衡量的关键指标设计和实施计划,并向有关各方提交报告

(续表)

关键利益相关者	教育部	扫盲部门	民间社会组织	省议会	扫盲中心
目标群组	对政府和非政府组织基于权利和人道主义的需求提供帮助	与其他政府和非政府组织建立联系,以促进文盲在教育中心的入学注册	采用社区发展方案和活动,以解决社区中的文盲问题	提供资源和成立联合委员会	提供适当的资源和工具,完成动员、分类和登记
教室环境	提供合适的教室质量标准	制定教室质量控制标准并对其进行跟进	根据公认的标准和指标完成目标和建设教室	设立后续跟进委员会,为课堂环境的发展和监测做出贡献	利用和建设教室,通过实施活动和提交报告来完成目标和任务

十二、战略组成部分/干预领域

鉴于伊拉克局势,实现战略目标将是一项巨大挑战,特别是考虑到情境分析的结果。因此,为了便于规划适当的和有效的干预措施,已将战略的若干组成部分确定为干预领域,同时考虑这些进程的综合性。

(一)治理

1. 概念

法律和行政管理加强了对不同阶段教育形式的识别,这反过来又构成了治理教育工作的相关政策,通过这些政策明确了实现目标的工作机制。

教育政策被认为是治理过程中不可或缺的条件,政策构成了各级所有干预措施的官方参考框架,政策可以对教育工作产生强烈激励。如果不对它们进行定期审查和评估,就难以确保符合当前情况的需要,有时可能造成一些严重的挑战和障碍。

2. 部门战略

制定符合伊拉克局势的、有意义的扫盲和非正规教育政策和制度。

3. 目标

发展成人教育和为扫盲立法,达成伊拉克的教育发展目标;制定更好的政策和工作机制,灵活有效地登记在教育和扫盲领域工作的非政府组织;与相关政府机构(如国防部、农业部、劳动和社会事务部等)协调,为扫盲项目的毕业生制定支持性政策;开展研究和定期进行调查,作为制定和更新非正式教育政策的依据。

治理的详细目标见表4-2。

表 4-2　　　　　　　　治理的详细目标

利益相关者	指标	目标
扫盲部门、教育部、部长理事会	更高层面的决定、合作伙伴采用的政策、已批准的官方政策文件	发展成人教育和为扫盲立法,达成伊拉克的教育发展目标

(续表)

利益相关者	指标	目标
教育部、扫盲部门、非政府组织	工作机制和政策文件、增加扫盲领域的机构数量	制定更好的政策和工作机制,灵活和有效地登记在教育和扫盲领域工作的非政府组织
教育部、部长理事会、劳动和社会事务部、国防部、农业部、非政府组织	制定扫盲项目毕业生的各项政策	与相关政府机构协调,为扫盲项目的毕业生制定支持性政策
教育部、民间社会组织、扫盲中心	研究报告、根据研究做出的决定	开展研究和定期进行调查,作为制定和更新非正规教育政策的依据

4. 政策

定期审查政策和立法是实现更大目标的基石;对计划和项目的评估是在目标群体层面实现目标和明确实施结果的一种方式;扫盲后期阶段的工作方案和干预措施的存在促进了教育授权概念的推广,并提高了扫盲中心的动员率。

(二)能力建设

1. 概念

能力建设的目标是使机构能够有效地工作,以高效的方式实现其愿景和任务。除了培养合作能力之外,还需要赋予机构以技术和组织能力,所有这些都有助于实现机构目标。因此,为了使伊拉克具备实施扫盲方案的国家能力,必须使机构获得知识和专业技能,并将其与不同部门的资源联系起来,利用它们实现目标。此外,无论是政府(尤其是巴格达和埃尔比勒的教育部门),还是社区组织等非政府组织,如果没有在扫盲领域进行有组织和有意义的能力建设,就无法更好地实施扫盲行动。

能力建设被视为一种外部干预过程,用于加强和发展机构绩效,以确保实现任务和目标,以及以可持续的方式有效利用资源。

在研究能力建设方面有两个主要观点。第一个是开发人力资源,即团队建设,无论是在内部(机构内)还是在外部(当地社区),培养角色分配或人力资源动员的能力。第二个是技术性的,体现为项目管理和计划实施的能力。同时,要在能力建设中注意以下方面:从监测和评估、研究文献中获得有效信息;在地方、国家和国际层面与拥有相同愿景和目标的非政府组织建立有意义且专业的关系,以加强合作关系和网络建设;制定和发展提供制度愿景的战略,形成长期制度规划的基础。

因此,能力建设是一个累积的、可再生的、持续的过程。从程序角度来看,重要的是提高与伊拉克扫盲和非正规教育方案有关的关键利益相关者的能力,否则这些方案就不会成功。这方面的主要利益相关者包括巴格达和埃尔比勒的教育部门,根据客观标准选出的民间社会组织、省议会和地方社区理事会。

这一程序很重要,因为它将实现战略目标的愿景和成就结合在一起,它还在各方之间就战略、政策和执行程序的各个方面达成共识，这一问题可提高效率并加强实施、监测和评估的有效性。

2. 部门战略

发展扫盲工作的组织能力即教育部的机构能力，以确保实现战略目标。

3. 目标

通过规划、实施和监测，提高目标群体的技术能力；确保能够高效灵活地开展干预工作的行政机构取得相应资格，并且使其能够胜任该项工作，并采取必要措施实现扫盲目标；建立项目管理、规划、监测和评估的能力；建立一支具备机构运作所需资格的团队。

能力建设的详细目标见表 4-3。

表 4-3　　　　　　　　　能力建设的详细目标

利益相关者	指标	目标
扫盲部门、教育部、民间社会组织	学生人数、项目毕业生人数的提升率	通过规划、实施和监测，提高目标群体的技术能力
扫盲部门、非政府组织	实施培训计划的规模和类型，扫盲行动计划和执行计划，监测和进度报告	确保能够高效灵活地开展干预工作的行政机构取得资格，并且使其能胜任该项工作，并采取必要措施实现扫盲目标
教育部、非政府组织	监测和评估工具，监测和评估报告（包含根据反馈做出的决定）	建立项目管理、规划、监测和评估的能力
教育部、民间社会组织、扫盲中心	培训的规模和类型，计划和干预措施，监控和进度报告，预算和支出	建立一支具有具备机构运作所需资格的团队

4. 政策

具备组织能力和行政能力，机构能够根据其愿景和使命履行任务和职责；机构技能、知识和资源是成功的坚实基础；能力建设方案既密集又全面，它们对计划实施者和利益相关者非常有用，并可以成功实施扫盲和非正规教育计划。

（三）合作关系和社区参与

要理解合作关系的重要性和组成维度，研究这些合作关系中嵌入的一些基本原则。国家已经通过其各种机构，利用不同的方法和战略解决国家的社会和经济问题，但是，国家通常不孤立于其外部环境。一方面，相对于内部环境来说，外部环境不受控制；另一方面，由于其能力和机构受各种资源和社会因素的支配，国家无法解决大多数不同的社会问题。

因此，许多国家诉诸志愿者组织协助解决这些问题，并立法来管理这些组织的工作。如今，伊拉克见证了非政府组织和民间社会组织的强大和令人印象深刻的存在。政府成立了公民社会事务部，来促进民间社会组织发挥作用，有效地支持政府及其不同机构。

1. 概念

在20世纪下半叶,非政府组织、志愿者组织开始扮演不同的角色。它们作为发展和变革的力量出现在全球舞台上,敦促人类在几个领域取得进步。因此,这些组织的作用不再局限于补充国家职责,尽管它们仍然向国家政策支持不足的地区提供支持。除了向国家提供支持外,非政府组织、志愿者组织还扩大并加强了其作用,包括宣传与授权、社会发展、环境保护和民主自由相关的政策。这使它们与政府建立了良好关系。这些组织包括私立机构、各种社会阶层和群体。

合作关系可归纳如下:

(1)法律关系

涉及国家各项制度和法律法规,规范和巩固了非政府组织的工作。但是,这本身并不足以使一个组织在工作和连续性方面取得合法性。它必须努力从社会及其各种社会范畴中获得合法性。否则,它将无法继续其崇高的事业,即使继续,它也将失去其效力和效率。

(2)行政关系

这种关系通常具有不同的形式和维度,根据不同运作阶段的不同数据和组织实施项目的性质,分为合作、便利、障碍、冲突。

(3)技术关系

这体现在一个组织的产出与国家和当地社区的期望和目标之间的协调,每个国家都有自己的目标,每个当地社区都有自己的需要。事实上,这是一个高度复杂的关系,组织分类不仅根据效率和效力,更重要的是根据可信度和良好意愿。

认识到志愿者组织在可持续发展进程中发挥的重要作用后,国家一直在努力吸纳其中的一些组织(包括国际组织),在教育、卫生、社会等不同领域共同开展工作。对这些组织的关注是因为它们除了能够为国家项目和活动提供必要资金,还具有长期的国际经验。

这反过来又强化了"合作关系"的概念,这种概念透过国家与非政府组织、志愿者组织之间的关系,在一个为不同合作伙伴分配角色的协调框架内得以表现。

事实上,国家目标通常构成了志愿者组织工作的愿景和基础,而这反过来又反映了对国家总体目标的反馈,突出了国家机构工作的重要性,因为它为志愿者组织提供了更多的空间来尝试和测试新方法,这些方法反映了所有合作伙伴的绩效。

2. 部门战略

投资有能力和潜力的民间社会组织,与政府和非政府组织建立有效而牢固的伙伴关系,以实现战略目标。

3. 目标

明确民间社会组织的方案和项目对目标群体生活质量的影响;发挥在扫盲和授权领域工作的民间社会组织的作用,以促进文盲率的降低及其工作评估;为各省和地方社区扫盲领域的长期和有效合作奠定基础;在与扫盲有关的所有活动中促进民间社会组织和政府机构之间的合作和一体化。

合作关系和社区参与的详细目标见表 4-4。

表 4-4 合作关系和社区参与的详细目标

利益相关者	指标	目标
扫盲部门、民间社会组织	受益人生活质量的问卷调查结果、成功案例记录	明确民间社会组织的方案和项目对目标群体生活质量的影响
教育部、扫盲部门、非政府组织	民间社会组织开办的扫盲中心数量、监测和建议报告	发挥在扫盲和授权领域工作的民间社会组织的作用,促进文盲率的降低及其工作评估
教育部、民间社会组织	谅解备忘录(包括根据合作伙伴的作用进行干预)	为各省和地方社区扫盲领域的长期和有效合作奠定基础
教育部、民间社会组织、扫盲中心	当地社区层级的协调委员会	在与扫盲有关的所有活动中促进民间社会组织和政府机构之间的合作和一体化

4. 政策

合作关系对于建立联盟和建立网络至关重要。分析当地社区在优势、资源和需求方面的情况,与合作伙伴建立切实的干预措施,降低文盲率;将当地社区与其所在地区的其他资源联系起来,提高扫盲工作的效率;建立与国家和国际组织交流经验和知识的网络,加强在授权和扫盲领域工作的机构和组织的作用;分配好扫盲领域内机构的角色,开展好扫盲领域内机构的工作,加速目标实现进程。

(四)社区动员

1. 概念

社区动员是一个促进当地社区个人和群体对他们可能不感兴趣的问题逐步认识的过程。社区动员有助于建立个人和群体对该问题的积极态度,并成为社会变革的推动者。

民间社会组织在社区动员方面的作用包括:确定文盲是社区成员潜力的发展障碍,并明确其所有消极方面;指导社会调动其潜力、资源,并就实施扫盲运动的重要性达成共识;提高公众对现有教育服务以及改善全民教育所需的必要变革的认识;提高家庭和辍学儿童对可用教育服务类型和质量的认识;通过与地方委员会和省议会协调,将消除文盲的行动制度化,并协助地方委员会处理这个问题;培养社区成员在某些所需技能方面的能力,如沟通能力、领导能力、冲突解决能力,以及培养沟通所需的其他技能;协助社区成员并指导他们制订活动计划,以及在社区层面传播扫盲的重要性。

2. 部门战略

与各级规划的部门主管协调,向决策者通报文盲问题、扫盲方案以及进行教育授权;邀请决策者参加大会,将文盲作为社会发展问题,并告知他们可用的教育服务;与扫盲运动所针对的省和地方社区的地方委员会有关人员协调,敦促他们将扫盲纳入其计划,并提高社区成员对此问题的认识;通过社会集会,例如男性或女性组织的聚会,与当地社区成员进行关于扫盲的对话;与已经在工作的儿童和青少年的父母进行对话,提高他们对扫盲的认识以及教育对子女未来重要性的认识;除协会、地方委员会、神职人员和地方议会之外,与合作机构开展提高扫盲认识的活动;在公共场所(社区中心、协会、学校、保健中心)传播提高扫盲认识的材料,如粘贴海报以及分发传单;与报纸和地方广播电台等当地媒体合作,利用媒体传播扫盲知识,并向公众介绍扫盲方案。

3. 目标

使用媒体,如中央或地方广播电台和卫星频道,为扫盲项目提供服务;在当地社区中形成积极趋势,促进文盲参与扫盲项目和活动;促进不同政府和非政府组织之间的合作;制定和采用有效的媒体政策,鼓励一般社区开展学习活动。

社区动员的详细目标见表 4-5。

表 4-5　　　　　　　　　　社区动员的详细目标

利益相关者	指标	目标
扫盲部门、教育部、部长理事会	开展媒体项目、传播介绍性的新闻	使用媒体,如中央或地方广播电台和卫星频道,为扫盲项目提供服务
教育部、扫盲部门、非政府组织	通过媒体宣传活动提高入学率	在当地社区中形成积极趋势,促进文盲参与扫盲项目和活动
教育部、部长理事会、相关部门、非政府组织	国家、省和地方社区各级的媒体委员会	促进不同政府和非政府机构之间的合作
教育部、民间社会组织、扫盲中心	各方采用的媒体文件、媒体消息	制定和采用有效的媒体政策,鼓励一般社区(特别是文盲)的学习活动

4. 政策

社区动员是实现目标的重要手段和工具;提高早期认识有助于限制文盲现象的恶化,机构、个人、团体和当地社区参与制定的干预措施会带来更好的结果;确保接触到不同地点和层次的所有个人、团体和社区,为实现尽可能多的目标做出贡献;外联手段和方法的多样化对于解决所有社会问题来说都是必要的。

(五)监测与评估

1. 概念

当今时代技术进步、科技快速变化,如果没有计算机化的监测与评估,提供准确、清晰和快速的信息将变得非常困难。更确切地说,如果没有计算机化的监测与评估,很难获得关于男性和女性文盲率、文盲数量和位置以及其状态随时间变化的准确信息。

因此,计算机化的监测与评估是重要而有效的工具,对于社会进步不可或缺。它们是良好规划的基础,并在社会经济和其他变量不断变化的时候能够提供准确可靠的信息。

伊拉克扫盲项目的计算机化不仅可以记录和提供学生的数据及其后续变化的信息;还能够提供有关当地社区文盲状况的准确数据,为规划者和决策者提供准确的信息和统计数据;此外,还能用于监测与评估扫盲干预措施,明确这些干预措施的效力和效率,并且高度透明。

2. 部门战略

建立监测与评估机制,反映目标社区的文盲、辍学和教育中心的情况。

3. 目标

为当地社区和省份提供文盲和辍学信息;开发信息反馈系统,将监测与评估数据上传到部门的计算机网络;向规划者和决策者提供准确的信息和统计数据,以协助规划和辅助客观决策。

监测与评估的详细目标见表4-6。

表4-6 监测与评估的详细目标

利益相关者	指标	目标
扫盲部门、教育部、民间社会组织	从监测与评估数据中了解不同地区的文盲率,从监测与评估数据中了解不同地区的辍学率	为当地社区和省份提供文盲和辍学信息
教育部、扫盲部门、扫盲中心、执行合伙人	报告监测与评估的准确数据,并能够根据要求量身定制数据统计方案	开发信息反馈系统,将监测与评估数据上传到部门的计算机网络
教育部、扫盲部门	相关方面定期统计数据,监测与评估项目的关键指标	为规划者和决策者提供准确的信息和统计数据,以协助规划和辅助客观决策

4. 政策

通过最新研究和数据明确问题,制定适当和有效的干预措施;自动监测与评估机构工作,促进对已完成工作的衡量;继续监测文盲现状并分析数据,制订适当的工作计划。

(六)等效教育计划

1. 概念

实现战略目标面临的最大挑战之一是持续不断的辍学,这是教育部极为关注的问题。另一个挑战是非入学率在15%左右,这是一个不可忽略不计的百分比。

战略目标是消除50%的文盲。但是,如果不消除产生文盲的根源,那么就不可能核定这50%所代表的数字。考虑到2015年底不一定能够实现消除50%的文盲,所以2 500 000人是为目标年度设定的文盲数量。

在这一愿景中,所有非正规教育项目都以综合和相互依存的方式运作,这一点很重要。该部正在开展的等效教育计划的重要性体现在"青年学校项目"和"快捷课程项目"的开展上。这些项目主要是为了从根源上消除文盲。但是,值得注意的是,任何巩固和发展这些项目的辅助方案都有助于实现扫盲战略目标。

尽管这些项目很重要,但"快捷课程项目"仍然是巴格达教育部门在制度上不够完整的举措。"快捷课程项目"被埃尔比勒的教育部门认可并发展,而"青年学校项目"已被其停止。

为了给等效教育计划提供更好的途径,必须对这两个项目进行客观评估,同时考虑到动员能力、目标群体识别、持续时间、教育成果等因素。这样,就可以重新考虑这些项目,甚至将它们合并为一个项目,同时考虑到目标群体的年龄范围,使其不与扫盲计划的年龄范围重叠。

2. 部门战略

通过启动等效教育计划来从根源上消除文盲以支持扫盲运动。

3. 目标

减少"青年学校项目"和"快捷课程项目"的目标年龄组的文盲人数;提供适合辍学者和未参加正规教育的人的等效教育计划。

等效教育计划的详细目标见表 4-7。

表 4-7 等效教育计划的详细目标

利益相关者	指标	目标
扫盲部门、民间社会组织	"青年学校项目"和"快捷课程项目"的参与率,辍学率的降低程度,文盲总人数的减少数量	减少"青年学校项目"和"快捷课程项目"的目标年龄组的文盲数量
教育部、扫盲部门、执行合伙人	与注册学生相比的实际入学学生人数	提供适合辍学者和未参加正规教育的人的等效教育计划

4. 政策

等效教育计划作为扫盲计划的主要支持计划,有利于正规教育;等效教育计划将为尚未接受教育并希望完成学业的人提供新的机会;等效教育计划将成为接触目前未包括在教育档案中的弱势群体的工具;等效教育计划将成为辍学者重新接受教育的有效工具。

(七)教育环境

1. 概念

教育环境是一组综合的基本要素,包括教师、课程、教学方法和学生等。为了确保最佳效率,考虑到学生的社会和文化特征,将这些要素建立在综合框架内是十分重要的。成年人愿意接受正规教育范围之外的教育，此外，如果成年人能够自己决定他们想要学习的时间、方式和内容，他们就会更好地学习。

成年人需要知道为什么他们必须学习这个或那个知识或技能，他们会进行自我指导。成年人的经历与年轻学生不同，因此需要建立适合目标群体特征的学习环境，对成人教育的教师进行特殊培训。

所设置的课程在知识和技能方面考虑了与扫盲需求有关的若干因素，成年人可通过申请参与学习；成年人被动地长时间坐着时会感到无聊；成年人不容易接受别人的想法和经验，往往会依赖自己的生活经历；成年人很容易学到他们觉得有用的东西；当成年人对学习环境有一定的控制权时，他们会学得更好。

2. 部门战略

重视教育环境的所有要素，确保教学和学习过程满足目标群体的需要和特点，同时考虑性别因素。

3. 目标

培养成人学习、参与式学习和主动学习方面的教师；根据目标群体的社会、文化和环境特点，制定扫盲课程；建设足够数量的教育中心，提供教学设备，为学生创造一个有吸引力的学习环境；制定控制教育环境质量的标准。

教育环境的详细目标见表4-8。

表4-8　　　　　　　　　　教育环境的详细目标

利益相关者	指标	目标
扫盲部门、教育部、民间社会组织、教师	参加各种培训，让学生参与制定教育主题的情况	培养成人学习、参与式学习和主动学习方面的教师
教育部、扫盲部门、扫盲中心、执行合伙人	来自教师和目标群体的反馈报告	根据目标群体的社会、文化和环境特点，制定扫盲课程
教育部、扫盲部门、执行合伙人	新的教育中心的数量、民间社会组织的教育中心数量	建设足够数量的教育中心，提供教学设备，为学生创造一个有吸引力的学习环境
教育部、执行合伙人	质量控制标准清单、明确的工作机制和文件流程	制定控制教育环境质量的标准

4. 政策

正在进行的培训对于提高教师的能力和发展他们的创造力至关重要。教育课程和科目需考虑学生的特点，以激励他们继续学习；开发与生活技能、人权和情境分析有关的科目，培养学生的创造性思维和批判意识；建立和发展质量文化，改善教育环境，提高绩效；媒体、卫星频道和教育电视的使用丰富了教育环境。

根据逻辑框架进行的数字预测见表4-9。

表 4-9　　　　　　　　　　　　　　　数字预测

年份	目标群体(个)	教育中心(个)	班级(个)	教师(人)
2011	200 000	2 222	6 667	6 667
2012	300 000	1 111(新)	3 333	3 333
2013	500 000	2 222(新)	6 667	6 667
2014	700 000	2 222(新)	6 667	6 667
2015	800 000	3 333(新)	10 000	10 000
总计	2 500 000	11 110	33 334	33 334

注：数据基于这样的假设，在战略的实施阶段，一类教育中心将吸收一名以上的学生群体，每个中心有三个班级，每个班级有 30 名学生。

巴格达扫盲中心每名学生预计的财务费用(每名学生的学习时间为 14 个月)见表 4-10。

表 4-10　　　　巴格达扫盲中心每名学生预计的财务费用　　　　（第纳尔）

明细	每月中心的成本	每学年(14个月)中心的成本	每学年每名学生的财务费用
教师工资	62 040	868 560	28 952
交通成本	39 428	551 992	18 400
服务成本	36 428	509 992	17 000
教学督导费用	44 464	622 496	20 750
教科书和文具费用	175 714	2 459 996	82 000
教学费用	42 857	599 998	20 000
管理费用	51 428	719 992	24 000
杂项和应急费用	53 571	749 994	25 000
奖励和奖品费用	137 142	1 919 998	64 000
总计	643 072	9 003 018	300 102

库尔德斯坦地区扫盲中心每名学生预计的财务费用(每名学生的学习时间为 10 个月)见表 4-11。

表 4-11　　　库尔德斯坦地区扫盲中心每名学生预计的财务费用　　　（第纳尔）

明细	每月中心的成本	每学年(10个月)中心的成本	每学年每名学生的财务费用
管理费用	150 000	1 500 000	50 000
教师工资	150 000	1 500 000	50 000
中心使用费	60 000	600 000	20 000
次级委员会管理费用	60 000	600 000	20 000
监管费用	60 000	600 000	20 000

(续表)

明细	每月中心的成本	每学年(10个月)中心的成本	每学年每个学生的财务费用
教科书和文具费用	90 000	900 000	30 000
活动费用	60 000	600 000	20 000
交通费用	60 000	600 000	20 000
杂项费用	60 000	600 000	20 000
总计	750 000	7 500 000	250 000

同时,以下两种走向将影响数字预测的结果:制定《扫盲法》,为比预期吸收更多的文盲开辟空间(政府机构的作用变得更强,而非政府组织的作用则减弱);法律的认可被推迟,因此扫盲的动员变得更加困难(非政府组织和民间社会组织的作用变得更加强大,政府机构的作用变得更弱)。

十三、实现战略目标的措施

为促进目标的实现,将采取以下措施:

(1)建立更高级别的扫盲委员会,由各部委和扫盲部门的代表以及民间社会组织的代表组成,以支持最高级别政策的推动。

(2)组建中央技术委员会,将战略目标转化为包含监测和评估机制的执行计划。这些计划将由上级委员会批准,该委员会还将负责监管、监督和评估实施过程,委员会主席将向上级委员会报告。

(3)在省一级组建技术小组委员会,负责实施和评估,技术小组委员会将向中央技术委员会定期提交进度报告;

(4)成立咨询委员会,由扫盲战略框架的起草者组成,跟进战略的实施。

为取得积极成果,需要考虑以下建议:

(1)根据总体目标重新评估扫盲政策,并统一国家级的制度和政策,制订干预计划,将所有计划要素考虑在内,如课程、教师、程序化操作、政策、经验交流和实地考察(在联合国教科文组织伊拉克办事处的支持和监督下开展)。

(2)开展教育部与公共教育部之间的定期会议,同时启动同民间社会组织的合作。

(3)无论是民间社会组织还是政府机构,应由合作伙伴开设扫盲中心。这些中心需要符合教育部采用的系统、标准和规范,并根据教育部的课程和评估方法进行操作。

(4)明确培训机构,用以帮助学生获得适当的生活和专业技能,以达到能力建设的目的,尤其是对于毕业生。

(5)使用电子通信手段(伊拉克扫盲网络),促进各方协调,并交流信息和经验。

(6)建立更好的工作机制,促进政府机构与民间社会组织之间的合作。

(7)为合作的非政府组织的活动制定行动监测和评估机制,审查在教育部登记的非政府组织的档案和活动,并根据公正、客观和已批准的标准制定一份名单。

(8)启动教育部相关委员会的工作。让利益相关者和各方在各省建立联合委员会,以配合其他部门的工作。这些委员会将负责通过制定实地工作机制来促进协作,确保不会在同一地区内重复类似活动。

(9)在教科文组织伊拉克办事处的支持下,建立有效的中央和省级监测和评估机制,监测有关学生的基本信息(姓名、年龄、性别等),评估出勤、缺勤、考试成绩,以及了解毕业生情况。

(10)通过实地研究,确定中心和有关机构的业绩,并提出改进业绩质量的建议。

附件(一)

在"制定《国家扫盲战略框架》"研讨会上提交的工作文件

识字是一种人类现象,因为阅读、写作和计算是人类的必需技能。伊拉克在1964年颁布了第37号扫盲法令,即《小学和幼儿园基础教育管理条例》,这项法令成功地消除了超过200万人的文盲现象。

之前政权的极权政策导致国家衰退、经济恶化、教育水平下降、贫困的出现、科学和教育价值的降低。此外,青年失去了学习的机会,因为他们全神贯注于政权的战争,因此文盲现象再次回归。

一、现象的严重性

教科文组织在本次研讨会期间提交的综合报告确定了未来五年扫盲项目的目标,该目标旨在将文盲率降低50%,并对伊拉克境内这种现象的严重程度进行了合理预测,以便能够适当评估扫盲需求。

根据COSIT在2004年为15~45岁年龄组进行的估算,其中文盲达到了4 593 682人。如果文盲的唯一来源是未入学的儿童和辍学的儿童,则非入学率约为15%。如果适龄学生为5 000 000人,那么未入学的儿童将为750 000人,辍学儿童不会超过100 000人。因此,过去六年的辍学总数约为600 000人,文盲总数约为5 193 682人。规划总局可以提供更准确的数字,但在所有情况下,联合国教科文组织统计的文盲人口比例为18%~20%,与实际情况相符。

从前的报告意味着在未来五年内应该消除文盲2 500 000人,即每年500 000人,同时考虑到目前大约有1 000个中心,大约有50 000名学生,这意味着我们需要加倍努力才能实现目标。

二、工作条件

我们的工作将在以下两种不同的条件下进行:

第一,选择性扫盲。这是现在的工作条件,其原因是缺乏财政拨款,以及在机构、人员和能力方面的潜力不足。

第二,强制性扫盲。这是我们期望的工作条件,前提是代表理事会批准《扫盲法》。这将包括固定的预算、假定的系统和主体、协调的必要基础,以及动员和游说的能力。但是,在技术层面上还需付出很多努力。

三、项目优势

(1)伊拉克在 20 世纪 80 年代的扫盲历史中积累了丰富的经验。

(2)政治制度的存在为参与、控制和增加透明度铺平了道路。

(3)民间社会组织的出现是伊拉克的一个新现象,是该项目的重要基础。尽管它们缺乏资金、专业技术和知识,但它们仍然很重要,因为它们具有动员和游说的能力。

(4)有大量失业的毕业生可以被任用或签约,让他们从成功实施的项目中受益。

(5)伊拉克可以通过提供必要的预算和拨款来为项目提供资金。

(6)多个卫星和媒体渠道的存在,计算机、移动电话、互联网中心和网站的普及,都是支持项目的手段。

(7)文化和宗教中心可作为项目的补充力量。

(8)有些宗教中心可以有效地促进动员、游说和缓解教学建筑不足的危机。

四、项目劣势

(1)目标群体没有明确的反馈,虽然扫盲项目和活动已经开始了五年,但学生不超过 50 000 人。

(2)我们已向教育总局提出申请,要求在每个地区开设扫盲中心。其背后的原因是扩大范围并为即将到来的阶段做好准备。但是,到目前为止,除了一个部门提供了负面的反馈,其他部门没有做出回应。

(3)除了个别部门朝着同一方向前进外,大多数部门的工作存在重叠,缺乏明确的领导。

(4)一些部门寻求在没有与教育部协调的情况下向其成员提供教育。例如,内政部只要求提供教科书,但当我们要求就这个问题与他们进行协调时,他们没有回应。

五、建议

(1)举办有校长、公共教育部门主管、扫盲和成人教育部门主任参加的研讨会,向他们提供有关活动进程的进一步信息。

(2)准备媒体动员计划和方案。

阿德尔·阿卜杜勒·拉希姆·马吉德
公共教育部主管
2011 年 2 月 21 日

附件(二)

由库尔德斯坦地区教育部提供的关于非正规教育的工作文件

一、简介

毫无疑问,教育是国际法规定的基本人权。此外,国家和人民的进步是通过教育过程的进步和教育范围的扩大来衡量的。教育的进步会影响社会的思维模式和人民的生活方式。除了国家分配适当的预算外,还需要提供适当的环境来培养必要的人力资源。这可以通过采用一种明确的战略来实现,即在一个体现民主、人权原则的教育理念中实现各类社会教育,并确保教育机会平等而不偏向于种族、宗教和性别。

在这种教育理念下,伊拉克库尔德斯坦地区的教育部提供了各种教育机会(正式的和非正式的)。教育部从幼儿园开始提供教育机会,然后在孩子达到六岁时提供接受基础教育的机会。由于存在文盲和辍学的问题,有些人尽管已经超龄,但仍没有入学。作为教育系统和教育理念的一部分,除了开展免费的 15 岁以下的日校或夜校的九年基础教育,教育部还开展了其他类别和教育阶段的免费教育。

二、具体举措

1. 为辍学者或未在法定年龄入学的人提供更多的教育机会,以及基于人权、社会正义、平等原则,为所有社会阶层提供更多教育机会。

2. 通过与民间社会组织、政府机构以及媒体和出版机构的协作,进一步传播对教育的认知。

3. 进一步关注公民和国民教育。

4. 通过进一步增强意识、组织家庭生活以及完善生活技能来提高妇女的参与度。

5. 通过制订减少辍学现象的特别方案以及制定奖励措施,提高青少年的学习兴趣。

6. 提高识字率和增加学习中心的数量,特别是在低收入和偏远地区。

7. 与劳动和社会事务部合作,在监狱开设扫盲中心以及增加学校。

8. 根据本地区的情况,为少数民族和游牧民族开设扫盲中心以及增加学校。

9. 通过开设人们在日常生活中能够获得收益的专业课程(如缝纫、美发、烹饪、电力等),为非正规教育学生制定一些激励措施,并在完成一定的教育阶段后,使其能够利用专业知识在劳动力市场找到工作。

三、工作机制和非正规教育的管理

1. 成立非正规教育理事会,它包括扫盲和快捷课程两个部门。该理事会与教育部的基础教育总局相关。

2. 成立由基础教育主管领导的部级非正规教育高级委员会,成员包括每个省教育总局的代表,每三个月举行一次会议。

3. 建立由教育局局长领导的省级小组委员会,小组委员会成员应不超过 5 人,并每月举行一次小组委员会会议。

4. 在地区一级成立小组委员会,成员不超过 4 人,由教育主管担任主席,每月举行一次小组委员会会议。

5. 非正规教育中心应像正规学校一样分配教育督导员,以便进行监测和跟进。

6. 必要时,各部委应向其他有关部门发送正式信函,使他们积极地在这方面做出贡献。

7. 发挥媒体和民间社会组织在传播教育信息和强调教育益处方面的作用。

8. 重新审议所有阶段的学校课程。

9. 研究将非正规教育毕业生纳入社会经济发展项目的可能方式。

10. 呼吁教科文组织和儿童基金会通过其在领域内的培训和研究经验，与教育部进一步合作。

11. 在扫盲方面寻求成功的国际经验，并与教科文组织和儿童基金会合作，充分利用这些经验。通过培训更多的工作人员并为其传授在这一领域取得成功的国家的经验来获得收益。

12. 进一步关注妇女并努力提高她们非正规教育的入学率。

13. 在需要时向地方教育局发出必要的指示。

14. 发布关于非正规教育情况的年度报告，并将其提交给儿童基金会和教科文组织。

四、伊拉克库尔德斯坦地区的非正规教育

非正规教育的两个组成部分（扫盲和成人教育项目、快捷课程项目）在教育部的教育规划和教育政策中占有重要份额。通过分配必要的资金，激活媒体和有关委员会的作用，来克服困难并找到适当的解决方案，实现了这种教育的成功和进步。这适用于所有社会类别，包括最偏远的地区。

五、扫盲和成人教育项目

2000年，在儿童基金会的协助下，教育部进行了一次全面的教育调查，以查明库尔德斯坦地区的文盲人数。调查显示，文盲率约为34%，其中60%以上是女性。在该阶段，通过计划和战略，在一些组织的初步援助和本区域政府的直接支持下分配了必要的资金。这些资金已用于开展全面的扫盲运动，实现"走向无文盲的库尔德斯坦"。该运动于2000年12月20日开始，目标群体是15~45岁的人。

在2000—2010年，教育部成功完成了大约330 000人的扫盲工作。因此，2010—2011学年文盲率下降至16%，预计到2014—2015学年将进一步降至不足10%。尽管如此，由于自2000年以来没有进行过其他教育调查，无法充分获得该领域的准确统计数据。

2010—2011学年扫盲中心的统计数据见表4-12。

表4-12　　　　　2010—2011学年扫盲中心的统计数据

编号	城市	中心数量（个）			学生数量（人）			班级数量（个）	教师数量（人）			中心数量（个）		
		男性	女性	总数	男性	女性	总数		男性	女性	总数	城区	郊区	乡村
1	埃尔比勒	39	59	98	767	1 269	2 036	230	49	169	218	32	27	39
2	苏莱曼尼亚	27	121	148	4 053	5 010	9 063	378	361	372	733	38	46	64
3	杜胡克	53	95	148	2 723	3 875	6 598	216	211	305	516	28	46	74
4	塔尔米扬	15	15	30	797	836	1 633	93	62	72	134	13	—	17
	总数	134	290	424	8 340	10 990	19 330	917	683	918	1 601	111	119	194
	百分比（%）	32	68	100	43	57	100	—	43	57	100	26	28	46

2000—2011学年扫盲中心毕业生人数见表4-13。

表4-13　　　　　2000—2011学年扫盲中心数量和学生人数

城市	中心数量(个)	学生数量(人)	
埃尔比勒	3 371	114 122	60%女性 40%男性
杜胡克	4 624	88 458	
苏莱曼尼亚	4 245	139 344	
总数	12 240	341 924	

未来五年,基础教育总局的计划是,吸收大约150 000人进入扫盲中心,希望使该地区文盲率下降50%,根据伊拉克扫盲行动许可项目,文盲率将降为8%。在此期间,伊拉克将进行人口普查,教科文组织和儿童基金会也会协助进行全面的教育调查。人口普查或教育调查将有助于确定实际剩余的文盲和辍学人数及其年龄组成,以便在该领域制订更准确的计划。

2010—2015年的扫盲计划见表4-14。

表4-14　　　　　　　　2010—2015年的扫盲计划

学年	中心数量(个)	班级数量(个)	学生数量(个)
2010—2011学年	500	800	20 000
2011—2012学年	600	1 000	25 000
2012—2013学年	700	1 200	30 000
2013—2014学年	800	1 400	35 000
2014—2015学年	1 000	1 500	40 000
总数	3 600	5 900	150 000

库尔德斯坦地区扫盲中心每名学生预计的财务费用见表4-15。

表4-15　　　库尔德斯坦地区扫盲中心每名学生预计的财务费用　　　(第纳尔)

明细	每月中心的成本	每学年(10个月)中心的成本	每学年每名学生的财务费用
管理费用	150 000	1 500 000	50 000
教师工资	150 000	1 500 000	50 000
中心使用费	60 000	600 000	20 000
次级委员会管理费用	60 000	600 000	20 000
监管费用	60 000	600 000	20 000
教科书和文具费用	90 000	900 000	30 000

（续表）

明细	每月中心的成本	每学年（10个月）中心的成本	每学年每个学生的财务费用
活动费用	60 000	600 000	20 000
交通费用	60 000	600 000	20 000
杂项费用	60 000	600 000	20 000
总计	750 000	7 500 000	250 000

库尔德斯坦地区的扫盲与成人教育结构和体系的应用如下：

扫盲中心包括三个学习阶段，相当于六年的基础教育。每个学习阶段相当于基础教育阶段的两个年级，包括特殊课程。

第一阶段是基本阶段和补充阶段，相当于基础教育的一年级和二年级，称为识字阶段。学生毕业时将获得"读写"证书。在此阶段，学生将学习阅读、写作、数学和通识教育的课程。

第二和第三阶段也称为成人教育阶段，第二阶段相当于三年级和四年级的基础教育，第三阶段相当于五年级和六年级的基础教育。

扫盲中心的工作时间为每周五天，第一阶段平均每天三节课，第二阶段和第三阶段平均每天四节课。

第一阶段的课程已经通过审查。为了符合成人学习的特点，其余两个阶段（第二阶段和第三阶段）的课程将被更新。

六、快捷课程项目

2005—2006学年在儿童基金会的协助下，首次在本地区实施了快捷课程项目。该项目的对象是9~15岁的人，该项目一直持续到2007—2008学年。快捷课程项目分为三个学习阶段，每两个学年的常规课程被压缩到一年。因此，学生能够在三年内（而不是六年）完成小学教育。这为这个年龄组未上学的人提供了动力，无论他们是辍学还是因为环境或年龄因素而没有入学。这个经验是成功的，它最初应用于埃尔比勒和苏莱曼尼亚两个地方，然后在本地区的所有地方实施（埃尔比勒、杜胡克、苏莱曼尼亚、塔尔米扬）。快捷课程项目过去常常同时应用于正规教育中的青年学校项目，一共学习4年，仅包括9~14岁的人。儿童基金会和其他有关方面举行了几次会议和研讨会，以审查青年学校项目和快捷课程项目之间的重叠。最终教育部通过教育会议做出以下决定：截至2007—2008学年，青年学校项目停止接收一年级新生；青年学校项目的学生根据其学习阶段入读快捷课程学校。

快捷课程项目的学习从三个学习阶段扩展到五个学习阶段，第五阶段相当于基础教育的九年级，对照如下：

第一阶段：相当于基础教育的一年级和二年级；

第二阶段：相当于基础教育的三年级和四年级；

第三阶段：相当于基础教育的五年级和六年级；

第四阶段:相当于基础教育的七年级和八年级;

第五阶段:相当于基础教育的九年级。

快捷课程项目前三个阶段可招收9～22岁的男生和9～24岁的女生。最后两个学习阶段(第四、五阶段),新生年龄最高可达28岁。这将为这一年龄组的人提供进一步学习的机会,那些以前获得六年级毕业证书的人和离开学校的人可以再次进入快捷课程项目的学校学习。

在儿童基金会的协助和支持下,所有课程都进行了审查和更新。

在第一阶段,每周有四天的学习时间,每周上20节课。至于其他阶段,每周有五天的学习时间,每周上25节课。

快捷课程项目第五阶段的毕业生,将获得相当于基础教育九年级的毕业证,可以根据他们的年龄组和正规教育的规定报名参加预科学校(日校或夜校)。

教育部和社会事务部正在合作建设监狱和少管所的快捷课程项目,他们将提供教科书和教师,并将通过教育部监督实施。

2010—2011学年快捷课程项目的情况见表4-16。

表4-16　　　　　　　　2010—2011学年快捷课程项目的情况统计

编号	城市	学校数量(个)			学生数量(人)			班级数量(个)	教师数量(人)			学校数量(个)		
		男性	女性	总数	男性	女性	总数		男性	女性	总数	城区	郊区	乡村
1	埃尔比勒	13	21	34	5 198	4 667	9 865	340	216	138	354	15	19	—
2	苏莱曼尼亚	6	16	22	1 981	1 737	3 718	131	121	101	222	10	12	—
3	杜胡克	15	10	25	2 233	1 093	3 326	125	88	55	143	10	15	—
4	塔尔米扬	9	10	19	1 134	896	2 030	95	98	78	176	6	4	9
5	基尔库克	8	32	40	402	871	1 273	70	40	78	118	26	14	—
	总数	51	89	140	10 948	9 264	20 212	761	563	450	1 013	67	64	9
	百分比(%)	36	64	100	54	46	100	—	56	44	100	48	46	6

2010—2015年库尔德斯坦地区快捷课程项目的学校数量和学生数量见表4-17。

表4-17　2010—2015年库尔德斯坦地区快捷课程项目的学校数量和学生数量

学年	学校数量(个)	学生数量(人)
2010—2011学年	140	20 000
2011—2012学年	150	22 000
2012—2013学年	160	25 000
2013—2014学年	170	28 000
2014—2015学年	180	30 000
总数	800	125 000

七、意见和建议

1. 进行全面调查，以确定文盲和辍学者的实际人数及其年龄范围，并分析此类数据，找出原因并找到适当的解决方案。

2. 通过其他方式刺激学生学习，例如便利的交通、传播使命感或为他们提供膳食和衣物等。

3. 为行政机构和教师制定额外奖励措施，例如增加工资，让他们参加发展课程，通过实地交流让他们了解并熟悉其他国家的成功经验。

4. 有必要发挥媒体和电视的作用。

5. 通过提供必要的支持，增强教科文组织和儿童基金会等国际组织的作用。除了有效升级课程、提供职业培训外，增加教师培训、员工能力建设、使员工了解其他国家的经验。

6. 敦促社区和私立教育机构积极参与，并激发它们在这个项目中的作用。

7. 通过健康团队对教育机构的访问，以及提供咨询和必要的治疗，有效地将非正规教育的学生纳入学校健康服务中。

8. 通过进一步增强意识和增加激励措施，提高女性参与率，特别是在农村地区。女性在社会、劳动和经济生活中具有很大的影响力。提高女性的健康和教育意识将提升她们教养下一代的效果和家庭生活质量。

9. 重新明确扫盲和成人教育的定义，并明确和统一阿拉伯国家之间（至少在伊拉克地区之间）的年龄组。

10. 审查阿拉伯国家（至少在伊拉克国内）的非正规教育法规和指令的统一性。

11. 为保证教育质量制定准确的标准。

12. 与有关各方（如教科文组织和儿童基金会）进一步开展调查和研究。

13. 正确使用新的信息技术。

14. 呼吁大学和培训机构的管理者制订有效的和现代化的教师培训计划，并敦促他们对此事进行进一步的调查和研究。

非正规教育部
2011 年 6 月 1 日

伊拉克库尔德斯坦地区高等教育科学研究体制改革
2009年11月1日至2010年9月1日主要成就报告

一、简介

自从推翻专制政权获得自治以来,库尔德斯坦地区获得了巨大的发展。尽管资源稀缺,形势极端困难,但库尔德斯坦地区的人民仍能够在短短的18年里奠定文明国家的基础。

过去十年中,本地区在基础设施建设和巩固执政方面取得了显著进展。由于库尔德斯坦地区政府对投资的关注和伊拉克民主时代的到来,从长远来看,进一步加快发展的前景更大。后者使库尔德斯坦地区的大门更广泛地开放给国际自由市场和国外投资者。

库尔德斯坦地区需要加强在科学、技术和管理领域的发展并达到更高的标准。提高人民生活水平、提高干部的工作能力,是库尔德斯坦地区历届政府的首要任务之一。毫无疑问,大学和其他高等教育科研机构将在这项任务中发挥重要作用。

众所周知,库尔德斯坦地区从"旧伊拉克"继承了一个复杂而过时的高等教育体系。过时的高等教育最初是为了适应一个市场封闭以及无法拥有高标准生活或快速教育进步的国家而开发的。

如今,新的伊拉克迫切需要改革高等教育,以便将迄今为止过时的制度与高级技能专业人员的需求相协调。库尔德斯坦地区政府长期以来意识到这一事实,并致力于相应地改革高等教育体系。第五届库尔德斯坦地区政府内阁认真、努力实现大学前教育的现代化,并在埃尔比勒设立了高等教育部,以重新组织高等教育机构的工作。第六届库尔德斯坦地区政府内阁进一步发展了该部,并继续实施了现代化进程,对高等教育部进行了全面的改革。预计未来的库尔德斯坦地区政府内阁将遵循同样的现代化道路,并进一步完善教育体系。

二、新战略

2009年12月,库尔德斯坦地区政府采用了新的愿景和长期战略,为高等教育系统的改革设计了新的发展蓝图。其使命是提高高等教育的质量。

此报告是对长期战略的总结,并阐明自2009年11月第六届库尔德斯坦地区政府内阁上任以来如何在多个方面实施该战略。在该区域主席和第六届库尔德斯坦地区政府内阁成员(特别是总理及其副手)的热情支持和鼓励下,这些变革启动了。通过学术领导人和高等教育部成员的奉献和宝贵合作,实现了库尔德斯坦地区教育史上伟大的进步。库尔德斯坦地区议会,特别是高等教育委员会成员,支持新战略并密切跟进其进度。

毫无疑问,如果没有所有教师、学生和其他高等教育机构雇员的协助和努力,这一战略只会是一个漫长的发展过程的开始而不会被实现。希望后辈们继续沿着这条道路前进,并在适当的时候铸就后续的里程碑。

三、报告的目的

发表这份报告的主要目的是让所有利益相关者明白政府对高等教育体制改革的愿景和战略。它明确了使命和实施机制,概述了高等教育部、大学和技术教育机构为促进新战略的实施需要做的事情。体制改革的方向可分为以下几个方面:

(一)改革教学,建立现代教学质量保证体系;

(二)改革研究培训和资助体系,以振兴科学研究、促进创新并加强我方科学家与国际优秀同行的交流联系;

(三)通过对人民和基础设施的投资进行能力建设,建立机构许可和认证制度;

(四)改革大学和技术学院的管理结构,尽量减少浪费并促进大学独立;

(五)改革行政体制,尽量减少官僚主义,并把学生和工作人员放在第一位;

(六)保护人权、实现社会正义、改善学习和工作环境。

过去的一年是系统评审和决策中的一年,在即将到来的一年,改革进程将得到落实,系统将会发生变化。我们计划在明年进行更多的系统改革,这将是改变未来实践和规划的决定性的一年。由此获得的经验将有助于立法者修订《高等教育法》。

虽然已经制定了关于改革的关键决策,并且已经开始在规定的框架内制定标准,但重要的是改革过程应是生动而活跃的,可以通过不断的对话,并随着时间的推移进行加强和丰富。为改善整体教育制度,这个过程需要不断地调整。

在整个改革过程中,我们欢迎所有对此感兴趣或受其影响的人提出建设性的意见和建议。我们尤其鼓励学生、学者和其他高等教育工作人员与高等教育部进行对话,以达到通过提高标准来服务国家的共同目标。

四、改革方向及其目标

(一)改革教学,确保教学质量

1.实施教学质量保证计划

(1)确保高质量的学习和培训;

(2)维护学生权利,维护教师地位;

(3)增强大学及其授予学位的可信度。

2.引入学术持续发展计划

(1)提高讲师的学术水平;

(2)开放学术界之间的沟通渠道,促进团队协作;

(3)鼓励更好的研究。

3.课程改革
(1)使教育课程现代化,使培训课程适应市场需求;
(2)提高个别学生的能力;
(3)鼓励学生思考并成为更有创造力的自学者。

4.改革硕士学位获取制度
(1)提高教学和研究项目的质量;
(2)促进学者之间的协作配合,提高课程教师的教学能力;
(3)为库尔德斯坦地区新的大学和技术教育机构培养更多优质的教师;
(4)为适应公立和私立部门的市场需求准备训练有素的专业人员;
(5)为大学创收。

5.修改英语语言测试
(1)制定客观的和国际的评估标准;
(2)增加英语语言课程和考试的公众信任程度;
(3)建立社会公正;
(4)与外界保持一致。

6.修改学生录取系统
(1)将学生的志愿与可选学校相连接;
(2)转向使用电子系统。

(二)促进科学研究并加强地区学者与国际同行的交流联系

1.建立新的博士学位获取途径
(1)改善该地区的博士培养计划;
(2)开放本区域学者与国际同行之间沟通渠道;
(3)建立在库尔德斯坦地区大学的学者与国际同行之间的交流联系;
(4)振兴库尔德斯坦地区的科学研究。

2.修改旧的博士系统,并使旧系统在最后一年与新系统并行运行
(1)改进旧系统,旧系统在2011年被废止前的过渡期间仍然有效执行;
(2)为学者和管理人员创造机会适应新系统。

3.在公休假期间派遣学者出国
(1)更新他们的知识和技能,使之获得最先进的经验;
(2)扩大科学网络,开辟学者与国外同行之间新的联系和沟通渠道;
(3)帮助库尔德斯坦地区的研究生寻找潜在的研究主管和外部评估员;
(4)提升当地科学家的研究潜力。

4.举行会议以振兴库尔德斯坦地区的科学研究
(1)扩大学术界的科学网络;
(2)帮助库尔德斯坦地区的学者寻找国际同行和科学家;

(3)为高等教育招揽内部投资；

(4)支持本地区的人力资源开发项目。

(三)投资高等教育和建立新的大学

1. 开设新的大学

(1)提升高等教育机构的能力；

(2)增加优秀学生,特别是在主要城市以外的为库尔德斯坦地区的解放运动付出更多牺牲的贫困地区的学生；

(3)振兴郊区。

2. 启动人力资源开发项目

(1)充分利用本地区的人力资源；

(2)为未来培养领先的学术和专业人才；

(3)建立基于绩效的竞争奖励制度。

3. 增加当前留学生的助学金

(1)减轻学生的经济困难,使他们能够专心学习；

(2)支持学生,增强他们对祖国的忠诚度。

4. 将人力资源开发项目以外的学者派往国外

(1)实现有志向学生的梦想；

(2)投资人力资源,增加专业人员的数量。

5. 建立现代化的大学评估与认证体系

(1)建立一个用来评估大学的透明机制；

(2)加强私立部门对高等教育的信心；

(3)保护本地区及其人民免受低质量教育。

(四)改变教育机构的管理结构

1. 技术教育体系的重组

(1)提高技术研究水平；

(2)使培训的现代技术和本地区市场的需求相适应；

(3)为技术研究申请人创造竞争环境；

(4)鼓励学者到技术研究所工作；

(5)允许技术研究毕业生继续攻读研究生学位。

2. 高校管理结构改革

(1)充分利用学者和员工的人力资源；

(2)减少官僚主义以及减少资源浪费；

(3)重新分配教学和研究任务,以提高学术创造力；

(4)为教师提供参与研究和创新的机会；

(5)聘请全职研究人员参与教学。

3.库尔德斯坦地区大学的未来

(1)准予大学发展和提高服务质量的自由；

(2)准予大学创收的自由,减轻对国家资助的依赖；

(3)在当地大学之间以及当地大学和国际大学之间营造竞争氛围；

(4)减少官僚作风；

(5)让学生和员工参与管理过程。

(五)行政改革

1.高等教育部公众服务方式的改变

(1)改善我们的服务并减少繁文缛节；

(2)更加快速地提供信息；

(3)改善内部的工作环境,提高生产力；

(4)停止外部干扰,避免管理的错误。

2.建立高等教育部网站

(1)更有效地传达信息和指令；

(2)直接解答问询；

(3)发布部门新闻。

3.使用电子通信技术

(1)加强沟通,减少延误；

(2)减轻公民的财政负担,减少官僚主义。

(六)保障人权和实现社会公正

1.改革招聘制度

(1)确保机会平等,加强社会公正；

(2)提供与员工技能和努力相对应的激励措施；

(3)消除偏见和外部干扰。

2.建立健康和安全委员会

(1)改善工作和学习环境；

(2)保障学生、学者和高等教育机构工作人员的健康；

(3)建立承担责任的文化。

五、改革教学,确保教学质量

实施教学质量保证计划是唯一有保障的方式,以帮助达成并保持高标准的教育和培训,增强对大学及其授予的学位的信心。因此,教学质量保证计划的成功是本地区政府的首要任务之一。

库尔德斯坦地区的教育先驱一直梦想能够站稳脚跟,使他们能够在教育和培训中将重点从数量转向质量。他们梦想持有相当于国际学位的高学位。大家希望有一天库尔德斯坦地区能成为高等学位的输出地。我们期待着来自邻国的学生在库尔德斯坦地区的大学获得高质量教育的那一天。一些观察家认为,这只是一个梦想。然而,当前改革进程的步伐和先驱者的坚强意志,增强了我们的自信心,展示了我们的大学在不久的将来实现这一梦想的巨大潜力。

在去年的系统审查之后,高等教育部理事会为实现这一梦想做出了努力。理事会做出了若干重要决定,其核心是启动教学质量保证计划,在所有高等教育机构中提供优质教育和培训。这些决定将成为库尔德斯坦地区高等教育体系发生重大变化的基础。理事会计划进一步改革,以填补可能出现的空白。

众所周知,伊拉克目前的学生入学制度存在许多缺陷,最大的问题是它没有满足学生的期望。理事会计划对这个制度进行改革。但是,这些改变需要仔细斟酌,可能需要一些时间才能实现。理事会需要教育部和高等教育部相互合作。各部委之间进行了许多长时间的讨论,且未来几年将会举行更多的会议。

(一)实施教学质量保证计划

过去确保教育质量的经典方法是监督学生在课堂上的出勤情况,并举办有针对性的期末考试。但是,时间已经证明,我们的大学和研究所未能达到教育和培训所要求的高标准,甚至无法在各自的领域保持稳定的水平。因此,教育标准不断根据政治环境、国家财政限制以及教学和行政人员的意愿而波动。

维持稳定的质量水平是一个复杂而艰难的过程。提高教育和培训水平需要精心设计明确的行动计划,需要不断评估教育课程以及学生和学者的表现。

全球有不同的教学质量保证计划。每个国家都倾向于根据传承的文化、历史和当地能力制订其教学质量保证计划。去年,库尔德斯坦地区的高等教育机构制订了教学质量保证计划。该计划由本地区的大学和技术研究所的学术领导者进行了成功试行。

该计划的主要目的是保护学生的知情权:

1. 他们学习什么以及为什么学习?
2. 他们如何在未来的职业生涯中使用他们所学的知识?
3. 如何检验他们的成绩以及在哪些主题中检验?
4. 学生会受到哪些限制,以及他们如何参与教育、培训和管理过程?
5. 他们如何保护自己的权利,以及他们表达建议、投诉和批评的渠道是什么?

"课程协调员"将负责过去的每门科目或课程,负责准备学习计划。在新学年开始之前,学校会发给学生一本包含时间表、课程详情和学生反馈表的书。该书将包括完整的课程计划、学习主题、讲座内容摘要、考试方法和学生的权利或期望。在课程和考试结束时,将收集反馈以分析学生的意见。该意见将提交给教学质量保证委员会。这一过程将成为课程评估、学术打分和各部门科学分工的基础。

为每门科目或课程分配一名外部评估员。他/她将扮演顾问、审查员和中立仲裁员的角色。他/她会就课程计划和实施发表意见,包括教学方法和考试。此外,外部评估员将向教学质量保证委员会和教育部门负责人提出有关未来调整的建议。

在与学者举办了一系列研讨会之后,高等教育部开始在今年4月至7月试行教学质量保证计划。这适用于不同大学和技术培训机构的学位课程。在教师和大学的行政人员的共同努力下,试点非常成功。

高等教育部设立了一个新的董事会,以支持和监督教学质量保证计划的实施。每个大学和研究院都设立了一个委员会和一个关注教学质量保证问题的理事会,这个流程将在本学年开始普遍推行。库尔德斯坦地区政府将十分密切地监督教学质量保证计划,并将其视为重中之重。

(二)引入学术持续发展计划

我们引入了学术持续发展计划来支持教学质量保证计划,帮助提高大学学者的学术水平,使学生掌握最新知识。该计划为教学人员提供了获取和交流他们所在领域最新科技创新知识的机会。

根据该计划,学者每年通过以下方法至少完成50个小时的学习:

1. 参加各部门和各院系的科学研讨会;
2. 以学者们的研究为主题举办研讨会;
3. 举办相关专业领域的最新的国际创新的研讨会;
4. 参与、讨论和起草科学政策;
5. 在专业期刊上发表科学论文。

从本学年开始,高等教育部将为所有学者组织系列研讨会,由各大学的高级科学委员会和教学质量保证计划委员会监督。无论拥有什么专业学位或任什么管理职位,所有教职人员都应积极参与学术持续发展计划。参与该计划的情况将被记录下来,并为评估学术界的表现奠定基础。如果学者一直未能参与该计划或未能达到所要求的水平,他/她将失去所有学术特权或失去保留职位的权利,并最终从教职名单中除名。

(三)改革课程

不断开发、完善课程是教学质量保证过程的补充部分。本地区目前的劳动力市场处于不断发展的状态,特别是在科学和技术领域,这些发展应反映在课程内容中。此外,大学毕业生应掌握最新的科学和专业技能知识。

通常情况下,大学课程和培训计划会超过劳动力市场的需求,但库尔德斯坦地区目前的情况则相反。这就是启动改革大学和技术教育机构课程综合方案的原因。这些改革将采取不同的形式,例如,在未来,大学的第一个学年将致力于实现以下目标:

1. 在不增加学生负担的情况下,了解专业领域的基础知识;
2. 通过学习第二语言或第三语言来提高语言技能;
3. 提高计算机技能并使用互联网和电子邮件;
4. 学生应该学习如何搜索信息、自学并变得更加独立;
5. 促进同学之间的互相教学,学生应该学习科学辩论和头脑风暴的基础知识;

6. 采用新颖的特定主题的教学和考试方法。

第二年到第四年将继续采用上述教学方法,而专业和实践培训课程将逐年增加。没有必要向学生灌输多余的、复杂的和超专业的信息。他们将学习所学专业领域的概念,并能够在毕业后获得知识和经验。学生应该足够了解他们专业的科学和技术基础,而其余的则将通过经验获得。

为此,我们委托各高等教育机构的高等教育委员会以战略方式修改和改革课程和教育制度。

(四) 改革硕士学位获取制度

学生人数的增加以及大学和研究所数量的增长,提高了本地区对专业教师和硕士研究生的需求。其他私立和公立部门也需要更高学历的专业人士。当然,在未来几十年内,本地区将持续需要更多的硕士。

幸运的是,本地区的硕士研究生教育有一个强大的、具有创造性的现代基础。每门课程的第一年分为两个学期:第一学期学习专业的主体内容,第二学期学习专业主体内容的核心方面。第二年专注于科学研究。但是,有一些关键的基本问题需要解决:

1. 目前,课程发展和学生入学情况并未满足本地区对各种专业的需求;

2. 大学相互独立,自主发展,各高校间的协作少、交流知识与经验的机会有限,外部可获取的资源极少,这使得绝大部分课程依赖内部资源开展;

3. 讲座大多以传统的方式进行,没有加入教学质量保证计划,其内容需要在各个方面进行完善。

从今年起,为了规划和改革硕士学位课程,库尔德斯坦地区所有国家资助的高等教育机构将被视为一个单独的实体,招生政策、分配政策和奖励政策将根据公立和私立部门的需要决定。目前的要求是,在接下来的四年中,必须为新的大学和技术学院留出大部分新的实习机会。

高等教育部将增加所有硕士学位课程的学生数量,每个课程的学生人数从 10 到 20 不等。本地区所有大学各领域的专业学者将与其他国家的专家合作,开设讲座并监督学生的研究。

对于硕士学位的获取,应建立一个由院系部门负责人组成的学术委员会来监督整个过程。主办大学的科学系系主任将担任委员会主席。他/她将负责学术委员会的日常行政职责,并负责高等教育部高级科学委员会的战略事务,包括规划、开发课程和保证教学质量。

教学质量保证计划将适用于所有硕士学位课程,就像它在文学/理学研究中一样。在内容和质量方面,学者和外部评估员将不定期地更新和丰富课程。

(五) 修改英语语言测试

过去,库尔德斯坦地区的大学的语言中心采用的是本土的考试方式,给本地区的大学带来了许多问题。越来越多的学生们投诉该考试方式,教学人员也对其失去了信心。

主要是由于缺乏客观的和可信任的机制来评估学生的语言能力。考试制度已经陈旧过时且没有适当的质量保证体系应用于课程,学生通常对外部干扰过程十分不满。

因此,高等教育理事会同意对本地区的硕士和博士的入学采用国际认可的英语语言测试,而伊拉克其他地区已经如此执行。幸运的是,本地区已经引入了一些国际测试系统,未来将以更低的成本引入更多。经过认真考虑,理事会批准了六项完善的国际测试,其中大部分是通过互联网进行的,并因各种研究目的而在世界范围内获得了认可。这些考试中的一部分用来测试学生的语言能力水平,其他部分可作为研究生的入学测试。

(六)修改学生录取系统

目前大学和技术教育机构的录取制度有很多缺陷。这里的主要问题是学生的愿景和他们最终学习的课程是不相同的。尽管存在这种差异,但该制度已适应伊拉克目前的状况,因为这是实现社会正义和平等的唯一途径。目前,教育机构中的竞争主要基于期末考试成绩。鉴于实现社会公平是高等教育部的优先事项之一,改变现有系统需要认真考虑和详细规划。

高等教育部一直在与教育部就如何在未来两三年内改变高等教育机构的申请程序进行讨论。未来几年,学生能力测试在被正式批准应用之前,将会进行小规模试点。

同时,本学年推出了现代电子中心录取系统。现已开发出特殊的软件和扫描阅读器。该系统有助于让入学流程变得更加快速和准确。我们感谢巴格达政府高等教育部相关人士的支持,感谢他们在这一领域与我们的合作。

六、促进科学研究并加强地区学者与国际同行的交流联系

自伊拉克独立至1992年,巴格达历届政府都没有真正大力投资库尔德斯坦地区的科学研究。在科研基础设施、人才建设和技术创新方面并没有真正的投资。在伊拉克其他地区,一些大学和研究中心开展了研究活动,但这些中心相当孤立且执行水平较低。

自库尔德斯坦地区政府建立以来,一些新的大学和技术研究中心落成。库尔德斯坦地区政府投资并建立了若干研究中心。尽管做出了这些努力,但科学研究成果仍然不足,只取得了有限的创新和发现。学者、科学家和该地区研究中心在解决当地问题、制定战略愿景或为公立或私立机构制定科学政策方面发挥的作用微乎其微。

在这个时代,科学突破只能来自卓越的研究人员聚集在一起进行的学科合作研究。目前,本地区有成千上万的科学家、教授和研究生正在忙于独自或在小群体中进行研究,他们之间或他们与外界之间几乎没有合作。研究基金、资本设备和机构基础设施依然支离破碎。因此,本地区的研究产出相对较弱,对库尔德斯坦地区的科学、技术或生活影响不大。

造成库尔德斯坦地区目前局势的因素很多,包括以前的封锁和战争、大学管理结构不良、不适当的博士培养方式、限制性的和完全不恰当的高等教育方法、学术激励的缺

乏使国际同行缺少与库尔德斯坦地区学者之间的合作。

为了克服这场危机,迫切需要进行彻底改变。在初始阶段,研究生及其导师必须通过科学项目和双边访问加强与外界的联系。为了实现这一目标,我们引入了新的博士培养途径,在公休假期间派遣教授和学生到国外接受培训,这将使他们扩展他们的人脉并更新他们的知识和科学技能。

(一)建立新的博士学位获取途径

伊拉克博士研究系统的发展落后,这使其与尖端科学技术的联系一直薄弱。虽然博士生和导师是紧跟时代的,但是没有明确的机制、指导方针或资金可用于此类项目。在为期三年的博士培养期间,博士生没有足够的机会获得深入的研究经验,也没有足够的机会学习如何创新。

博士的第一年与他们硕士的第一年几乎相同。接下来是两年的短期研究,在此期间,博士生需要开展、实施和完成一个研究项目。只要博士学位获取的途径与之前相同,停滞和惯性将仍然占据主导地位。

高等教育部高级科学委员会审查了整个博士系统,并提出了一个得到理事会批准的新途径。该途径的主要目标是振兴研究,明确关注库尔德斯坦地区与世界交流的需求。

新的博士学习课程将包括四年的全日制研究,没有"硕士"风格的教导式教学或综合考试。博士生的发展将通过现代机制进行指导,博士生将由来自当地和国际的科学家共同指导。这不仅确保了开展具有国际竞争力的合作研究,而且还将联合做出具有国际影响的研究成果。

新博士学位课程的第一年是入门课程,在此期间,博士生将学习研究的方法、进行文献综述、熟悉导师项目和部门研究项目,并努力提高他们的语言能力和个人技能。在此阶段,博士生需准备一份学术报告,并由两名评估员(分别是当地评估员和国际评估员)进行评估。在同一年,博士生将准备出国并在国外导师的部门工作。

第二年,博士生出国前往国外导师所在的国家,并参与导师的研究至少一年,在此之前,可被允许上六个月的语言课程。

在此之后,博士生返回他/她的学校完成他/她的学业,并作为两个部门之间的桥梁进行进一步合作。这将保证团队建设和合作研究的连续性,以及进一步的投资和协同写作。

国内导师每年都会对在国外学习的博士生进行访问,而国外导师也会对博士生的学习情况与国内导师进行交流。当第一个博士生进入他/她的博士生活的末尾时,两个导师可以招收第二个博士生,这种博士培养途径将使大量科学家作为一个团队对一个共同的主题进行研究。毫无疑问,这种团队协作研究将对科学、创新和成果产出带来更大的国际影响。

(二)修改旧的博士系统,并使旧系统在最后一年与新系统并行运行

为了充分准备新的博士系统,高等教育部理事会同意在2010—2011学年,将旧的博士系统与新系统并行应用,但有以下修正:

1. 将博士研究的时长从三年延长至四年,并可再延长六个月;
2. 在四年期间,在国际学术期刊(影响因子不低于1.000)中至少发表一篇研究论文;
3. 新系统主要适用于生命和自然科学专业,而对于人文学科,则将在适当时候公布新的培养途径;
4. 不应重复硕士风格的教导式教学和综合考试;
5. 学生在博士生学习期间应有至少六个月的时间出国访问,以获得特定主题的研究经验;
6. 申请人的年龄应不超过45岁;
7. 修改最终的博士学位答辩过程以符合教学质量保证计划;
8. 2010—2011学年将是旧系统应用的最后一年,此后新系统将生效。

(三)在公休假期间派遣学者出国

库尔德斯坦地区学者的技能、能力和决心是毫无疑问的。在20世纪90年代的封锁时期和2000年战争的艰难时期,他们设法维护自己、学生和学院的未来。在过去二三十年中领导学术界的教授一直是大环境的受害者,需要空前的支持来帮助他们重振研究工作。随着库尔德斯坦地区近期令人兴奋的发展,随着本地区对外开放的推进,是时候弥补过去了。

对于长期投资方面,库尔德斯坦地区政府一直优先将年轻学者和博士生送往国外深造,并将持续下去。但是,从短期来看,我们需要投资和提升目前在任高级职位的学术领导人的能力。否则,几代人之间的差距和冲突将继续存在。

应切实为当前的学术导师提供机会以谋求进步、获得实践研究经验、拓宽他们的科学网络并尽快参与合作研究。因此,高等教育部和大学优先考虑提供这些机会并提供经济激励措施,鼓励学者利用公休假进行三到十二个月有质量的出国访问研究,最好是同学生一起。其目的是帮助他们实现以下主要目标:

1. 获得国际学术经验;
2. 为长期合作研究建立广泛的科学联系网络;
3. 更新他们的知识并获得新的研究技能;
4. 为博士研究生确定新的科学项目和新的导师;
5. 确保国际大学的外部评估员参与教学和研究质量保证过程;
6. 在国际期刊上发表研究论文;
7. 将库尔德斯坦地区的大学推荐给发达国家,并加强其内部与国际同行的联系。

(四)举行会议以振兴库尔德斯坦地区的科学研究

今年12月,将在埃尔比勒举行一次国际会议,以推进新的博士系统和人力资源开发计划,并鼓励推广科学的公休假。科学家和国际同行的代表将被邀请到库尔德斯坦地区,并将他们介绍给本地区大学的学者。

这次会议的主要目标是振兴库尔德斯坦地区的研究,使本地区的研究人员能够增加他们的国际人脉,确定本科和研究生课程的导师和外部评估员;与国际大学签署谅解备忘录,增加库尔德斯坦地区高等教育的外来投资。

七、投资高等教育和建立新的大学

自伊拉克成立以来直到20世纪60年代末,库尔德斯坦地区没有大学,包括基尔库克。苏莱曼尼亚大学成立于1968年,后来转移到埃尔比勒并命名为萨拉哈丁大学。直到该地区解放之前,萨拉哈丁大学一直被孤立。解放后,库尔德斯坦地区政府重新开放苏莱曼尼亚大学并开设了杜胡克大学。之后,在主要城镇建立了许多技术教育机构。尽管以前进行了这些扩充,但机构能力有限,无法容纳本地区不断增加的中学毕业生。

库尔德斯坦地区的稳定、近期对私立和公立机构的重大投资,以及随后劳动力市场的发展,增加了本地区对更多技术人才的需求。令我们感到自豪的是,库尔德斯坦地区的人民对寻求知识和继续教育抱有独特的热情。社会知识和专业层面持续、迅速扩大。因此,大学对生源的需求呈指数增长。面对这种增长需要制订短期和长期的适宜的解决方案。此前,为了解决这个问题,开设了七所公立大学作为战略计划的一部分,还鼓励私立教育机构投资高等教育。因此,本地区有十二所公立大学获得了教学许可。

显然,开办大学是长期的战略项目,即使在扩建后,其容纳学生的能力仍然有限。如今迫切需要在许多人口过剩但贫困的城镇开设新的高等教育机构,包括那些曾经有大量库尔德斯坦地区解放运动烈士和牺牲者的前战区。

因此,库尔德斯坦地区政府已做出战略决策,开设新的大学,并将继续扩建大学,使其能够根据本地区和劳动力市场的需要发展。毫无疑问,基础设施的突然扩张将与其自身的问题相关联,包括额外的教育和信息工具的互惠条款,如互联网、设备和人力资源开发。库尔德斯坦地区政府已将这些考虑在内。

(一)开设新的大学

虽然本地区大多数国家资助的大学都被认为是"新的",但事实上有些大学是全新的。在第五届库尔德斯坦地区政府内阁任期内,开办了索兰大学、扎霍大学。

第六届库尔德斯坦地区政府内阁延续了这一趋势,并在拉尼亚市创办了拉帕林大学,在哈拉布贾市创办了哈拉布贾大学,以及在卡拉尔市创办了加米安大学。三个地区重大事件奠定了三所大学的基础,以纪念我们地区近年来经历的三次人为灾难,向全世界证明库尔德斯坦地区有将灾难转化为胜利的强烈愿望。

政府已经从今年的预算中拨出了建立三所新大学的总部、学院和学生宿舍所需的资金。扎霍大学和索兰大学的建设工作已在进行中。在今年的预算批准之后,位于奇里亚山的苏莱曼尼亚大学校园开始了进一步的建设工作。总理已经在奇里亚山进行了多次实地考察,以监督建设情况。在埃尔比勒建立萨拉哈丁大学校园的项目也正受到监督和支持。

最后,新大学的校长职位已发布,并将通过竞争上岗。

(二)启动人力资源开发项目

人力资源开发项目是向国外派遣顶尖学者的重要途径,是最重要的政府投资项目之一。通过在发达国家学习和接受强化教育,学生将学习前沿知识和经验并将其转换为地区建设需要的必要知识和经验,以帮助改善库尔德斯坦地区的研究和教育。

截至2009年底,已有数百名学生被派往东方、西方或发展中国家进行研究生培养。今年,库尔德斯坦地区政府拨出高达1亿美元的专用预算,用以派出更多的学生进行培养。

库尔德斯坦地区议会批准了这一预算后,成立了一个由地区最高行政长官担任主席的人力资源开发项目高级委员会。地区最高行政副长官、规划部部长、教育部部长、高等教育部部长担任委员。委员会于5月初起草了选派到国外深造的人选要求,并为申请人提供了申请表。最终版本于7月获得审批通过,8月公布了奖学金,并且遵循了透明、有竞争力的流程。

内阁决定今年以提供奖学金的方式,将来自本地区所有顶尖大学的毕业生派往国外深造。因此,200多名学生立即从该计划中受益,人力资源开发项目高级委员会决定通过该项目再外派1 300多名学生进行深造。因此,超过1 500名有能力的学生已在第一阶段从该计划中受益。第二轮和第三轮将在不久的将来进行。

人力资源开发项目主要由高等教育部以及规划部实施。受益人包括其他政府机构和私立机构的申请人。

(三)增加当前留学生的助学金

除了向国外派遣新学者外,政府还对目前在国外学习的学者给予应有的关注。在这之前有1 200多名学生被派往国外,但由于预算限制,他们的工资和津贴相对较低。他们大多数人经济困难,特别是那些在工业化国家学习的人。因此,库尔德斯坦地区政府向留学者提供了2 300万美元的工资。

在西方国家留学的学生除了工资外,每月还可获得1 500美元。至于在东方和发展中国家学习的学生,除工资外,他们每月还可获得900美元。

(四)将人力资源开发项目以外的学者派往国外

库尔德斯坦地区向国外派遣学者的预算能力仍然有限,因此必须优先考虑将最优秀的年轻人才派往国外。但是,这并不意味着出国留学的机会仅属于这类人。库尔德斯坦地区政府需要更多的合格人才,幸运的是,一些热衷寻求知识的人虽一直有出国留学的梦想,却在年轻时错过了出国留学的机会。

今年年初,高等教育部决定,任何未达到人力资源开发项目要求的知识寻求者都将有机会在国外认证的大学完成学业。作为合作和鼓励的象征,高等教育部准备为在本科学习中获得超过60%分数的学生提供全额工资,以及为低于40岁的硕士研究生和低于45岁的博士研究生提供全额工资。当他们回国时,这些学生将享有同其他学者相同的权利。

那些成绩不到60%分数或年龄超过45岁的学生也将有机会到国外学习,但高等教育部不为其提供工资。

显然,无论其社会背景如何,高等教育部采取的措施将为更多的学生提供更多的机会。

(五) 建立现代化的大学评估与认证体系

大学的评估和认证体系是确保教育和培训质量以及保障公立和私立大学信誉的基础。这是国家为人民谋求繁荣未来的唯一保证。

迄今为止,伊拉克尚未建立可靠的高等教育机构评估与认证。这给库尔德斯坦地区带来了许多问题,特别是在公立和私立高等教育机构快速发展的阶段,在没有明确和透明的许可、认证或质量保证计划的情况下,开设了许多私立大学。在本地区开设的许多大学在教育部并未注册登记。其中一些大学抓住机会快速发展并在不保证质量的情况下牟取利润。如果不加以控制,这种混乱将导致公众对私立大学的教育失去信心,政府与私人投资者之间的距离也会越来越大,这将使年轻学生的未来面临巨大风险。以下是本地区面临的一些问题的具体例子:

1. 许多专业相继建立,并开始在私立大学颁发学位,而该地区并不需要这些专业,这将使失业问题进一步恶化。这些院系的毕业生可能会因此面临失业。

2. 一些大学招收了大量学生而没有提供必要的教师资源,从而导致了教育水平的下降。例如,在2009—2010学年,有13 000名学生在私立大学的不同年级学习,其中7 000名学生(54%)学习法律。这是公立大学学生人数的两倍,而公立大学的教师数量是私立大学的几倍。有趣的是,其他几所新的或现有的私立大学也要求以同样的方式设立新的法律系。

3. 私立大学没有机构对其进行学费监管,也没有处理剥削投诉的仲裁机构。

4. 在私立大学任命教授和工作人员的流程可能并不是完成公平的,在某些情况下,甚至是违反既定规则和条例的,这导致了许多问题。

5. 许多私立大学没有教学质量保证计划或政策,也没有为其员工不断进行学术创新创造机会,而且它们的课程并未定期更新。因此,大多数私立大学目前面临的问题与20世纪90年代公立大学面临的问题相同,但更糟糕的是,其中一些大学的毕业率目前接近100%。

为了解决这些问题,高等教育部已经批准建立一个透明的评估、许可和认证流程。该部成立了一个高级评估委员会,并从私立大学收集了详细信息,进行了整理和分析。所有工作人员的履历都经过评估,确认能够胜任对应的工作。大学的基础设施、资本设

备和资产已经过评估。从现在开始,该部将对所有大学的评估、许可和认证进行定期跟进。此流程包含以下步骤:

1. 建立大学的许可

在这一阶段,投资者应向高等教育部提交包含了有关拟议项目的关键信息的文件。高级评估委员会审查文件并提供反馈。如果新的大学计划符合库尔德斯坦地区政府的需求,并且该计划能够保证其学术信誉和财务安全,高等教育部将向内阁提出许可方案。当内阁批准该计划后,它将授予投资者建立大学的有条件的许可。

2. 开展研究的许可

在投资者向项目提供基础设施和教师后,高级评估委员会将访问项目网站,收集信息并向高等教育部提供全面的评估。经过认真考虑,在符合所有条件后,高等教育部授予新大学开展研究的许可。该大学在等待认证的时候,只能招收低于其容量的学生。

3. 资格认证

大学教育计划开始一年后(并且此后每年),高级评估委员会将重新评估大学的教育标准及其使命的遵守情况。评估的结果有以下几种:

(1)无条件的认证;

(2)有条件的认证;

(3)未获得认证及许可的撤销。

如果是有条件的认证,大学必须补救所指出的不足并在重新评估其状态以及获得无条件的认证之前满足先决条件。如果大学未获得认证,则不允许接收学生,最终将被关闭。

4. 投资的许可

目前,一些新的私立大学已经获得了各种激励措施,包括土地和税收减免。未来,高等教育部关于投资的许可方面的建议如下:

(1)每位高等教育投资者在申请加入投资委员会之前必须提交完整的方案并遵循既定程序;

(2)在获得建立大学的许可后,投资者必须提供地点、基础设施和所需的工作人员来开展教育项目;

(3)获得许可后,投资者可以开始招收学生。在第一批学生毕业后(经过连续四年的运营),投资者将收到教育部下发给投资委员会的支持信,支持信将进一步为投资者提供便利;

(4)建立新的大学和学院取决于专业领域、库尔德斯坦地区政府战略、本地区的需求和大学的地理位置;

(5)申请评估、许可和认证的大学需支付所有管理费用。

认证流程并未在授予许可或认证时结束,它始终存在。大学需提供年度学术和行政数据,以确保能够满足标准。重要的是,在不久的将来,国家资助的大学将从高等教育部获得独立管理的权力,同样的过程也将适用于本地区的所有大学。

八、改变教育机构的管理结构

在高等教育部成立之前,由高等教育委员会负责管理高等教育机构。中央政府机构不能制定战略、制订计划、发布指令或审计行政和财务事务,也不能负责实施质量保证体系和认证程序。

高等教育部最初在苏莱曼尼亚成立,2006年库尔德斯坦地区政府在埃尔比勒建立了一个新的高等教育部,该部以巴格达的对应部门为蓝本建立。自成立以来,该部一直致力于填补高等教育系统的空白,并在管理和发展高等教育机构方面发挥了重要作用。

伊拉克以往的高等教育部门是遵循中东等级结构的,管理、学术和财务决策集中在金字塔顶端。高等教育部门依靠政府提供全额资金维持运营,几乎没有激励、创收、竞争措施。此外,所有决策都是集中制定的,几乎没有中级或低级行政或学术人员的参与。决策很少基于质量、创新、卓越,甚至很少以明确规划的战略和中央计划为基础。

从今年开始,库尔德斯坦地区开始打破"旧伊拉克"及其封闭的市场运作体系中遗留的枷锁,走向外国投资和就业市场日益发展的开放的现代化世界。然而,从"旧伊拉克"过渡并不容易或顺利。在实施激进式改革之前,需要认真考虑管理制度、文化、法律、法规和筹资制度。

(一)技术教育体系的重组

库尔德斯坦地区的技术教育正在快速演变和发展。根据记录的文献,技术教育学院在本地区的许多城镇都普遍存在。技术教育一直在为本地区的就业市场提供专业人员。然而,这些机构长期存在管理和学术上的缺陷,它们的分支机构范围太广,需要通过埃尔比勒和苏莱曼尼亚的高度集权的行政总部进行管理。

尽管技术教育很重要,但传统的学生和员工更喜欢在大学学习或工作,他们对技术教育的热情并不高。因此,只有不具竞争力的学生和不情愿的员工最终进入技术教育机构。现在,这反映在技术研究所不断降低的教育标准上。

为解决这一长期问题,高等教育部对该系统进行了审查,提出了许多方案,并对员工和专家进行了深入调研。最后的结果是将现有的两所技术教育学院改为三所理工大学。它们的专业部门和课程将进行彻底的重组。

目前,技术教育学院可分为两种类型。大多数人在经过两年的学习后获得文凭,少数人在技术教育学院经过四年的学习后获得理学学士/文学学士学位。学习过程完全基于技术教育的基础设施、教师和可用资源。

我们已决定对技术教育学院的人力和基础设施进行投资,并将其标准提高到同其他大学相同的水平。每个技术教育学院都将颁发文凭和学士学位。所有学生最开始将学习两年并获得文凭,而最优秀的前四分之一的学生将继续学习两年并获得学士学位。在第二和第四年的学习中,所有学生将在公立和私立机构接受为期六个月的培训,以获得社会和最新技术的实践经验。这种外部技术经验将减少学生对大学内部能力的依赖,提高他们对市场及技术的认识,并通过吸引潜在雇主作为该流程的共享者来增加他们的就业机会。这种技术教育改革和技术大学的建立将吸引最具竞争力的学生,他们会发现理工大学同传统大学相比能提供更多好处,包括更好的就业前景、研究生教育的平等机会(甚至博士学位)和进一步的发展以在将来成为学者。

在管理结构方面,理工大学将成为具有自治机构的独立实体,包括参议院和董事会。倘若如此,他们对高等教育部的依赖将变得微乎其微。库尔德斯坦地区政府内阁已经批准了这项改革,并将为其颁布一项特别法令。

(二)高校管理结构改革

大学的基础学术单位由专业院系组成,院系合并形成了学院。理论上,专业院系的建立应该基于整体的大学计划,它们之间具有互补性。然而,在实践中,院系在单一学院中是独一无二的,而在整个大学中则不然。学院之间的协作很少,它们独立发展并分化。这些导致了许多问题,其中两个关键的显著问题如下:

1. 院系重复,导致资源浪费

例如,在以前的伊拉克政权下,成立了教育学院来培训高中教师。开设了一些新的院系,这些院系实际上与艺术或科学学院的院系重复。虽然这些重复院系的课程略有不同,但不足以构成单独的院系,有趣的是,这些大学的毕业生最终都会成为教师。

经过18年的解放斗争,诸多大学在库尔德斯坦地区落成。它们遵循古老的伊拉克风格,目前它们至少拥有一个教育和科学院系。例如,苏莱曼尼亚大学和萨拉哈丁大学各有四个库尔德语系、四个英语系和五个阿拉伯语系。物理、化学、数学和生物学等院系也在各大学的教育和科学学院中重复出现。

毫无疑问,各种教育类型的存在是有用的,它为进入不同行业的毕业生提供服务,但是,这些教育类型可以由同一个院系提供,从而节约人力和财务资源,例如:

(1)在每个重复的学院,都有一名院长、一名副院长、一名秘书和其他员工,所有人都需要支付工资、津贴。他们还占用于办公室,拥有私家车,并需要费用用于办公室和设备的维护和翻新。

(2)这同样适用于重复的系,每个系都有一名主任、一名副主任和其他工作人员。除了工资和津贴外,他们都需要办公室和设备。

(3)教师和教工的分配也不是均衡的。一些院系人员短缺,而另一些院系则需要裁员。这些员工合作的方式取决于主观因素,例如管理层和员工本身的信誉。

2. 教学与研究的分离

随着时间的推移,大学及其附属研究中心的管理和组织结构的演变导致了教学和研究几乎完全分离,这清楚地反映在两者的低质量产出中。

学术界的成功只有当学者能够在平等的教学和研究环境中工作时才能实现。在伊拉克的大学里面,大多数学者都忙于教学,很少有机会参与或被鼓励进行研究。在研究中心工作的少数热爱研究的科学家对教学贡献很少。这剥夺了大学在领导科学调研、促进政策实施以及通过创新和投入知识以支持私立和公立部门方面的重要作用。

基于学院和院系目前的配置方式，创建一个活跃的教学和研究环境并非易事。它需要重组当前的管理金字塔，然后才能在每个学者的生活中合并这两者。

2009年12月，库尔德斯坦地区政府采用了新的高等教育长期战略，为该系统的改革制定了发展蓝图。高等教育部审查了现行制度，并为大学提出了一种新的教学和研究一体化的行政结构。

(1) 合并重复的学术部门。在新制度下，学术部门的学位授予将得到保留。但是，各个大学内的类似或相同的院系将在人力、财力和其他资源方面进行合并或整合。这不应以减少学生数量或减少教育模式的多样性为代价。相反，院系应向更多的学生提供更多模式的教学。

(2) 加入互补的院系。在合并重复的院系之后，可以将相似或互补的其他院系联合起来。例如，库尔德语、阿拉伯语、波斯语、土耳其语、法语和英语院系可以合并成一个学校，如"语言大学"。

(3) 将学术部门与研究中心结合起来。在这个时代，只有多学科的合作研究才有可能具有国际竞争力，并带来突破性的创新。这需要大量科学家一起工作并与卓越的国际同行合作。此外，国际知名大学是那些擅长将教学融入研究的大学。每个学者的任务都是积极参与研究，并通过教学有效地传播他/她的学术成果。显然，并非每名教师都可以从事全日制研究，但是，他们每个人都能在他们的大学中找到充满活力的研究环境，在那里他们可以与正在进行研究的学者交流并从中受益。每个学者都应该有机会与学生进行沟通和分享。

(4) 重组高校结构。为了在学术机构内整合教学和研究，现有大学的管理结构将发生根本性的变化。上述合并的院系和学校将与研究中心整合，并在更大、更有活力的"学院"内进行共同管理。每所大学将分为几个以学科为导向、半独立和经济权力下放的学院。大学领导者可以灵活地以更具创造性的方式合并各个院系。

考虑到本地区大学的多样性，决定从即将到来的学年(2010—2011学年)开始在新的或较小的大学中实施新的学院系统。其中包括了杜胡克大学、科亚大学、索兰大学、加米安大学、哈拉布贾大学、拉帕林大学和扎霍大学。今年，苏莱曼尼亚大学和萨拉哈丁大学需要为下一学年(2011—2012学年)的工作做准备。

(三) 库尔德斯坦地区大学的未来

目前，伊拉克的所有公立大学都由库尔德斯坦地区政府全额资助和管理。因此，大学已经成为政府机构的一个组成部分，几乎没有机会独立管理其财务、行政和学术事务。只要公立大学仍由政府通过高等教育部进行管理，它们就不会在创造收入、注重质量或追求卓越方面受到任何压力。因此，目前大学管理结构改革的最终目标是帮助它们获得全部财务、行政和学术事务独立性，与发达国家的世界顶尖大学保持一致。

结构的关键变化包括：

1.设立董事会。目前由教育部执行的监督管理，包括任命工作人员，制订教育计划，批准研究项目和建立教育基础设施。

2.财务独立。未来，政府将为大学分配有限的预算，大学也将通过推广它们的教育和培训课程，吸引工业和其他研究基金来增加收入。

3.成立委员会，支持大学的学术进程。委员会将由各个层面的教职员代表、行政人员代表和学生代表组成。这将确保大学的学术成员和其他成员为日常学术事务做出贡献，并监督关键岗位人员的表现。

九、行政改革

高等教育机构遍布整个库尔德斯坦地区。由于高度集权的管理系统和电子通信系统的缺乏，这些机构的工作人员需要亲自致电高等教育部进行所有正式通信，或前往首府埃尔比勒，以解决从官员会面到获取信息或填写申请表等各种问题。

这种代价高昂的管理互动使现有的官僚机构进一步复杂化，并对人们的工作和社会生活造成无休止的破坏。高等教育部采取了一系列措施，比如利用电子通信手段，尽量减少工作人员和学生亲自致电高等教育部的需要。此外，高等教育部董事会还进行了一系列额外的工作改进，以引入旨在保护工作人员和学生权利（比如健康和安全权利）的新职能。

（一）高等教育部接待制度的改变

之前高等教育部设计接待处旨在协助安保团队并为访客提供指导。现在，访客将受到代表各个局的训练有素的工作人员（专家）的接待。他们会向访客提供信息、建议和帮助。

现在，建立了一个反馈机制，以帮助改善所提供的服务。得到的建议和投诉定期由授权委员会审查并采取行动。

（二）建立高等教育部网站

高等教育部的网站于2010年1月启动。它有三种语言版本：库尔德语、阿拉伯语和英语。通过该网站，访客可以浏览信息、公告、新闻、说明和申请表。

该网站仍处于早期阶段，但每月的访问量已超过一万人次，特别是在人力资源开发和学生应用页面推出之后。这有助于将学生和工作人员的到访次数从2009年11月的数千人减少到2010年的数百人。

（三）使用电子通信技术

2009年11月，部长办公室收到了来自各个联系人的共38封电子邮件。2010年3月，这一数字达到了2 463封，而2010年10月收到了12 000多封电子邮件。在该部的其他地方，没有使用电子通信技术进行官方通信。

截至2010年1月，高等教育部的每位员工都获得了官方电子邮件地址和一些培训机会。如今,电子邮件的使用是该部与各高等教育机构之间通信和信息交流的主要渠道,并且已经带来了不可计量的成本节约。

十、保护人权和实现社会公正

(一)改革招聘制度

截至 2010 年 1 月,高等教育部内的所有任命都是通过现代和透明的竞争机制进行的。该部发布了特别指导方针,鼓励所有高等教育机构尽可能公平地宣传这些职位,公布相关的职务说明,组建任命小组并进行面试。所有的面试都会被记录并保存下来以供审核和审查。

(二)建立健康与安全委员会

确保高等教育机构工作人员的健康和安全是高等教育部的首要任务。2009 年 12 月,该部首次成立了健康和安全局,并在每所大学、学院和院系组建了广泛的健康和安全委员会网络,最终目标是使员工和学生的工作环境更健康、更安全。该部已颁布和实施了许多指导方针,这些指导方针改变了办公室和实验室的生活和行为。

伊 朗

伊朗伊斯兰共和国,简称伊朗,首都德黑兰。伊朗位于亚洲西南部,同土库曼斯坦、阿塞拜疆、亚美尼亚、土耳其、伊拉克、巴基斯坦和阿富汗相邻,南濒波斯湾和阿曼湾,北隔里海与俄罗斯和哈萨克斯坦相望,素有"欧亚陆桥"和"东西方空中走廊"之称。国土面积164.8万平方千米,海岸线长2 700千米。

伊朗人口约8 165万。其中波斯人占66%,阿塞拜疆人占25%,库尔德人占5%,其余为阿拉伯人、土库曼人等少数民族。官方语言为波斯语。伊斯兰教为国教,98.8%的居民信奉伊斯兰教,其中91%为什叶派,7.8%为逊尼派。

伊朗的石油、天然气和煤炭蕴藏丰富。截至2019年底,已探明石油储量1 580亿桶,居世界第四位;已探明天然气储量33.9万亿立方米,居世界第二位。伊朗的工业以石油开采业为主,石油产业是伊朗的经济支柱和外汇收入的主要来源之一,石油收入占伊朗外汇总收入的一半以上。

伊朗农耕资源丰富,全国可耕地面积超过5 200万公顷,占其国土面积的30%以上,农业人口占总人口的43%,农业机械化程度较低。近年来,伊朗政府高度重视、大力发展农业,目前粮食生产已实现90%自给自足。

伊朗是政教合一的国家,实行总统内阁制。总统是国家元首,也是政府首脑,可授权第一副总统掌管内阁日常工作,并有权任命数名副总统,协助主管其他专门事务。伊斯兰议会是伊朗的最高国家立法机构,实行一院制。议会通过的法律须经宪法监护委员会批准方可生效。

伊朗实行中、小学免费教育。伊朗重视高等教育,并于1989年制订高等教育5年发展计划,通过提供贷款和给予物质、政策支持等措施鼓励民办高等教育。6岁以上受教育人口占全国人口的82.5%。目前全国共有高等院校2 515所,大学生近440万人。德黑兰大学是伊朗著名的高等学府。

注:以上资料数据参考依据为中国外交部官方网站伊朗国家概况(2020年5月更新)。

伊朗全民教育报告
（2015年）

一、介绍

（一）伊朗的地理和人口

1. 伊朗的地理

伊朗伊斯兰共和国（以下简称伊朗）面积约164.8万平方千米，位于北半球温带地区的南部，其位置在北纬25°与29°47″之间，以及东经44°2″与63°20″之间。伊朗位于北半球，在亚洲的西南部，属于中东地区，北面与土库曼斯坦、阿塞拜疆、亚美尼亚和里海毗邻，东邻阿富汗和巴基斯坦，西接土耳其和伊拉克，南濒波斯湾和阿曼湾。全国共有31个省、400个市、1 041个郡、1 224个镇和2 566个乡。

2. 伊朗的人口

1996年，伊朗的人口约为6 000万，15年后在2011年增至7 500万，平均每年增长100万，1996—2006年的平均年增长率为1.6%，2006—2011年的平均年增长率降至1.3%。据估计，2012年人口增加到大约7 600万，其中有71.8%和28.2%的人分别居住在城市和农村地区。人口年龄平均值为27岁，23.4%的人口年龄为0～14岁，70.8%的人口年龄为15～64岁，其余5.7%的人口年龄为65岁及以上，青年（15～29岁）占总人口的31.5%，即近三分之一的人口由年轻一代组成。

（二）伊朗的经济分析

伊朗完成了第三个和第四个国家发展计划（2000—2010年），并正在实施第五个国家发展计划（2010—2015年）。伊朗的经济变化已经在某些经济变量和指标的框架内得到说明，如国内生产总值、经济增长量、人均国内生产总值、国家总预算及其在国内生产总值中所占的份额等。

1. 国内生产总值

伊朗的国内生产总值从2000年（第三个国家发展计划的第一年）的6 746 930亿里亚尔增长到2004年的13 848 190亿里亚尔；这一时期的平均年增长率约为5.5%。国内生产总值的增长态势一直持续到最近几年，2006年为20 384 320亿里亚尔，2012年达到67 570 900亿里亚尔，2006年和2012年的经济增长率分别为6.4%和5.8%。2000年人均国内生产总值为1 096美元，2004年人均国内生产总值为2 324美元，2011年人均国内生产总值升至6 869美元。

2. 国家总预算

国家总预算作为最全面的年度财政计划，是直接或间接影响经济绩效的金融工具和政策之一。政府通过提供教育、卫生和医疗、社会保障和研究等一般商品和服务，对经济增长产生直接影响。2000—2012年，国家总预算增长了近九倍，经常性支出占国家总预算的比例从2000年的68.8%增加到2012年的83.6%，而国家总预算在国内生产总值中所占的比例从2000年的21.7%下降到2012年的15.7%。

3. 教育费用

政府预算中的教育拨款（适用于所有教育系统）从2000年的26 930亿里亚尔增加到2011年的1 754 960亿里亚尔。政府预算中，2000年教育占国内生产总值的比例为4.6%，2011年降至2.9%，此外，教育支出在国家总预算中的比例从2000年的21.1%降至2011年的15.0%。

同时，政府教育支出费用中的基础教育和普通教育费用所占比例也发生了一定的变化。随着全民教育方案的启动，2000年政府教育开支的占比为75.0%，教育开支占国内生产总值的比例为3.5%，而在2011年，大约68.2%的教育支出专门用于教育部的开支，占国内生产总值的比例降至2.0%。尽管如此，2000年高等教育支出相当于政府教育支出的19.7%，2011年为27.2%，约占同期国内生产总值的0.8%。

（三）教育部发展政策概况及其与全民教育的联系

如上文所述，伊朗幅员辽阔，文化和族裔多样化，人口分布较为分散，具有特定的社会经济特征。因此，国家发展计划纳入了各种政策，以实施相应的教育方案。在本报告所述期间（2000—2014年），伊朗实施了三个发展计划，并采取了基于总体成果的发展方法。换言之，这些计划试图通过影响教育部的内部和外部环境，逐步促进伊朗整体环境的改善和教育环境的优化。

根据在不同地区进行的研究和需求分析的结果，教育部确定了面临的主要挑战，为了应对这些挑战，教育部制订了对应的发展计划和执行政策。表6-1概述了本报告所述期间教育部的总体发展政策。

如表6-1所示，教育部在对教育投入和进程方面的干预，与发展计划内每个时期的具体情况相一致，其目的是制定一系列政策促进教育的发展和改进。同时，教育部的发展政策也与全民教育的目标相符。考虑到教育部的执行能力和潜力，发展政策和全民教育之间的协调是根据阶段间隔进行的。

（四）教育部的主要挑战

在过去的三十年中，伊朗的教育制度经历了巨大的挑战，全国各地都面临着相当大的教育需求，教育部成功地提供了一个可接受的教育指标。换言之，可以得出结论，伊朗的教育体系在数量上取得了积极的增长。尽管在此背景下吸取了宝贵的经验教训，但仍然面临一系列的挑战，主要包括：

表 6-1 教育部门发展的总体政策

总体政策	第三个发展计划 (2000—2004 年)	第四个发展计划 (2005—2009 年)	第五个发展计划 (2010—2014 年)
投入	区域发展和消除差距; 制定吸引人才和促进人力资源发展的政策,特别是完善教师的考核标准; 规范教育空间; 支持不同地区学校的发展和建设; 除教育部门的国家预算外,调动新的财政资源	区域发展和消除差距; 学校的革新、复原和标准化; 通过立法,在欠发达地区招聘和保护教师; 扩建寄宿学校; 开发远程学习和多媒体学习; 增加教育和体育空间; 扩大开展学前教育的范围,特别是在农村和双语地区	发展中等职业技术教育; 发展人文学科中的中等教育; 根据社会需要调整中等教育的专业; 对中学生进行至少一项技能的教学; 实施教育方案,以促进学生的身心健康; 开发学生咨询系统; 增加人均教育空间,通过不同的程序优化财力、人力和物力的应用; 加强地方方言和本土文献在学校的使用; 通过全纳教育发展有特殊需要的学生的教育
进程	消除导致学校建设失败的因素; 增加社会激励措施,鼓励社会力量参与教育; 放松管制,在教育系统中增加必要的灵活性; 提升教师的社会和职业地位; 根据特定的地理和生态条件调整学校日历	支持实施全民教育; 将义务教育期限延长至初中结束; 促进学校的财务、管理和行政独立性; 改革旨在提高数学、科学和英语课程质量的教育方案; 提高教师的职业晋升极性; 开发一个评估教师资格和排名的系统; 开展一项战略扫盲运动,以消除 30 岁以下人口中的文盲现象; 利用信息技术和通信技术,发展和实施教学工作	改革教育和课程计划; 根据学生的兴趣和特点提供教育指导; 改革教育发展评估体系; 建立教育质量保证体系; 评估和提升教师的职业资质; 在所有教育过程中利用信息通信技术实现教育公平; 与高等教育系统、非正式职业技术体系以及其他国家和国际组织开展合作; 确保按照性别和地区获得公平的教育机会

(1)执行程序由政府管理,很少使用非政府资源,但公共资源有限;课程单一,现有课程很少涉及多元文化;教学方法单一地以教师、教科书为基础。

(2)随着技术变革,特别是信息和通信技术的发展,应调整教育进程以适应技术变革的步伐,但目前行动十分缓慢;教师对工作存在不满情绪;教师管理、行政管理和教育过程的质量低下;在发展教育系统方面缺乏有效和高效的部门间合作。

为了应对国家教育活动所面临的挑战,教育部对规划和发展方向进行了某些修订,最重要的修订方向是起草"基本教育改革计划",这是教育部提高教育质量的基本框架,这份文件将作为未来教育发展政策的基石。为此,教育部正在实施的最广泛和最重要的国家级决策应建立在改革和提高教育系统所有领域的质量上,包括参与教育、获得教育机会、内部效率提升、外部效能提升、校本管理、人力资源管理和财政资源管理。

(五)全民教育和伊朗的承诺

为了履行在 2000 年达喀尔首脑会议上就全民教育全球战略做出的承诺,在教育部的主持下伊朗政府设立了实施全民教育的总部,其秘书长为主管普通教育的副部长。2002 年初,国家总预算为全民教育划拨了一笔资金,以便与管理和规划部合作,加快实施全民教育;并成立了全民教育工作组,由当时的教育部部长担任主席,有关部委和机构的代表出席了会议,以商讨全民教育的政策与法规,并确定其执行结构。随后,伊朗政府于 2004 年起草并批准了《伊朗伊斯兰共和国全民教育国家文件》,并将实施全民教育目标和战略作为优先事项,将其纳入第四个和第五个国家发展计划。自 2000 年以来,教育部通过关注弱势地区和社会弱势群体,与有关组织和机构开展合作,在学前教育、基础教育、中等教育、成人识字教育等方面实现了全民教育的目标。

伊朗对全民教育的重视表明了国家领导和规划当局对全民教育的关注。

二、伊朗全民教育目标的成就

本报告概述了 2000—2014 年伊朗在全民教育方面取得的进展和成就,还详细阐述了每个目标取得的进展和面对的挑战。

(一)学前教育

1. 目标的定义

学前教育是早期幼儿教育中的一部分。早期幼儿教育主要是保证儿童的身体、认知、情感等方面的生存、健康和成长。在伊朗,早期幼儿教育包括婚前教育、怀孕前教育和怀孕期间教育,以及 8 岁以下的儿童的健康和教育。

学前教育从 4 岁开始,一直持续到小学入学年龄。福利部会监督 4 岁以下儿童的日托工作。根据对 5 岁儿童在学前教育中心接受学前教育情况的调查,5 岁儿童的入园比例从 2003 年的 23.7% 上升到 2014 年的 60%。

值得注意的是,与城市儿童接受学前教育的比例相比,应提高学前教育所覆盖的农村儿童的比例。学前教育不是强制性的,因此并非所有的儿童都会接受学前教育。

2. 设定的目标

全民教育将 5 岁儿童确定为学前教育的目标群体。这些儿童将通过教育部与相关组织、非政府部门的合作得到教育保障。一旦所有 5 岁儿童都得到学前教育的教育保障,将采取措施覆盖 4 岁的儿童。文件强调面向所有儿童普及与伊朗现有设施和资源相称的学前教育。

2000—2014 年的关键目标如下:

(1)将 5 岁以下儿童的学前教育入学率从 2000 年的 46% 提高到 2014 年的 90%;

(2)将农村地区 5 岁儿童接受学前教育的覆盖率从 2003 年的 24.4% 提高到 2014 年的 85%;

(3)将非政府教育部门从事学前教育的比例从 2003 年的 18.9% 扩大到 2014 年的 30.4%;

(4)将拥有学前教育专业资质的教师比例从 2003 年的 45% 提高到 2014 年的 95% 左右;并将接受学前教育的女孩比例从 2003 年的 48.5% 提高到 2014 年的 48.9%。

政策包括：

(1)通过利用空置的教育空间、组建家庭式班级、建立流动中心以及实施其他灵活手段,扩大教育空间中的学前教育;

(2)鼓励非政府部门和非政府组织参与学前教育;

(3)通过为教师提供保障,提高教师的工作满意度;

(4)以非集中的方式起草教育内容,且教育内容应与儿童所需的基本技能相适应。

3.取得的进展

为了了解2000—2014年取得的进展,确定了以下评估指标:男孩、女孩的毛入学率,参加教育部组织的早期幼儿教育方案的小学一年级新生的百分比,学生教师比,非政府部门在学前教育中所占的比例,儿童保健计划等。

(1)男孩、女孩的毛入学率

教育部和其他机构在2000—2014年开展的学前教育毛入学率调查显示,学前教育毛入学率从2000年的29.3%上升到2006年的70.0%,然而在2013年出现了下降趋势,降至55.0%。造成这一下降的因素是教育部下属的政府中心没有开办这门课程。2000年农村地区的毛入学率为9.8%,到2006年增长了4倍多,达到52.8%。2013年,5岁农村儿童的毛入学率为49.6%。

性别平等指数(GPI)保持不变(约为1.1),女孩的毛入学率一直高于男孩(2013年除外)。显然,现状与全民教育目标之间存在明显差距,因为到2014年,全民教育计划为5岁儿童设定的毛入学率目标为90%。5岁农村儿童毛入学率的目标(85%)与实际情况(51%)之间也存在着相当大的差距。因此,政府决定支持学前教育中心,消除负面影响。此外,2000年制定的全民教育政策并没有得到认真的贯彻。

(2)参加教育部组织的早期幼儿教育方案的小学一年级新生的百分比

在2000年,只有18.4%的小学一年级新生参加了教育部组织的早期幼儿教育项目,这一指标在2006年上升到43.5%,然而之后呈现下降趋势,并在2013年下降到31.0%。在农村地区,同样的指标在2000年约为3.5%,在2006年上升到34.3%,然后在2013年下降到19.6%。女孩接受早期幼儿教育的比例再次高于男孩,因为女孩总是更倾向于被学前教育中心吸收,家庭也支持这个做法。

的确,在实施全民教育的第一年,关于这个指标没有设定明确的目标。然而,学前教育的净入学率越高,参与过某种形式的早期幼儿教育课程的小学一年级的新生的比例就越高。预计这一数字应该高达80%。然而,事实上实际数字远低于上述预期。

(3)学生教师比

全民教育中学生教师比的目标是从2001年的25.0∶1降至2014年的23.5∶1,2014年实际的学生教师比为21.0∶1,完成了全民教育的目标。

(4)非政府部门在学前教育中所占的比例

学前教育机构在教育部和福利部的支持下运作。2006年,大约35%的学前教育机构是非政府部门,这个数字在 2013 年上升到 100%。近年来,随着学前教育办学主体转至非政府部门,入学人数减少,毛入学率下降幅度在 10% 左右。毛入学率下降幅度最大的是农村地区。在 2006 年,大多数学前教育机构是政府部门,而在 2013 年所有这些机构都是非政府部门,这对农村儿童的毛入学率的影响很大。

(5) 儿童保健计划

伊朗现有的儿童保健计划是由卫生和医学教育部在初级保健网络的框架内,与产妇保健方案一起提供的,主要包括儿童疾病的综合护理、儿童康复以及卫生网络中的其他保健举措。

这方面最重要的进展包括:2011 年,农村日托中心每天接受热餐的儿童约为 165 000 人;6 个月以下儿童的母乳喂养率为 53%,12~15 个月儿童的母乳喂养率为 84.2%,20~23 个月儿童的母乳喂养率为 51%;全国 83% 的医院都是儿童友好型医院;1~5 岁儿童的死亡率已降至每 1 000 名儿童中死亡 17.6 人;8 岁以下儿童能够获得标准化的儿童健康服务。

4. 面对的挑战

尽管采取了措施,但实现目标的过程中仍面对很多的挑战:机构内部和机构之间在提供学前教育服务方面的协调不足;农村地区和贫困地区的儿童获得学前教育的机会不均等;在发展和扩大学前教育方面缺乏具体和可持续的政策;学前教师缺乏工作保障和适当的保险计划;在学前教育和早期幼儿教育方面的投入不足。

(二) 基础教育

1. 目标的定义

全民教育的第二个目标是确保所有儿童,特别是生活困难的女童和少数民族儿童能普遍获得强制性的、高质量的基础教育。伊朗的基础教育包括小学和初中。小学的学制为五年,直至 2011 年、2012 年增至六年。小学入学年龄是 6 岁。根据《伊朗伊斯兰共和国宪法》第三十条和其他法律的规定,小学教育是义务和免费的。在 2011 年之前,11~13 岁的学生接受初中教育。2011 年开始小学增加一年,所以 2011 年之后,12~14 岁的学生接受初中教育,这在教育部第四个发展计划(2005—2009 年)中宣布为强制性要求。

2. 设定的目标

2000—2014 年小学和初中教育的学生数量增加进程有些缓慢,教育部将采取措施提高基础教育的覆盖率和净入学率。具体包括:将初中的净入学率从 2001 年的 76.0% 提高到 2014 年的 85.0%;将初中的毛入学率从 2002 年的 105.1% 降至 2014 年的 104.8%;将小学至初中的过渡率从 2002 年的 95.2% 提高到 2014 年的 98.2%;将初中教育的学生教师比从 2002 年的 25.1∶1 降低到 2014 年的 16.4∶1。

全民教育中关于基础教育的政策包括:巩固跨部门合作,保护农村地区和贫困地区的低收入家庭儿童的教育;向学龄儿童,特别是女童,提供多样化的教育手段,以照顾学生的情况;设计适当的机制,提高公众和非政府组织的参与度;注重在课程内容的框架内进行生活技能培训;审查和修订教师的招聘、培训和继续教育制度;在初中建立咨询和指导制度;加强远程、媒体和函授教育,特别是对初中学生的教育。

3. 取得的进展

(1)小学教育

为了阐明2000—2014年在小学教育方面取得的进展,确定了以下评估指标:小学一年级的净入学率和毛入学率,小学净入学率,小学毛入学率,小学一至五年级的保留率,具有学士学位的合格小学教师比例,学生教师比。

①小学一年级的净入学率和毛入学率

2000年小学一年级的净入学率为92.8%,2013年提高到97.9%;同期的毛入学率从119.2%降至104.5%。值得注意的是,小学一年级的最大入学年龄在城市和农村地区分别为9岁和11岁。随着净入学率的上升,毛入学率显著下降。在农村地区和偏远地区,儿童入学时间总是被推迟。2013年,小学一年级的净入学率与全民教育设定的目标(99.4%)相差1.5%。

②小学净入学率

2000—2014年,小学净入学率从95.9%上升到98.6%。然而,在农村地区,男孩和女孩在接受小学教育方面并不普遍享有平等的权利,存在2.0%的有利于男孩的差距。2013年,小学净入学率与全民教育目标的差距为1.5%。

③小学毛入学率

2000—2014年,小学毛入学率从108.7%降至102.1%。这一下降表明,政府采取了更有效的措施来吸收特定年龄组的学生,并且学龄儿童及时入读小学一年级。此外,在此期间,农村地区的这一比例已从126.1%降至102.3%。以前农村地区的毛入学率极高,表明这一年龄组中有很大一部分人延迟入学。导致这一指标较高的另一个原因是小学留级率随着评估系统的改变而下降,从而提高了入学成功率并且实现了自动升至更高年级的制度化。

④小学一至五年级的保留率

连续五年,女孩在小学一至五年级的保留率高于男孩。学生的总保留率从2000年的88.8%上升到2013年的94.6%,其中女孩和男孩的保留率分别从89.2%和88.4%上升到94.7%和94.5%。全民教育的目标几乎实现。

⑤具有学士学位的合格小学教师比例

2000年小学教师的任职资格是至少具有两年制的副学士学位;2011年小学教师的最低任职资格改为学士学位。根据这一新标准,2000年43.7%的教师合格,其中37.0%的女教师合格,51.7%的男教师合格;在农村地区,这一数字为47.8%,但是波动不定。2013年,具有学士学位的合格教师占教师总数的41.8%,农村教师中具有这一学位的占42.1%。

⑥学生教师比

小学的学生教师比从2000年的25.2∶1下降到2006年的21.8∶1,并在小学增加一年以后(从五到六年)再次上升到25.2∶1。

总体结论是,所取得的进展与全民教育的目标仍存在差距,全民教育目标中小学教育方面的目标尚未完全实现。小学教育仍然缺乏合格的教师,这一点在进行的学习质量评估结果中得到了明显的体现。此外,虽然一至五年级的保留率有所提高,但仍有6%的学生没有按时入读五年级。一部分学生辍学,从而增加了文盲人数。这些学生中的一些人已经离开了教育系统,进入劳动力市场。

在此期间采取的重要措施包括:将教师培养制度化;为留级生和辍学生开设补习班;改革和修订教育评价手段;扩大补充方案并使之多样化;扩大游牧地区和农村地区的小学教育范围;吸收贫困地区的失学儿童、弱势儿童、工作儿童以及家长无能力照料的儿童入学;发挥地方社区、城市和农村委员会的作用,识别和接纳失学儿童。

所采取的措施不充分,导致有的孩子没有接受小学教育,这是教育体系的薄弱环节和制约因素。由于缺乏普及学前教育的机会,特别是在农村地区、偏远地区和城郊,导致早期接受的教育不够,从而导致留级,最终导致辍学;尚未设想为过早进入劳动力市场的儿童提供必要的举措,甄别失学儿童的统计系统也没有充分运作;农村和游牧地区没有足够数量的合格和专业教师,这种不足给这些地区的学生带来了教育上的损失。

(2)初中教育

下面通过初中净入学率、初中毛入学率、女孩占初中入学学生总数的百分比、小学到初中的过渡率,详细阐述2000—2013年初中教育取得的进展。

①初中净入学率

初中净入学率有上升趋势,从2000年的78.4%上升到2011年的90.6%,增长12.2%。通过采取紧缩政策和对教师专业资质的限制,这一指标已降至近83.6%。全民教育目标与现状之间仍然存在差距,最初设定的目标(85%)不适合现在的发展情况。增加农村寄宿学校的目标受到限制,在许多地区,由于没有为这些学校指派相应的教师,导致入学人数减少。

②初中毛入学率

2000年初中毛入学率为103.6%,这一比例在农村地区为82.4%。两者之间的差异表明,与农村地区相比,城市地区的入学率要高得多。很大一部分农村孩子没有入学,或者实际上已经辍学。与男孩相比,女孩的辍学率更高。2013年初中毛入学率下降到92.2%,其中农村地区的初中毛入学率下降到63.7%。所有的证据都表明初中辍学率的上升,据估计,2013年失学儿童的人数在50万左右。

③女孩占初中入学学生总数的百分比

就读于初中的女孩入学率从2000年的45.3%上升到2013年的47.7%,主要在城市地区有所增长。农村地区女孩的辍学率高于城市地区的女孩,初中的性别平等指数(GPI)保持不变(约为0.91)。

④小学到初中的过渡率

2000年小学到初中的过渡率为91.8%。这一指标的上升趋势一直持续到2006年(94.6%),并在2013年达到95.7%。然而,这一指标在农村地区存在显著差异,农村地区小学到初中的过渡率从2000年的84.4%降至2013年的73.9%。农村地区的孩子缺乏接受初中教育的机会,许多寄宿学校和农村学校的关闭是造成这一下降的重要原因。

全民教育的目标是小学到初中的过渡率达到98.2%。然而,实际数字为95.7%,存在近三个百分点的差距。

4. 面对的挑战

尽管采取了各项措施以及开展了活动,但在实现全民教育目标的过程中仍面临很多障碍和挑战:缺乏对学前教育的重视;忽视城郊和农村地区学生面临的具体问题,比如儿童过早开始工作以及无能力或不称职照顾者的疏忽;缺乏一个全面的系统,用于识别和监测小学所有学龄儿童的教育覆盖程度和小学到初中的过渡率;缺乏适当和全面的机制来帮助过早开始工作的儿童以及处境不利和贫困的儿童;小学和初中教育政策的执行不力;在相同的情况下,小学教师和其他年级教师的工资和工作时间由于其资历和经验存在差异;在小学和初中的年龄阶段内识别和覆盖校外儿童的政策效力不足。

(三)中等教育

1. 目标的定义

全民教育的第三个目标是公平获得相应的学习机会和生活技能培训,满足所有青年人和成年人的中等教育需要。

伊朗的中等教育包括正规教育和非正规教育两大部分。正规教育在高中(隶属教育部)进行,非正规教育分别在职业技术培训中心(隶属农业部)、职业技术培训部(隶属劳动和社会福利部)和持有职业技术培训执照的私立职业技术学校进行。非正规教育的目标是培训技术人员、劳动者和熟练工人,他们在培训结束后将直接进入劳动力市场。

中等教育的目标是通过正规教育和非正规教育,提升青年人和成年人的个人技能、控制高风险行为、与他人建立良好的关系、更好地承担社会角色。

14~17岁的青年人可以学习伊朗教育系统的正规课程,在高中学习理论和各种专业知识。此外,希望进入大学进行学术研究的高中毕业生,需要学习一年的大学预科课程。

18~40岁的成年人可以根据职业的不同,通过接受非正规教育,成为熟练和半熟练的工人、劳动者、技术人员。非正规教育的学徒可以分为三类:掌握全部职业技术,获得一类技能证书的一级学徒;掌握部分职业技术,获得二类技能证书的二级学徒;不仅掌握全部职业技术,还掌握多项补充技术,获得专业证书的专业级学徒。

2. 取得的进展

下面通过高中毛入学率、初中到高中的过渡率、职业技术教育在中等教育中的份额,以及政府和非政府部门在职业技术教育中所占份额来说明在实现第三个目标方面取得的进展。

(1) 高中毛入学率

高中毛入学率从 2000 年的 68.7% 下降到 2006 年的近 60.9%,但之后有上升趋势,到 2013 年达到 71.4%,女性入学率高于男性。此外,在农村地区高中毛入学率从 2000 年的 23.4% 上升到 2006 年的 26.4%,到 2013 年上升到 27.0%。根据事实和统计数据,超过 70% 的农村人口无法接受高中教育。在 14~17 岁的人口中,与城市人口相比有 30% 以上的农村人口失学或辍学。

造成这一现状的主要原因包括:部分农村地区没有高中,有些高中缺乏专业教师,教育水平低下,有的学生辍学,中央减少了对农村和寄宿学校的财政支持,进入劳动力市场的就业机会减少。

(2) 初中到高中的过渡率

初中到高中的过渡率从 2000 年的 96% 下降到 2013 年的 92%。男性初中到高中的过渡率较低,女性的过渡率高于男性。预计在 2000—2015 年期间,农村地区的这一比率将从 53% 上升到 56%。寄宿学校的关闭、农村地区高中的缺乏以及男性不愿继续接受教育是导致这一比率下降的部分原因。

(3) 职业技术教育在中等教育中的份额

伊朗的职业技术教育包括理论学习、职业技术和工作知识三个分支。三个分支的第一年是相同的,学生可以在之后的两年选择这三个分支中的任何一个。2009 年,约 29.0% 的学生选择技术职业或工作知识的分支。这一数字在 2013 年增加到 41.5%,其中女性为 31.9%、男性为 49.9%。与男性相比,女性选择技术职业和工作知识的倾向要小得多。原因可能是教育质量很低,更不用说女性对职业技术的兴趣不如男性。

(4) 政府和非政府部门在职业技术教育中所占的份额

职业技术教育主要由劳动和社会福利部下属的职业技术培训部在短期培训计划的框架内进行,分为一级、二级和专业级。培训的对象是 18~40 岁的成年人,目标是提高工人和求职者的职业技术和能力。除上述机构外,农业部下属的职业技术培训中心还向农民提供农业技能培训。还有一些私立职业技术学校,为那些有兴趣获得所需技能的人提供短期职业技术培训。根据职业技术培训部提供的信息,近 700 万人在该机构接受了短期培训,二级证书的发放率从 90% 降至 33%,一级证书的发放率从 10% 上升到 66%。此外,一些非政府部门可以提供更高级别的技能培训,女性参加这类培训的比例从 52% 增加到 62%。非政府部门在职业技术培训中所占的的比例从 42% 增加到 72%。

3. 面对的挑战

实现第三个全民教育目标的挑战包括:中等教育缺乏必要的支持和某些具有针对

性的政策;女性、农村地区及游牧地区的人口,与男性和城市地区的人口在接受中等教育方面存在不公平现象;劳动力市场的需求与职业技术和工作知识培训的扩展不匹配;高中教育质量低下,部分学生辍学;缺乏对农村和城市地区中等教育学生入学情况的监控;家庭中存在阻碍学生接受教育的文化信仰,特别是早婚文化;男性继续接受教育的积极性低,并希望尽早进入劳动力市场;一些家庭,特别是城郊、农村和游牧家庭,无力支付子女的教育费用;教育咨询系统效率低下,学生就业指导不足。

(四)成人识字教育

1. 目标的定义

第四个全民教育目标是到 2015 年使成人识字率提高 50%,特别是提高女性的识字率,并保证所有成年人都能公平地接受识字教育和继续教育。

为了实现上述目标,在教育部的主持下开展了扫盲活动。扫盲活动在伊朗有着非常悠久的历史,第一批有记载的扫盲活动可追溯到 1936 年,当时成立了成人教学部,后来成为成人教育部。

随后,全国扫盲委员会继续执行这一政策,直到 1976 年。在伊斯兰革命之后,随着伊斯兰共和国创始人颁布法令,开始了扫盲运动,向 10 岁及以上的个人提供扫盲和扫盲后补充教育服务,从而使他们能够接受初等教育。识字的人,被定义为小学一年级的毕业生或能读、写简单句子和进行简单数学运算的人。

2. 设定的目标

根据全民教育的总目标,成人识字教育方面的具体目标设定如下:
(1)将 10 岁及以上文盲的比例从 2002 年的 15.8% 降至 2014 年的 6.1%;
(2)将 10 岁及以上女性文盲的比例从 2002 年的 18.9% 降至 2014 年的 4.7%;
(3)将农村地区 10 岁及以上文盲的比例从 2002 年的 25.9% 降至 2014 年的 12.7%。
根据上述百分比目标的设定,对应的人数设定如下:
(1)将 10 岁及以上的文盲人数从 2002 年的 840 万减少到 420 万;
(2)将 10 岁及以上的女性文盲人数从 2002 年的 500 万减少到 160 万;
(3)将农村地区 10 岁及以上的文盲人数从 2002 年的 470 万减少到 2014 年的 240 万。
为了实现成人识字教育的目标所制定的战略包括:
(1)扫盲活动地方化和本土化;
(2)增加致力于扫盲的非政府组织;
(3)在扫盲计划中采用灵活的手段,如同伴教育和媒体教育;
(4)利用社会文化机构扩大扫盲范围;
(5)在扫盲方面促进两性平等和区域平等。

3. 取得的进展

下面通过 15 岁及以上人口识字率、15~24 岁人口识字率、6 岁及以上人口识字率三方面的数据来阐述所取得的进展。

(1)15岁及以上人口识字率

由于开展了旨在提高伊朗15岁及以上人口识字率的全民教育活动,2000—2013年,这一年龄组的识字率从76.5%上升到85.2%。这一年龄组的文盲人数目前为900万。2000—2013年,男性识字率从82.6%下降到81.8%。在农村地区,15岁及以上人口识字率在同一时期从63.5%上升到75.7%。

识字率的提高表明了全国范围内的扫盲活动范围的扩大。然而,这个年龄组仍有900万的文盲。当然,在这个总数中,有600多万人口的年龄在50岁以上,他们接受教育的意愿很低。2000—2013年,在全国范围内开展了扩大扫盲活动,惠及500万人,其中370万人完成了识字教育。尽管如此,文盲人数仅从2000年的980万下降到2013年的900万。扫盲效率以及质量低下,导致文盲的增加和小学辍学,这些都不利于文盲人数的下降。

(2)15~24岁人口识字率

2000年,15~24岁人口识字率为94.2%,2013年为96.9%。在农村地区,这一指标从89.5%上升到94.8%。2013年,15~24岁人口中的文盲人数为80万,比2000年减少了40万,其中农村地区减少了30万的文盲。

(3)6岁及以上人口识字率

1996年全国人口普查统计的6岁及以上人口识字率为79.5%。这一比例在2013年上升到87.0%。在农村地区,2006年的这一比例为69.3%,比6岁及以上人口的总体识字率低了近10%,相比之下,城市地区为85.7%。2013年,农村和城市地区的识字率分别为78.8%和90.3%。1996年文盲人数超过1 070万,2013年减少了110万,为960万。

总的结论是,预期目标尚未实现,文盲总数尚未显著下降。这表明扫盲指标并未完成,因此仍需在随后的十年中强调扫盲的必要性。

4. 面对的挑战

成人识字教育面对的挑战包括:

(1)执行机构、组织机构和非政府组织在扫盲活动中的参与不足;

(2)缺乏对国家识字情况的定期分析以及没有采取必要措施来识别文盲;

(3)识字教育质量低下;

(4)小学生早期辍学率较高;

(5)新识字者由于识字能力低下导致其重新成为文盲。

(五)性别平等

1. 目标的定义

全民教育的第五个目标是,到2005年消除基础教育和中等教育中的性别差异,到2015年实现教育中的性别平等,重点是确保女性充分、平等地获得优质的教育并取得成果。

与伊斯兰共和国对终身教育的强调一致,《伊朗伊斯兰共和国宪法》第三十条规定,伊朗确保普及免费教育,直至基础教育结束,并反对任何形式的性别不平等。此外,各种立法,包括2000—2015年实施的第三、第四和第五个发展计划,都强调消除性别歧视,并在法律中规定满足女性的教育需要。全民教育的目标中提出优先考虑提高女生在所有学生中的比例,特别是农村地区的女生比例,以及提高基础教育和中等教育中女生的入学率。

2.设定的目标

全民教育的目标是通过提高女生在学生总数中的比例实现基础教育和中等教育的毛入学率下降到97%～103%的区间内。

3.取得的进展

(1)15岁及以上人口识字率的性别平等指数

2000年15岁及以上人口识字率的性别平等指数为0.85,2013年为0.92。在这一群体中,某些文化信仰和女性教育范式的盛行导致了女性和男性之间的教育差异,特别是在城市和农村地区,从而导致更多的女孩成为文盲。

(2)学前教育毛入学率的性别平等指数

根据人口性别比例,在这一教育水平上的男孩和女孩人数没有显著差异,而且情况非常接近。2000年,学前教育毛入学率的性别平等指数为1.1,2013年降至0.9。随着学前教育的发展,农村地区更多的女孩能够接受教育,加上家庭越来越倾向于让女孩进入正规教育系统,使得这一指标出现了明显的变化。

(3)基础教育和中等教育毛入学率和净入学率的性别平等指数

基础教育和中等教育净入学率和毛入学率的性别平等指数表明,该情况已得到改善,更加有利于女孩。基础教育中小学的毛入学率和净入学率已达到性别平等,而初中的性别平等指数为0.91,这表明还存在性别差距。此外,中等教育的性别平等指数为0.94,仍偏离既定目标。

(4)女生占基础教育和中等教育学生总数的比例

2000—2013年,所有教育阶段的女生比例都在上升,其中小学从47.6%上升到48.6%,初中从45.3%上升到47.6%,中等教育从44.7%上升到52.2%。在这些教育阶段,女孩获得教育的机会相对有所改善,男孩入学率的下降及辍学率的提高使女孩所占比例超过了50%。农村地区女孩的情况也是一样。

(5)基础教育和中等教育女教师的比例

2000—2013年,各教育阶段的女教师比例都在上升,在这两个教育阶段都超过了50%,基础教育中小学67%,初中52.6%,中等教育55.6%。影响这一趋势的因素包括对男女采用不同的招聘和就业政策等。此外,提早退休计划的实施以及具体的奖金制度,促使更多男性选择退休。这项计划不利于国家的教育制度,因为有不少有经验的男教师提早退休,这对教育质量产生不利影响。

(6)基础教育和中等教育女校长的比例

2000—2013年,小学女校长的比例从41.0%上升到45.6%,而初中女校长的比例保持在41.0%,中等教育的比例从48.3%下降到46.5%。因此,女校长比例上升的唯一例子是小学。

4. 面对的挑战

实现与性别平等相一致的第五项全民教育目标的挑战包括:

(1)女孩的辍学现象严重,特别是在从低一级教育阶段向高一级教育阶段过渡的时候;

(2)部分地区(尤其是农村地区)保守的思想,阻碍了女孩继续接受教育;

(3)缺乏确保女孩接受教育的设施,特别是在农村和游牧地区;

(4)在农村地区招聘女教师方面受到限制(这是影响女生入学率的一个主要因素);

(5)女孩早婚,特别是在农村地区和城镇,阻碍了女孩接受教育;

(6)教育方案与学生的需要和特点不匹配;

(7)将女孩和妇女作为生产性劳动力;

(8)缺乏为女孩设计和实施的其他教育手段,例如远程教育和媒体教育。

(六)教育质量

1. 目标的定义

提高教育质量的所有方面,确保所有人都能取得卓越成绩,使所有人都能取得公认和可衡量的学习成果,特别是在识字、算术和基本生活技能方面。

在伊朗教育系统中,质量是评估教育产出的基本指标之一。无论教育系统在扩展教育范围方面有多大的潜力,如果它不能聚焦所取得成果的有效性及其对社会长期影响的可持续方面,人们就不能指望全民教育目标在不同的情况下有实现的可能性。在发展教育系统的文献中,质量是由其指标来定义的。在过去广泛关注量化指标的推动下,伊朗教育系统直到最近才把质量问题列为优先事项。迄今为止,在教育部的中期计划中所实施的政策突出了教育系统各种要素的质量提升,如投入、进程、产出和成果。在制订执行计划及其行动计划时,要考虑各个级别的教育特征,以保证活动的正确性和所取得成果的可持续性。

2. 设定的目标

质量体现在教育系统的不同方面,因此根据全民教育目标和不同的教育投入因素对提高教育质量的作用,对设定的目标进行了分类,并将其纳入伊朗的全民教育发展计划。

(1)学前教育

教育部合格的教学人员增加7%,提供学前教育服务的其他机构的具有教师资质的合格教师增加15%。学前教育课程指南的制作数量增加10%,且全面覆盖这些指南的使用者,特别是在农村地区。

(2)基础教育和中等教育

提高不同教育水平的学生在各种评估项目中的表现,例如国际数学和科学研究趋势(TIMSS)、国际阅读素养研究进展(PIRLS)和基础资格(数学、阅读理解、写作和生活技能)考试等项目。将总结性评价系统逐步转变为一种描述性的、以过程为导向的教育成果评价体系。

逐步将传统的"学习－教学"模式转变为一种合作性和参与性的教学模式;提高教师的专业技能;确定学生教师比的标准和课堂学生人数的标准;将具有相应学历的教师人数增加20%;将非政府部门在基础教育中的比例提高20%;提升小学到初中的过渡率;将基础教育到中等教育的过渡率提高5%。

(3)对有特殊需要的儿童的教育

向学生普及身体健康检查和教育准备,以确定学生的健康状况和心理素质;扩大免费交通服务,以维持和提高有特殊教育需要的学生的积极性,以便继续学习;提高特殊教育教师和教员的专业资格;为特殊教育教师、教员和家长编写指导材料。

(4)识字教育

制订战略性扫盲计划,以确定扫盲活动的方向和优先次序;巩固新识字者获得的识字技能;根据目标群体的需要补充教育材料;改革扫盲中的学习与教学过程;增加教师和扫盲部门雇员的在职培训。

3. 取得的进展

在全民教育的实施过程中,学前教育的程序发生了变化,因此无法根据国家文件规定的全民教育目标监测所取得的进展。这一时期的主要变化是将行政事务授权给非政府部门。对各项指标的审查表明,2000—2014年,小学一年级新生比例从18.5%上升到31%。学生教师比在这几年保持稳定,符合比例为20∶1至21∶1的现行规范。由于将行政事务授权给非政府部门,合格教员(获得相应学位)的百分比也是最高的。总的来说,这一时期的各项指标表明教育质量是可以接受的。

不同年级的小学生的复读率平均下降2.5%。该进展可归因于不同的因素,如小学前三年评价制度向描述制度转变,具有相应资质的教师人数增加4.5%,学生教师比降到5∶1,班级学生人数自然增加。这一时期的家长教师协会在城市和农村地区分别为1.0和1.1,偏离全民教育的目标。

在整个过程中,所有学生从小学到初中的过渡率上升了2.4%,女孩从小学到初中的过渡率上升了2.2%。然而,这一指标显示农村地区下降了5.2%。从基础教育到中等教育的过渡率有下降的趋势,而在私立职业技术学校学习的学生比例增加了30.0%。

扫盲方案最主要的成就包括:优先考虑10~30岁和31~49岁这两个年龄组的受众,使教育内容多样化,发挥非政府部门的作用,使所有教育机构(教学助理)都来自非政府部门。尽管取得了这些成就,但尚未采取必要和充分的干预措施,以稳定扫盲的效果并提供包括若干适应性措施在内的扫盲课程。

4. 采取的干预措施

制定和实施教育制度的基础改革;建立一所教师大学,其目标是采取新的教育方式和教师专业晋升办法;制定关于学前教育的行政指令和法规,以优化提供服务的机构之间的行政关系;扩大跨部门合作;增加非政府部门在教育活动中的比例;发展农村和弱势地区的教育,以消除教育差距。

5. 面对的挑战

在整个教育系统中提升质量的概念模型不完整;行政机构与教育结构变化不相容;不同地区人力资源分布不均;执行全民教育质量促进项目的资金不足;教育系统执行机构对改革的强烈抵制。

(七) 特殊教育

1. 目标的定义

法律面前人人平等,残疾人有权不受歧视地享有教育设施。特殊教育在伊朗教育体系中有着特殊的地位,具有丰富的教育背景。《伊朗伊斯兰共和国宪法》也要求伊朗政府消除这方面的不公正和歧视,并在物质和精神领域公平对待所有人。为达到此目的,在教育部带领下作为一个独立机构运作的特殊教育部负责这些特殊群体的教育。

该系统涵盖的有特殊需要的群体包括:智力障碍群体、听力障碍群体、视力障碍群体、四肢残疾群体、多重残疾群体、行为障碍和包容性发育障碍群体(自闭症群体),以及特殊学习障碍群体。此外,还采取了一项替代政策,向有特殊需要的群体提供全纳教育。接受全纳教育的群体一般患有听力或视力障碍、身体和(或)运动残疾、学习迟缓、特殊学习障碍以及行为和情感障碍等。

2. 取得的进展

2000年,特殊教育学校共覆盖了71 000名有特殊需要的群体,但有特殊需要的群体总数约为80 000人。2006年这一数字达到87 000人,2010年进一步增加到112 000人。在特殊教育学校里,75.0%的群体有智力障碍,11.0%的群体有听力障碍,6.0%的群体患有残疾,3.3%的群体视力受损,其余的群体则有其他障碍。有特殊需要的群体接受教育的总数从2000年的8 000人增加到2006年的19 000人和2010年的37 000人。伊朗的特殊教育分为学前教育、小学教育、初中(岗前)教育和高中(职业)教育,这些教育阶段是与有特殊需要的群体相一致的。学前教育是所有特殊群体必须接受的免费教育。

2000年,有15.9%的特殊教育学校的学生接受过学前教育,63.9%的学生上过小学,14.8%的学生上过初中,只有5.4%的学生上过高中。在不同的教育水平中,女孩在学前教育中占43%,小学教育占38%,初中教育占40%,高中教育占56%。到2010年,学生构成发生了重大变化,14.2%的特殊教育学校的新生接受过学前教育,60.0%的新生接受过小学教育,12.4%的新生接受过初中教育,13.4%的新生接受过高中教育。女孩在各教育阶段的总比例下降到38.0%。男孩的人数比女孩多,因此,接受特殊教育的女孩所占比例较低也可归因于这一总体因素。然而,由于缺乏关于残疾儿童的人口数据,上述假设无法得到证实。

目前特殊教育方面政策的进展包括:

(1)为4岁以下有特殊需要的儿童和4~6岁的心理障碍儿童提供学前教育;
(2)为特殊儿童分配康复专家,包括语言治疗师和职业治疗师;
(3)对所有新入读小学的学生进行健康检查和教育准备测试,该政策面向所有具有身体创伤和(或)学习障碍的一年级学生,并将其介绍到特殊教育学校;
(4)扩大对智力障碍学生的岗前培训,从而提高他们的能力水平;
(5)为有特殊学习问题的学生提供学习和康复中心;
(6)扩大全纳教育,以满足学生的特殊需要;
(7)为在特殊学校中更好地进行学习和教学举办相应的活动;
(8)为特殊儿童制订康复方案,以提高他们在社会中生活的能力;
(9)进行家庭培训和优化认识方案。

3. 面对的挑战

尽管取得了进展,但仍然存在某些挑战:

(1)公众和家长对有特殊需要的儿童的能力培养持消极态度;
(2)普通学校缺乏有特殊需要的儿童所需的教育服务;
(3)城市和农村地区学生的分布分散,存在向他们提供学校交通服务的问题;
(4)康复工作人员短缺和缺乏相应的政策来帮助特殊儿童的康复;
(5)学校的教育设施和空间与特殊儿童的需要不匹配,特别是在普通学校开展全纳教育的过程中。

三、全民教育战略

(一)学前教育

1. 采取的策略

(1)在国家最重要的文件和立法中,包括教育部的基本教育改革计划中,强调发展学前教育的重要性,特别是在贫困地区发展学前教育的重要性;
(2)增加政府部门在发展学前教育方面的比例;
(3)为学前教育的执行方式和政策相匹配创造必要的基础;
(4)通过采取灵活的手段,促进儿童接受学前教育;
(5)解决伊朗各地区在发展学前教育方面的文化、经济和教育差异。

2. 影响成功的活动和因素

(1)增加学前教育预算;
(2)增加农村地区的幼儿园,并由政府部门提供支持;

(3)最高教育委员会通过《学前教育法》;
(4)批准学前教育指导方针;
(5)分散制作教育内容,突出国家各地区的文化、社会和教育差异;
(6)实施学前教育发展指导方案,并使开展课程的方式多样化。

3. 障碍

(1)政府减少了学前教育的预算,限制了财政、人力和物质资源,特别是在全民教育方案的最后几年;
(2)在最后几年改变教育部的政策,并将学前教育授权给非政府部门进行管理;
(3)在全国范围内提供学前教育服务的机构十分复杂。

(二)基础教育

1. 采取的策略

(1)加强教育准入指标并扩大其覆盖范围;
(2)通过减少留级和降低辍学率来避免学生的教育失败;
(3)提高小学教师的资格水平和丰富专业知识;
(4)根据所要实现的目标,改善部门间的合作;
(5)调整教育内容,以改善和提高教育质量;
(6)优化学习环境和空间,重点是生活技能的培训;
(7)改革和修改教育评价体系,从产品导向向过程导向转变。

2. 影响成功的活动和因素

(1)通过建立班级和学校并提供教师,特别是在农村地区和偏远地区,为学龄儿童普遍获得优质正规教育提供必要的依据;
(2)发挥农村委员会、医疗中心和地方社区等不同部门的作用,识别和接纳学龄儿童;
(3)通过举办补习班和培训家长,采取必要的干预措施,帮助那些面临教育风险的学生;
(4)允许教师在教学中使用现代信息和通信技术设施。

3. 障碍

(1)缺乏鉴定和跟踪学龄儿童的综合统计系统;
(2)地理和人口分散以及一些农村地区难以达到教学要求妨碍了教育服务的提供;
(3)某些社会文化因素和种族偏见,阻碍了儿童(尤其是女孩)的教育;
(4)必要资金不足;
(5)组织内外部协作不足;
(6)在教育内容、时间和空间上缺乏使适龄儿童能够在不同的环境下接受教育的灵活性。

(三)中等教育

1. 采用的战略

(1)扩大教育范围和增加半学期的课程;

(2)利用社区及家长和教师协会等外部组织来确定和招收学生;

(3)为学生增加补充性课外活动以及进行生活技能培训;

(4)利用一切能力更全面地覆盖学生,增加寄宿学校、农村地区的学校以及农村和游牧地区的中央宿舍;

(5)发展中等教育服务和提供教育咨询,以减少失学和辍学;

(6)增加面向工业和生产企业的职业技术学校;

(7)鼓励非政府部门的职业技术培训;

(8)为政府和非政府部门的职业技术学校招聘具有相应资质的教师;

(9)增加职业技术培训中心的职业培训课程。

2. 影响成功的活动和因素

(1)向寄宿学校和农村地区的学校提供财政支持;

(2)在农村地区开设补充班;

(3)举办探讨更好的教学模式的活动;

(4)增加远程教育中心;

(5)与企业一起建立职业技术学校;

(6)在 500 多个城市建设职业技术学校;

(7)鼓励非政府部门进行职业技术培训,并提升其能力。

3. 障碍

(1)存在阻碍女孩接受教育的文化信仰;

(2)由于地区分散和距离遥远,农村学生无法获得更高水平的教育;

(3)教授各种各样的职业技术课程的合格教师的工资较低;

(4)家庭对青年劳动力的需求较大,从而阻碍他们接受教育;

(5)课程和教育方案的僵化。

(四)成人识字教育

1. 采取的战略

(1)识别和监测不同地区、职业群体的文盲情况;

(2)利用媒体扩大扫盲举措;

(3)开展扫盲成果巩固活动,防止文盲现象再次出现;

(4)改变教育和行政结构,使教育内容的编写和制作多样化;

(5)允许非政府部门参与到扫盲活动中,并鼓励跨部门参与活动。

2. 影响成功的活动和因素

(1) 在全国决策委员会通过相关行政规章制度和政策;
(2) 建立社区学习中心;
(3) 为劳动者、服刑人员和士兵制订扫盲计划;
(4) 在游牧地区和偏远地区开展扫盲计划;
(5) 提供媒体教育和远程教育;
(6) 组建扫盲后续工作小组,建设扫盲流动图书馆,开展与家庭成员一起阅读的活动。

3. 障碍

(1) 招聘教学助理,解决其就业问题;
(2) 老年人缺乏识字能力;
(3) 扫盲课程的内容不切实际;
(4) 文盲分布的地理位置分散,他们的观念受到社会文化条件的限制;
(5) 缺乏对教学助理的激励机制,没有对接受扫盲方案的人给予必要的奖励;
(6) 雇主没有为文盲劳工的扫盲教育分配足够的时间。

(五)性别平等

1. 采取的战略

(1) 通过消除教育、文化和社会障碍,促进女性接受教育;
(2) 实施满足女性教育需求的政策,调整教育规则和政策,以提高女性的入学率;
(3) 鼓励部门间合作,以消除欠发达地区和农村地区的教育障碍;
(4) 增加女性的体育教育;
(5) 规划和分配必要的财政资源和人力资源,以降低农村女性文盲率;
(6) 为女教师的继续教育创造适当机会。

2. 影响成功的活动和因素

(1) 为女性接受教育制定支持政策、规则和条例;
(2) 发挥地方社区和伊斯兰理事会的作用;
(3) 完善女子学校的区域规划;
(4) 增加学术机构和教育机构的女教师比例;
(5) 改变针对女性的课程设置和专业教育的指导进程,使其在社会中更能被接受;
(6) 将女性的特殊教育需要纳入教育内容和扫盲补充材料的不同方面。

3. 障碍

(1) 农村人口的分散及其对女性接受教育的不利影响;
(2) 文化、经济和社会因素对教育方面的性别平等产生了不利影响;
(3) 针对女性制订的教育计划与具体的社会经济条件不兼容,特别是在女性被认为是生产性劳动力的地区;

(4)适合女性的体育设施和活动空间不足;

(5)家庭和社会因素普遍妨碍女性识字。

(六)教育质量

1. 采取的战略

(1)起草教育改革基本计划,重点是提高教育系统各方面的质量;

(2)为编制和实施满足教育系统不同需要的国家课程提供方案;

(3)扩大各级学生的体育教育、身体健康教育和道德培训计划;

(4)将开发项目定位于提高教育活动的质量;

(5)改进与各级教育质量和扫盲计划有关的指标。

2. 影响成功的活动和因素

(1)根据需求,实施建造和翻新学校的计划,并调整学生的上课频率;

(2)招聘新教师,并(尽可能)重新分配现有教师资源,以调整学生教师比;

(3)发挥《设立教育委员会法》和《建立非政府学校法》的作用,以便更好地发挥非政府部门和地方社区的作用;

(4)通过合并教师培训中心以及开展在职培训,优化教师专业素质;

(5)构建高校师资队伍;

(6)为优等生扩建学校,为他们提供高质量的教育。

3. 障碍

(1)缺乏关于教育质量的概念、方法和理论框架;

(2)改变教育系统的结构以及改变不同教育水平的分配模式;

(3)全国各地素质教育力量分布不均;

(4)实施质量改进活动经费不足;

(5)学习方法改革费用大,改革时间长;

(6)教育系统行政人员对变革的高度抵制。

四、教育发展的宏观挑战与重点

(一)宏观挑战

伊朗的经济、社会和文化发展规划机构目前正在起草第六个国家发展计划。根据现行政策和条例,包括教育部在内的不同部门和总体战略的官方报告必须以国家发展计划的相关研究为基础。截至2020年可能以某种方式影响教育发展的宏观挑战如下:

1. 人口变化

人口统计数据显示,截至2020年,伊朗人口增长缓慢。在此期间,6~17岁学龄人口的平均年增长率为0.2%。这一趋势为教育部完善其执行程序,在手段和方法上进行必要的改革,特别是在提高教育活动质量方面,提供了有利的机会。

这方面的另一个重要问题是出生率中的性别比例。根据现有的情况，预计在新生儿中女孩和男孩的比例会越来越接近。目前，有2%的差异有利于男孩（正如前文所讨论的那样，这影响了不同教育活动中的性别平等趋势），这将在未来十年为教育部门带来重大影响。伊朗存在男女不同校的教育传统，由于女孩人口比例的增大，必须为女孩增加教育投入，尤其在规划学校建设、招聘女教师和为女孩的教育发展提供具体的社会保护等方面。

2. 社会经济变化

伊朗提出了新的发展方针。在过去的十年，伊朗的发展方针一直是"以知识为基础"，现在进入了一个新的阶段，发展方针调整为"面向未来"。在新的发展方针的指导下，伊朗的科学技术飞速发展，产品升级换代，不同科学技术领域的专家纷纷取得成果。伊朗作为一个石油独立经济体，终于可以利用科学优势和科学产品创造财富。

在发展方针的指导下，教育也发生了变化。教育作为培养技术人才和高效人力资源的基石，教育部在基础设施建设方面发挥了重要作用。教育部的行政程序、教育经济模式、教育预算来源等都将发生变化。但是，在改革财政程序和用新方法取代传统方法的过程中，教育部可能会受到经费方面的限制。所以，教育部的经济规划中会注意发挥人力资源和社会组织的作用。

伊朗在不同的技术领域，特别是在信息通信技术领域，取得了明显的进展。信息通信技术在教育领域有着显著的作用。伊朗高等教育部利用这项技术改善了教育公平的各个方面，并通过推广虚拟课程削减了开支。遗憾的是，由于传统学习方法的制度化以及对变革的抵制，信息通信技术在教育部的管辖范围内并没有得到推广。虽然教育部已将利用信息通信技术列入议程，但是对现代技术的抵触可能会在今后继续产生不利影响，并失去许多实施新计划的机会。

（二）全民教育的宏观挑战

1. 学前教育

一方面，社会上提供高质量学前教育服务的机构大量增加，但是机构间缺乏沟通、合作，尤其是在规划和发展学前教育方面，这会降低实现学前教育方面的全民教育目标的速度。另一方面，无论是公立幼儿园还是私立幼儿园，对教师的资质要求都不明确。具有专业资质的幼儿园教师，与其他幼儿园教师相比，只有很小的收入优势。全面提升幼儿园教师的职业资质需要大量的时间和金钱。农村地区的情况更加复杂，农村地区的学前教育需求很大，但是缺乏激励幼儿园教师深入到农村地区的措施。这使学前教育面临很大的挑战。

学前教育面临的另一个挑战是缺乏与快速发展的现代技术相对应的教育内容。尽管这一问题在大城市和发达地区不是一个问题（父母可以在私立的学前教育机构为子女购买相关的服务），但在农村和欠发达地区，这个问题仍然是一个挑战。

2. 基础教育

小学和初中的入学率是一个重要指标。失学儿童或辍学儿童的比例较大迫使教育部门强调基础教育的数量发展。计划识别、招募和培训失学儿童,首先需要找到教育失败的原因,以解决失学和辍学问题;其次需要获得准确的数据和信息,以便按地区和性别进行识别。

同时,传统的"教师-教科书"学习方法在教学过程中的制度化以及在教育成绩评价方法中依赖记忆,作为一个显著的内在因素,增加了基础教育教师对变革的抵触。通过将小学学制增加到六年,并将初中分为两个阶段,改变了教育制度的结构,从而改变了人力资源的行政组成和组织结构,改变了教学方法和教育成果评价,但是情况的改善至少在三年内难以实现。

3. 中等教育

有一些因素阻碍了这方面目标的实现,尽管在过去几年中做出了有效的决策和规划,但这些因素的影响并没有得到积极的消除。在地理方面,不同地区的乡村分布分散、交通不便、人口分布不均,是最重要的挑战。从社会的角度来看,某些地区和族裔普遍存在阻碍学习的文化,教育费用高昂,以及青年人中普遍存在消极的学习态度,都使他们过早进入劳动力市场。

在教育系统的管理方面,没有包含可以提高目标群体信息准确性和正确性的综合统计系统。此外,对政府资源的过度依赖,以及员工开支相对于非员工开支的增加导致现有财政资源不足,造成了相当大的经费问题。

教育方面的一些规章制度助长了失学和辍学的情况。这些情况在职业技术培训中更加明显,对职业技术教育存在负面态度以及教学工具不足和效率低下,导致这类培训质量低下,阻碍了这类培训的发展。此外,预计这些挑战只有在下一个十年才能得到进一步解决。

4. 成人识字教育

在过去三十年中,伊朗的扫盲效果明显,得到了若干国际和区域组织的认可,其中包括联合国教科文组织的认可。然而,在过去的五年里,伊朗的这一举措已经放缓,文盲率目前为16%。地理分散以及个人由于利益的抵制,教育很难覆盖这一部分人口。国家的扫盲课程是统一的,以一系列教科书为基础,因此未能充分满足特定目标群体的需要,从而降低了扫盲的效果。同时,扫盲后教育活动的不足,也导致了文盲现象的反复。此外,由于某些教育规则和制度的存在,教育文件评审程序出现很多问题,以致在正规教育系统和与之相对应的教育制度下,继续教育将不会顺利和容易。

通过对上述问题和扫盲活动的研究,可以得出结论,今后成人识字教育目标仍将是伊朗全民教育最具挑战性的目标之一,在今后的规划中应优先考虑以下几点:强调跨部门协作,制定扫盲举措,努力消除文盲出现的根源,使教育内容以及方案多样化,以最佳方式发挥当地社区的作用,以适当放松管制的方式认可非正规扫盲系统签发的文件,并建立一个新的成人教育和扫盲一体化系统。

5. 性别平等

对全国性指标的审查表明,实现这一目标不存在任何重大挑战。然而,区域分析表明,性别差距主要表现在女性的入学率、教育覆盖面和识字率等指标中。如前所述,伊朗的性别差距并不是体制上的差异,即这种差异不是因总体发展政策与条例而出现的。存在阻碍女性接受教育的文化观点,农村和特定地区女性教育机会费用高昂,教育方案不灵活,女性专用的体育和教育空间不足等造成了这样的结果。地方社区采取的干预措施在这方面可能会带来积极作用。

6. 教育质量

提高教育质量是伊朗教育体系中的一个新目标。虽然不同的发展方案都特别强调质量,但对数量的追求是永恒的主题,所以往往没有足够的空间来讨论质量问题。这就是为什么在未来十年要考虑质量问题的原因。教育部需要起草一个内部框架,其中包括教育系统的所有质量方面,特别是人力资源、教育内容、学习—教学形式,以及扩大现代技术的应用方面。当然,在教育系统内建立高质量的子系统是非常昂贵的,因此,在规划这一问题时应拨出大量的资金和充足的时间。

(三)教育部未来的优先事项和发展前景

伊朗的教育系统在其未来的发展中有一个重要节点,就是 2015 年。2015 年是全民教育计划和第五个国家发展计划的最后一年。全面制订基本教育改革计划,这将为今后的超过二十年规定发展的主要方向和改善教育系统的国家模式。2015 年以后起草和执行第六个国家发展计划,在与之相关的中期方案和行动计划中引入基本改革文件的总体政策,并在国际范围内参与起草和执行替代全民教育计划的关于区域和全球优先事项的举措。2020 年之前每个目标的主要发展事项如下:

1. 学前教育

(1)增加国家资金,通过私立教育机构扩大受教育的机会;

(2)使提供服务的行政机构的管理、规划和组织协调一致;

(3)在双语省份扩大为期一个月和两个月的学前教育方案,并向学生提供多样化的教育服务和农村医疗服务;

(4)促进和加强粮食安全体系;

(5)开发儿童友好型医院,提供医疗保健服务。

2. 基础教育

(1)通过建立机构和制定必要的规则和条例,改善辍学儿童家庭的经济、文化和社会条件;

(2)提高教育服务的质量;

(3)实施重视学校建设的战略;
(4)鼓励其他政府和非政府部门参与教育项目的执行;
(5)发挥地方社区的作用;
(6)改革和修订教育评价体系;
(7)寻找符合国家方针的教育发展空间;
(8)扩大信息技术在学校的应用,提升教师教学能力;
(9)设计和实施灵活的农村教育系统。

3. 中等教育

(1)识别和消除影响基础教育向中等教育过渡的消极因素;
(2)有效干预学生选择教育种类的趋势,使理论教育学校和职业技术学校的学生人数保持平衡;
(3)根据劳动力市场的需要发展职业技术教育;
(4)将非正规职业技术教育作为正规教育的补充;
(5)对教师进行专业指导;
(6)扩大信息技术的应用;
(7)采取措施尽量减少中等教育的教育机会成本;
(8)采取多元化的财政政策,改革教育评价体系。

4. 成人识字教育

(1)通过加强正规教育,特别是基础教育,消除使文盲增加的因素;
(2)优先推广针对10~49岁文盲的扫盲措施;
(3)设计和建立完善的成人识字教育体系;
(4)使识字的定义多样化,使其与目标群体的社会、文化和经济环境相适应;
(5)发挥地方社区的作用;
(6)为扫盲课程编写若干系列教材;
(7)关注农村地区的"在职识字教育";
(8)在规划和实施方案方面促进跨部门合作,并与国际机构进一步互动,相互交流经验。

5. 性别平等

(1)优化文化组织机构之间的跨部门合作,以促进性别平等文化的发展;
(2)采取必要措施,尽量降低女性接受教育的机会成本;
(3)强调为女性(特别是农村女性)开展职业技术培训;
(4)为农村地区招聘当地女教师创造必要的条件;
(5)将女性的特殊需要纳入教育发展规划中,并发挥地方社区和伊斯兰理事会的作用。

6. 教育质量

(1)根据基本教育改革计划的政策和战略设计提高伊朗教育体系质量的框架;

(2)改革教师招聘和培训制度；
(3)通过不同的手段扩大教师在职教育，特别是信息通信技术培训；
(4)扩大环境改革在学校设计和建设中的应用；
(5)根据不同地区的具体地理和民族情况调整教育日历；
(6)加快起草和实施国家课程的进程。

五、今后教育发展的优先事项

(一)结论

1. 学前教育

5 岁儿童学前教育的毛入学率为 55.0% 左右，这个比例与全民教育目标相距甚远。农村地区的毛入学率已降至 49.6%。政府部门必须重视在学前教育方面的进一步投资，改善儿童生活条件，提高入学率，使儿童能够更全面地接受教育。在幼儿保育方面，教育部与卫生医学部之间的合作不足以满足儿童的需要。因此，在向儿童提供所需的服务方面仍然缺乏协调。农村地区的儿童更是如此。

2. 基础教育

基础教育(包括小学和初中)的净入学率低于全民教育目标中规定的指标，小学低了 2%，初中低了 17%。学生的辍学和失学是基础教育系统始终需要关注和追踪的两个问题。因此，需要明确地域、种族及文化信仰，并采取必要的措施。

教育失败以及从一个教育水平向更高层次的过渡率下降是小学和初中教育的主要问题。

3. 中等教育

尽管中等教育的一些指标有所改善，但 14~17 岁的人口中仍有很大一部分人失学。此外，与男孩和城市地区的人口相比，女孩和农村地区的人口教育条件较差。14~17 岁的人口中，70% 以上在农村地区，全国 30% 以上的该年龄组的人(几乎有 150 万人)失学。提高中等教育净入学率的一些措施尚未得到落实。

4. 成人识字教育

2000—2013 年，成人识字率很低，文盲人数减少的速度非常慢。6 岁及以上的文盲有 980 万人，这一数字在这个期间几乎没有变化。这说明一方面，扫盲的方法和手段效率低下，从而导致文盲的再现；另一方面，一些学生正在离开学校，特别是在早期的小学教育中。以上两方面情况的结合导致了当前的不利形势。1996—2013 年，6 岁及以上人口的识字率仅增加了 7%，文盲人数减少了 170 万(每年 10 万)，15 岁及以上人口的识字率与 6 岁及以上人口的识字率没有显著差异。根据事实和数字，1996—2013 年，这一群体的文盲人数仅减少了 60 万(每年 3.5 万)。随着人口构成的变化，识字率增加了 11.7 个百分点(从 73% 增至 84.7%)。

5. 性别平等

在大多数教育指标中,性别平等有所改善,包括小学、初中和高中的毛入学率和净入学率方面。此外,在各级教育中,女孩占学生总数的比例有所提高,女孩接受教育的条件有所改善。然而,要在许多指标中保持完全的性别平等,还有很长的路要走,特别是在农村地区,女孩和男孩在接受教育方面仍存在很大差距,尤其是在高等教育方面。

(二)建议

1. 学前教育

(1)尽可能确保学前教育和幼儿保育活动的顺利开展;

(2)培训和激励这一级别的教员,并进一步参加幼儿保育活动;

(3)通过分配公共资金,特别是在农村地区和贫困地区,增加接受学前教育的机会;

(4)为学前教育机构建立一个系统的协调机制,使学前教育和幼儿保育方案更加协调一致;

(5)建立一个关于不同组织的幼儿保育活动的综合信息统计系统。

2. 基础教育

(1)重点关注城郊地区的学生平等接受教育的机会,特别是过早进入劳动力市场的儿童以及无监护人的学生;

(2)发挥当地社区、城市和农村委员会的作用,调查失学儿童和辍学儿童的情况;

(3)扩大和发展学前教育,将其作为消除儿童基础教育初步缺陷的因素之一;

(4)通过设立保护弱势儿童和过早进入劳动力市场儿童的基金,鼓励地方社区、非政府组织和慈善机构的参与,帮助儿童和贫困、弱势家庭减少教育支出的机会成本;

(5)提高农村和游牧地区教师的专业资格水平和任教条件,给予他们更高的工资和奖金;

(6)改革和重新安排课时,确保学生能够按照教学计划进行学习,从而解决学生在学校的学习不足问题;

(7)通过增加基础教育阶段的资金分配,消除教师在工作时间和工资方面与其他阶段教师相比存在的歧视,确定基础教育的优先次序。

3. 中等教育

(1)建立信息系统,实现各级培训的登记和完成;

(2)改革师资队伍的结构,以及教育和培训的内容和课程设置;

(3)分析劳动力市场需求,与职业技术培训建立紧密联系,以确保市场需求;

(4)评估农村边缘群体和女性教育权利被剥夺的原因及影响因素;

(5)鼓励非政府部门参与正规教育和非正规教育;

(6)为企业和用人单位创造必要的机会,为员工和相应的劳动者提供必要的培训;

(7)提升教师的资质水平,并为所有教师提供正规和非正规的理论和职业技术教育的在职课程;

(8)利用信息通信技术实施教育项目,进行远程教育,保障青少年和求职者的教育需求;

(9)根据劳动力市场的需要,修改技能认证的测试和评估系统。

4. 成人识字教育

(1)改革扫盲的方法和扫盲课题的内容,扩大扫盲方案的覆盖范围,以提高成人识字率,避免文盲现象再次出现;

(2)鼓励相关机构和非政府组织参与扫盲运动;

(3)使用国家力量有效减少文盲人数;

(4)分析伊朗的扫盲状况,采取必要举措识别文盲;

(5)评估扫盲活动政策的有效性,通过研究提出提高伊朗识字率的办法。

5. 性别平等

(1)使用远程教育课程扩大女性的教育覆盖范围,特别是在贫困、偏远和农村地区;

(2)为农村地区招聘和培训当地女教师;

(3)在设计课程和培训方案时认真关注女性的特点和特殊需要;

(4)促进女性的身心健康并注意性别差异;

(5)建立必要的设施和提供合适的机会,提高女教师的教育水平;

(6)关注女性的教育质量,评估男性和女性的学习效果。

6. 教育质量

(1)起草评估教学和教育管理人员绩效的标准;

(2)建立教师资格评定制度,并向教师颁发教学证书;

(3)改革教育日程,监测学校在课时分配方面的表现;

(4)根据学生的性别、地域特点和多样性,改革课程和教学方案;

(5)持续评估教师的知识水平和激励方案;

(6)设计和建立符合国家不同地区特点和国情的教师培训体系。

7. 特殊教育

(1)建立必要的设施,帮助农村和弱势地区有特殊需要的儿童;

(2)鼓励残障儿童的家庭参与教育,并向他们介绍为其子女提供的特殊教育服务;

(3)强调发展和扩大全纳教育;

(4)改革涉及特殊儿童康复的人力资源的招聘和培训制度;

(5)加强家庭培训,改变他们对残疾儿童的教育信念和看法;

(6)鼓励非政府组织、协会和慈善机构向特殊儿童提供教育和康复服务。

沙特阿拉伯

沙特阿拉伯王国,通称沙特阿拉伯,简称沙特,首都利雅得。沙特阿拉伯位于阿拉伯半岛。东濒波斯湾,西临红海,同约旦、伊拉克、科威特、阿联酋、阿曼、也门等国接壤,并经法赫德国王大桥与巴林相接。国土面积225万平方千米,海岸线长2 448千米。

沙特阿拉伯70%的面积为半干旱荒地或低级草场,可耕地面积只占土地面积的1.6%,耕地集中分布在降水量较充沛的西南部地区。由于大部分地区降水稀少,沙特阿拉伯农业的发展受到极大限制。沙特阿拉伯的谷物自给率比较低,只有20%多,依靠大量进口才能满足国内的需求。畜牧业主要有绵羊、山羊、骆驼等。

石油是沙特阿拉伯经济的主要支柱。原油探明储量363.5亿吨,占世界储量的16%,居世界第二位。天然气储量8.2万亿立方米,居世界第六位。此外,沙特阿拉伯还拥有金、铜、铁、锡、铝、锌、磷酸盐等矿藏。沙特阿拉伯是世界上最大的淡化海水生产国,其海水淡化量占世界总量的20%左右。

沙特阿拉伯是君主制王国,禁止政党活动。无宪法,《古兰经》和先知穆罕默德的圣训是国家执法的依据。国王亦称"两个圣地(麦加和麦地那)的仆人"。国王行使最高行政权和司法权,有权任命、解散或改组内阁,有权立、废王储,解散协商会议,有权批准和否决内阁会议决议及与外国签订的条约、协议。

沙特阿拉伯重视教育和人才培养,实行免费教育和强制义务教育,包括初等教育、职业培训、各类技术教育和成人教育等。沙特阿拉伯的基础教育实行三阶段一贯制。6岁儿童上六年制小学、三年制中间学校(相当于初中)和三年制高中。负责教育发展人才培养的机构有三个:教育部、女子教育最高委员会和技术职业培训总机构。在国内读书的大学生,除免费住宿外,还享受津贴。

注:以上资料数据参考依据为中国外交部官方网站沙特阿拉伯国家概况(2020年5月更新)。

沙特阿拉伯教育部十年计划纲要
（2004—2014年）

前 言

计划是一种重要的实践手段和科学手段,旨在组织现有的人力资源,将最有效的时间和成本转化为最佳成果。因此,计划力求根据现有的建议,审查目前的情况,预测未来以满足社会和经济的需要,实现理想和预期的变革。

教育计划是一个有组织的科学发展过程,旨在通过激发社会和经济角色,指导教育,以及利用资源和机构实现预期的目标,在最短时间内以最低的成本培养最佳的社会成员,最终促进人类的优化与发展。

除了计划过程本身,计划的风格和方法的选择也很重要。因此,明确而具体的理念是确保计划成功的先决条件,并为政府工作方向和教育决策制定奠定基础。与其他国家一样,沙特阿拉伯通过计划的实现来促进全面发展,并满足个人和社会各个领域的需求。沙特阿拉伯利用计划以杰出的标准和高度卓越的国际措施打下了深厚的物质文化基础。

在过去的十年里,沙特阿拉伯迅速地取得了很大程度的成功和教育的发展。当局下拨了重要财政资金来发展教育,来满足沙特阿拉伯不同变化和发展阶段的目标以及促进社会经济的繁荣。

尽管在过去几十年取得了巨大的成就,但是鉴于目前社会、经济和技术的变化,评估现有教育系统及其制度是否能够满足未来社会需求并非易事,因此在规划过程中需要更加深入的科学方法。

过去的几年里教育部已经在专家们的有效行动下顺利完成了教育计划,并且实现了许多重要的目标。这些目标具有定量描述的特点,需要面对社会的挑战和变化,并控制文化和价值观对目标的影响,以满足个人和机构的需求。

目前的十年计划考虑了反映社会当前和未来需求的因素,旨在确保过去取得的卓越成就。以下是最重要的因素:

1. 学生数量和对教育后续需求的增加。到2010年,0~15岁人口将占总人口的41.9%。
2. 工业和技术的变化导致了社会需求和劳动力市场性质的转变。
3. 社会的变化和经济的增长导致对教育需求的质量和数量的增加。
4. 对教育和教学过程中变量的干预导致了各种教育形式的改革和创新需求的增加。
5. 缩短教育规划和综合发展规划之间的差距,在将教育计划与教育过程相结合的同时将教育计划与政府的综合计划相结合。

6.迫切需要为沙特阿拉伯不同环境和地域的所有公民提供高质量的对称教育机会。

最后,我向所有为这个项目付出努力和提供建议的人表达最真挚的感激之情。无论是教育部内的工作人员还是部门外的人员,以及所有参与项目开发的专家和专业人士,是他们的精诚合作促成了这一项目的圆满成功。

教育部部长

一、介绍

沙特阿拉伯的领导人意识到,国家成功的前提是拥有善于思考和创新的人才,这些人才通过他们所拥有的知识来实现国家的发展。为了实现增强国家实力的目标,沙特阿拉伯正在发展、升级和改进其教育系统。因此,非常有必要为实现这一目标而制订国家计划和专业工作计划。此外,实现这一目标还需要一个学术教育系统,该系统能够满足当前和预期需求,提供具有国际竞争力的培训,以及采取有效的规划方法以保证实现所描绘的目标与愿景。

制订十年计划是沙特阿拉伯的战略选择。该计划是一个用来分析和展现现有人力和物力资源的模型工具,能够以最少的时间和最有效的成本,成功地实现目标。此外,它是一个指导教育决策和提高生产力的智能技术工具,能够同时考虑到计划过程中和采用科学方法时可能遇到的困难和挫折。制订一个全面的教育发展计划是实现国家总体发展战略目标的切实而必要的条件。教育是人力资源优化的主要途径,人力资源是经济发展的基本要素。这意味着,教育不仅是一种满足社会需求的服务,也是一种旨在提高个人生活水平和实现社会经济发展的投资。因此,将教育规划与国家全面规划相结合势在必行。

教育部将使用科学方法解决教育问题。比如通过开展专业培训以及修订课程大纲和评估标准来提高男女教师的内部胜任率与绩效水平。此外,教学评估手段和方法也是很重要的。还需要提供具备合格的教育条件的学校建筑,明确教育内容和劳动力市场需求之间的对应关系。该计划能够使我们的教育取得长足的发展,拉近我们与国际竞争领域之间的差距。最后,该计划将解决男女学生人数不断增加的问题,以及保证为这个国家不同地区和地域的所有居民提供平等的教育机会。

二、计划的决定因素

为应对影响沙特阿拉伯教育系统性质和运行的若干挑战,教育部制订了十年计划。计划小组一直热衷于分析最重要的因素和挑战,以此作为确定计划目标和愿景的参考。团队的研究结果及其结论如下:

1. 学生数量的增加

研究表明,在未来十年,由于人口增长,沙特阿拉伯的学生人数将会增加,这将导致各阶段人群教育需求的增加。为满足6岁以下儿童入学的需求,应提高初级阶段的入学率,并为学生提供适当的教育。解决这方面的问题已经成为计划中的一项基本目标。为了扩大教育的覆盖面和增加对应的教育项目,政府不得不面临额外的财政负担,需要寻找和吸纳各种教育资金。

2. 发展要求

第七次国家发展计划中的相关指标表明,这些年来,教育在实现既定目标方面取得了巨大的成功。此外,这些指标和雄心勃勃的第八次国家发展计划的内容表明,教育的职责在于人力资源的优化。这些人力资源能够在社会经济生活的各个方面创造和实现社会的全面发展。这也意味着发展需要高度熟练的劳动力。因此,为个人提供有效的教育是非常有必要的。

3. 国际关系变化

国际关系变化给国家的经济、社会、科技和教育的各个方面都带来了影响。为了在国际竞争中更有优势,政府对教育制度提出各种各样的要求,并通过改革教育使学习者能够与国际同行竞争和积极互动。研究表明,未来十年将会增加教育系统的战略需求,在保持沙特阿拉伯传统价值观的同时具有应对国际变化的能力。

全球经济的自由贸易趋势促成了服务(包括教育服务)的全球化,即教育和学习不再局限于国家的正规教育制度,私立部门也能参与其中。因此,可以从投资项目方面着手评估教育的成果。随着强大的国际竞争对手的出现,教育服务业将面临巨大的挑战。可见,十年计划必须提高教育标准并保证教育成果得到改善,以便应对该领域的其他国际竞争对手发出的挑战。

4. 知识爆炸

科技的进步带来了知识的大爆炸,因此需要优化教育系统以迎接随即而来的挑战。比如通过修改现有的教学大纲和优化知识系统,为学习者能够成功应用前沿技术做好准备。面对科技带来的挑战,教育部需要不断地对教育系统的各个方面进行改革。

5. 文化入侵及其后果

大众传媒的不断发展和广泛传播,以及成本的不断降低,无疑对沙特阿拉伯的民族认同感和文化传统构成了威胁与挑战。针对这一问题需要找到一个可以平衡的方法,既让学生享受到现代科技带来的利益(这也会造福社会),同时也能维护沙特阿拉伯的价值观与信仰,保护个人和团体免受侵害,消除给穆斯林社会带来的负面影响。

三、教育部十年计划措施

根据教育计划的目标和任务的性质,教育部制订了十年计划及其后续执行程序。因此,十年计划的过程具有连续性和连贯性。另外,该计划也明确指出了主要发展阶段以及每一阶段的性质与工作重点。计划已经开始实施并按以下阶段设置了计划表。

(一)第一阶段:准备

这一阶段包括评估现有的尝试(计划),以充分验证可能导致这些尝试成功或失败的不同方面的情况，并诊断现状及其积极的或消极的影响因素。最后对现有的教育系统、发展要求、定性和定量增长的情况进行详细的研究。这些诊断的过程将通过以下方式进行：

1. 分析研究

除了了解国内和国际的经验以及其未来愿景和目标，还需要研究和分析与沙特阿拉伯教育计划有关的政策、报告和未来愿景等资料。研究主要集中在以下教育文件和报告上：

(1) 发展计划及运作计划。

(2) 沙特阿拉伯的人口特征(2000年)。

(3) 1996—2000年的年度统计报告。

(4) 沙特阿拉伯的教育综合评价(2000年)。

(5) 沙特阿拉伯的识字率和对成人教育的评估(2001年)。

(6) 沙特阿拉伯的教育融资和私立部门的支持与活动(1998年)。

(7) 从发达国家的教育文件中汲取诸多有关这些国家曾经制订和发展教育计划及其愿景和目标的经验。

2. 预测研究

对未来的预测是计划的基本环节之一，旨在预测学生人数的增长率，并估计学生的需求。未来十年沙特阿拉伯将开展教育预测定量研究，作为一个构建计划愿景和目标的枢纽来展望未来。

3. 实地研究

(1) 教育部门的教育实际研究

本研究旨在获取教育领域以及各省教育状况的定量和定性数据以审查其内部的能力水平。需要一种特殊的工具来收集这些数据，然后将这些数据发送给不同的教育管理部门。在完成数据收集后，需要对数据进行分析以确定制订教育计划所需的科学行动方案。

(2) 实地研究

为了提供有关教育领域真实的综合报告，有必要与教育管理者进行直接接触，通过提高一系列问题和对实际需求的采访深入了解他们的观点。从中挑选一个具有代表性的样本，该样本包括教育部部长、教育部副部长、教育督导员、校长、副校长、教师、学生以及律师。在采访中收集的数据能够提供这些人士的总体态度和需求信息。除了这项研究之外，还向所有教育领域的工作人员、学生和全体教育行政部门发放了五百份调查问卷，调查他们对未来教育的看法及建议。

通过这些研究得到了第一阶段的成果：了解了沙特阿拉伯各级教育部门的基本情况、人员能力、具体需求、入学百分比以及增长率；对预期的人口增长进行了预测，以估计未来的教育负担；对未来十年内成功执行计划的定性和定量需求进行了评估；研究了未来可能发生的变化和对教育可能产生的影响,并预测了未来的变化趋势;准确而全面地调查了教育系统并估算在计划期间能容纳的学生、教师、班级数量。

针对计划过程所面临的现实,这些研究提供了全面而详细的看法,并提供了一些措施和标准,以指导该计划的愿景和目标的实现。

(二)第二阶段:愿景和目标规范

在伊斯兰信仰、政治、经济和社会态度的框架内,这一阶段限定了该计划的基础规范。有效审查教育系统和诊断其状态之后,沙特阿拉伯建立了一套教育管理和指导策略。根据研究中收集到的信息所制定的愿景能够指导该计划。在确保该计划愿景的适用性和适当性之后,研究团队制订了十年计划的总目标和具体目标。在确定目标的同时,该团队验证了其在科学上的准确性。此外,该团队还明确了实现计划愿景所应考虑的事项,包括社会的特殊性质、伊斯兰信仰与社会隐私;关注教育过程与学生积极性;在制定详细目标的同时确定能力和愿望之间的对应关系;愿景的灵活性及应对未来变化和创新的能力。

研究团队通过几次会议沟通,修改了愿景和目标,然后将这些修改了的愿景和目标提交给一个由社会代表组成的顾问团队。这些愿景和目标还需要与教育部的官员以及40名教育工作领导干部和政党代表进行磋商。另外,愿景和目标还需提交给一些专家进行进一步的分析和审查,以确定这些愿景和目标与专业化之间的联系。研究团队收集到这些意见后,会仔细地检查这些意见,然后从中提取重要结论,并根据收集到的新信息修改原始计划。

(三)第三阶段:制订行动计划

在这个阶段,这些愿景和目标将会转化为呈现在数字、图像中的目标和指标。然后,根据优先主次,制订详细的工作计划。此外,还需要考虑到这一阶段的协调与整合工作,以及执行计划的时间、成本、资金来源、可能的变化以及替代方案。所有的这些过程都是在教育部各个部门组织的研讨会上完成的,参与人员包括主要团队成员和咨询专家。

(四)第四阶段:将计划发送到各部门

教育部批准了该计划的目标和实施项目后,需要进行全面的协调,说明执行各计划和项目的工作需求和负责机构,明确具体的任务和作用,并估算人力资源的供应以及计划和项目期间的财务要求。

每一个具体的计划或项目的成果指标和特征由负责的团队来决定。

在这个阶段,应考虑到十年计划承诺的以下几个方面:

1.扩大参与范围,接纳所有在愿景的结果中受益的人。

2.充分考虑以往的经验、未来教育的创新和劳动力市场的需求。

3.与各级各类主管部门协调以确保愿景的实现和满足计划的要求。

4. 一方面从教育成果与利益相关者之间的关系出发,另一方面从满足社区需求的教育机构出发,制定长远的发展愿景。

5. 为了满足教育发展的持续性需求,需要灵活地适应不断出现的变化和进行创新。

(五)第五阶段:向专家介绍计划

在这个阶段,该计划会提交给国内外的专家(阿拉伯国家的专家和其他国际专家)进行审议,以确保其科学结构的有效性。绝大多数专家赞同该计划,认为该计划近乎完美,他们认为这是对教育战略最好的诠释。此外,他们还对教育发展计划中所采用的新方法表示赞同。该计划的团队采纳了专家的意见,并改善了计划的评估标准以保证其质量。

(六)第六阶段:预测在执行计划阶段所需的资金

在这一阶段需要估算该计划的成本费用,并且将项目交由专门的团队来承接。这个团队由教育预算总指挥(男性部门)、教育预算总助理(女性部门)、教育规划主任以及行政规划主任组成。在估算计划的成本时,团队要以合理性和实用性为基础。此外,还列出了一份清单,注明十年计划内所需完成的项目和计划的每一项要求。

(七)第七阶段:批准、发布和执行计划

这个阶段需要向教育部部长提交十年计划及其相关研究,执行过程以及后续措施。2003年,教育部部长的第1581-1-15号决定批准了十年计划。决定指出,这一计划的应用会在2004年生效,以配合第八次国家发展计划。教育部部长委托教育规划总局全面确定该计划的第一年内容,同时也要求各地区的教育行政部门以及各省的男性和女性部门根据教育部的综合计划制订第一年的执行计划,并且教育规划总局也会根据以往经验大力支持。该阶段会通过网络向有关各方公布和分发计划,并将其放在教育部网站上以便顺利进行计划的后续行动。

四、教育部未来十年的愿景

到2014年底教育部将实现以下愿景:首先,男女毕业生具备伊斯兰价值观以及适当的学识,通过学习和实践获得知识和技能;其次,他们积极应对和迎接现代的变革;此外,他们能够有效而灵活地应用先进技术,应对科学和实践领域的国际竞争。

教育部未来十年计划的目标和具体指标如下:

(一)做好4~6岁儿童的学前教育工作

与其他教育阶段相比,就教学设施和教学大纲而言,学前教育是一个独立的阶段。

1. 在计划结束时,4~6岁儿童的学前教育人数增加40%。
2. 提高学前教育的项目和活动水平。
3. 为幼儿园配备专业化教师,以满足这一阶段的课程需要。
4. 制订计划和规定工具以衡量儿童学前教育的准备情况。

5.制订学前教育教师的培养和资格认证计划。

(二)为6～18岁不同教育阶段的学生提供住宿

1.实现基础教育义务化。

2.在计划结束时,入学率提高2%,并为所有男女学生提供住宿。

3.确保政府的学校建筑设施能够容纳入学率增加90%后的学生人数。

4.根据预期的教育需求,教师数量每年增长3.5%。

(三)增加对国家的忠诚度和自豪感

1.启发学生用科学而客观的视角来应对国家面临的挑战。

2.恪守宽以待人的理念,客观论证,拒绝极端的观点。

3.发挥教师在培养国家忠诚度方面的作用。

(四)与国际考试的标准接轨

在国内和国际层面为学生做好学术上和文化上的准备,以便能够在不同年龄阶段的数学和科学领域提升国际地位。

1.加强教育部与国际同行在文化教育领域的合作与交流,同时建立适当的沟通和管理渠道。

2.加强教育部在教育文化活动中的参与度。

3.提高国际和地方教育组织的计划和项目的效益。

4.确保将学生的学术(科学)表现和知识水平与国际标准接轨。

5.鼓励学生积极参加国际数学和科学考试。

(五)发展女性职业技术教育

1.完善女性职业技术教育的法规及相关制度。

2.加强女性教育和职业培训力度,实现女性职业技术教育中每年30%的招生增长。

(六)针对有特殊需求的学生,发展特殊教育

1.为在科技创新领域中的优秀学生开展教育项目。

2.发展符合当代国际观点和期望的特殊教育制度。

3.为残疾学生制订特殊教育计划。

4.为有特殊需要的学生提供物资和适当的教育环境。

5.加强教师职业发展,使其充分做好与有特殊需要学生有效合作的准备。

6.与私立部门共享特殊教育的发展机会。

7.增加社会对保护特殊儿童权利的参与力度。

(七)教育部人员的培训与发展

1.根据现代国际趋势,制定教育部人员的教育和培训计划和方法。

2.在教育系统内部开展培训和评估。

3. 以每年25％的增速培养教育领域的人才。

(八) 改善内外教育系统

1. 在初级阶段将教育失败率降低到5％，中级阶段降低到7％，高级阶段降低到8％。

2. 根据学生水平改革课堂教学模式，以取得更好的教学效果。

3. 将所有年龄阶段的辍学率降到1％。

4. 使学术水平及技术能力的衡量标准多样化。

5. 确保安全的校园环境。

6. 提高教育成功率。

7. 到计划结束时，各个教育领域内每名教师的平均教授的学生数量降低到1~20人。

8. 每名教育工作人员的平均管理数量降低到1~20人。

9. 为了降低资源浪费率，合理地分配财政资源。

10. 提高中等教育质量。

11. 为学生提供进入劳动力市场的适当和必要的技能。

12. 在教学中采用综合素质教育体系。

(九) 根据伊斯兰价值观制定教学大纲，促进学生的个性化发展

1. 制定教学大纲，确保穆斯林学生的个性发展，使其为自己的信仰感到自豪，在实践和行为上忠于自己的国家。

2. 根据伊斯兰价值观以及当代国际发展趋势制定教学大纲。

3. 注重培养学生思考、分析和沟通的技能。

4. 教学大纲包含前沿信息，使学生能够灵活掌握知识和技术。

5. 为学生提供各种社交场合所需的技能。

6. 培养自我教育和终生教育所需的技能。

7. 让学生了解前沿信息和知识。

8. 利用计算机程序和教育技术及资源来丰富教育过程。

9. 增加学生参加暑期和非暑期活动的机会，每周实践活动可以达到3小时。

10. 使学生能够掌握合理利用闲暇时间的技巧。

11. 让学生具备在穆斯林家庭中扮演好相应角色的必要技巧。

(十) 提升教师的教学资质

1. 发展教育及教学方法。

2. 按照教育系统的发展目标制定教育督导方法。

3. 将师范院校的阿拉伯语、数学、科学、英语和计算机专业的录取比率提高20％。

4. 实行教师续聘制度（继续工作5年），并颁发职业执照。

5. 组织教师综合标准考试。

6.修改工作制度以便留住学校的专业人才。

7.制定工资和奖励制度,防止优秀教师的流失。

8.根据问责制,制定教师绩效的具体标准。

9.在沙特阿拉伯教育的各个阶段实现95%的本土化。

(十一)发展教育结构和更新学校地图

1.建设配有现代化设备的校舍。

2.根据学校的愿景,增加学校建筑和设施。

3.确保和改善教学所需的教育技术。

4.增加体育设施,让学生进行真正的体育活动实践,平均每名学生有8平方米的活动空间。

5.提高学生在文化、社会及科学活动中的参与度。

6.把人口流动情况同学校的分布联系起来。

7.为学校建设和改造争取充足的财政资源。

(十二)发展信息技术在教育和学习中的应用

1.建立信息技术应用的集成系统。

2.建立通信技术在教育中应用的集成系统。

3.加强机器人与人类知识的整合。

(十三)发展成人教育,根除文盲

1.增加教育系统的灵活性,以便容易退出和返回。

2.提供平行教育渠道来容纳教育系统外的学生。

3.在符合沙特阿拉伯教育环境的范围内发展远程教育。

4.扩大目前成人教育的范围,采用灵活的制度,提供符合教育需要的环境。

5.发展成人教育,满足文盲的教育需求。

6.提高成人教育的课堂教学质量。

(十四)教育部的全面行政发展

1.完善教育系统内部的行政程序。

2.建立一个框架和系统以促进十年计划相关目标的实现。

3.制定和完善教育系统中的任用选拔制度。

4.提高教育系统中有较高学历的专业人才的比例。

5.减少中央集权,赋予各级教育部门和学校更多的权力,并加强监管和指导,以有效地发展教育系统。

6.发展和加强学校管理来达到改进教学管理的目的。

(十五)扩大社会参与教育的范围

1.大力鼓励有资格的社会力量参与扫盲。

2.在教育部领导的支持下,实现国民教育的横向扩展。
3.加大检察人员参与学校管理的力度。
4.检察人员和其他社会团体能够有效参与教育发展的过程。
5.采用现代科学技术体系来促进学校与社会其他机构之间的沟通。
6.为学生和教师参加国际科学论坛和会议做准备。

(十六)建立统一的问责制度

1.每四年进行一次全国考试,评估基础学术课程的学术获取质量。
2.每四年进行一次学校综合评估。
3.在所有的公立学校推行教育信任机制。
4.评估和改进教育部的教育和支持计划。

五、目标和指标的数量分配

教育部未来十年愿景目标见表7-1。

表7-1　　　　教育部未来十年愿景目标

目标	指标数量
做好4~6岁儿童的学前教育工作	5
为6~18岁不同教育阶段的学生提供住宿	4
增加对国家的忠诚度和自豪感	3
与国际考试的标准接轨	5
发展女性职业技术教育	2
针对有特殊需求的学生,发展特殊教育	7
教育部人员的培训与发展	3
改善内外教育系统	12
根据伊斯兰价值观制定教学大纲,促进学生的个性化发展	11
提升教师的教学资质	9
发展教育结构和更新学校地图	7
发展信息技术在教育和学习中的应用	3
发展成人教育,根除文盲	6
教育部的全面行政发展	6
扩大社会参与教育的范围	6
建立统一的问责制度	4

六、目标及指标举例

目标:做好4~6岁儿童的学前教育工作。
指标:在计划结束时,4~6岁儿童的学前教育人数增加40%。
实施项目及指标见表7-2。

表 7-2　　　　　　　　　　　　　　实施项目及指标(1)

序号	实施项目	持续时间	要求	负责机构		外部支持	指标
				主要机构	辅助机构/辅助人员		
1	制定学前教育战略	一年	招聘合格人才,财政支持	沙特儿童全国委员会	所有专业人士、师范院校	劳动部、大学	学前教育入学儿童的年度增长率为4%;增加幼儿园的数量;增加提供学前教育服务的私立机构数量
2	制定幼儿园管理方面的规章制度	一年	专家进行研究,财政支持	教育部	教育政策委员会、师范院校	国际组织、大学	
3	支持和鼓励私立机构参与建立和管理幼儿园	一直持续	私立部门参与政策的制定	教育部	学前教育管理部门	劳动部、商务部、民政部	

目标:发展成人教育,根除文盲。

指标:增加教育系统的灵活性,以便容易退出和返回。

实施项目及指标见表 7-3。

表 7-3　　　　　　　　　　　　　　实施项目及指标(2)

序号	实施项目	持续时间	要求	负责机构		外部支持	指标
				主要机构	辅助机构/辅助人员		
1	制定成人教育的管理制度,提高教育体系的灵活性	三个月	研究当前政策及其后续的发展情况	成人教育管理部门	教育部	大学	制定成人教育的管理制度,允许退出和返回教育系统;提升成人教育录取率;降低文盲率
2	鼓励成人选择所要学习的技术和知识内容,不定期地对他们进行测试	三个月	组建专业的工作团队,财政支持,举办高级研讨会	成人教育管理部门	教育督导机构、师范院校	大学	
3	制定学术能力标准体系	四年	进行调查研究,设立专门的委员会,财政支持	校准和评估部门	成人教育管理部门、师范院校	大学	

附 录

附录一

推动共建丝绸之路经济带和21世纪海上丝绸之路的愿景与行动

国家发展改革委　外交部　商务部
（经国务院授权发布）
2015 年 3 月 28 日

前　言

2000多年前,亚欧大陆上勤劳勇敢的人民,探索出多条连接亚欧非几大文明的贸易和人文交流通路,后人将其统称为"丝绸之路"。千百年来,"和平合作、开放包容、互学互鉴、互利共赢"的丝绸之路精神薪火相传,推进了人类文明进步,是促进沿线各国繁荣发展的重要纽带,是东西方交流合作的象征,是世界各国共有的历史文化遗产。

进入21世纪,在以和平、发展、合作、共赢为主题的新时代,面对复苏乏力的全球经济形势,纷繁复杂的国际和地区局面,传承和弘扬丝绸之路精神更显重要和珍贵。

2013年9月和10月,中国国家主席习近平在出访中亚和东南亚国家期间,先后提出共建"丝绸之路经济带"和"21世纪海上丝绸之路"（以下简称"一带一路"）的重大倡议,得到国际社会高度关注。中国国务院总理李克强参加2013年中国-东盟博览会时强调,铺就面向东盟的海上丝绸之路,打造带动腹地发展的战略支点。加快"一带一路"建设,有利于促进沿线各国经济繁荣与区域经济合作,加强不同文明交流互鉴,促进世界和平发展,是一项造福世界各国人民的伟大事业。

"一带一路"建设是一项系统工程,要坚持共商、共建、共享原则,积极推进沿线国家发展战略的相互对接。为推进实施"一带一路"重大倡议,让古丝绸之路焕发新的生机活力,以新的形式使亚欧非各国联系更加紧密,互利合作迈向新的历史高度,中国政府特制定并发布《推动共建丝绸之路经济带和21世纪海上丝绸之路的愿景与行动》。

一、时代背景

当今世界正发生复杂深刻的变化,国际金融危机深层次影响继续显现,世界经济缓慢复苏、发展分化,国际投资贸易格局和多边投资贸易规则酝酿深刻调整,各国面临的发展问题依然严峻。共建"一带一路"顺应世界多极化、经济全球化、文化多样化、社会信息化的潮流,秉持开放的区域合作精神,致力于维护全球自由贸易体系和开放型世界经济。共建"一带一路"旨在促进经济要素有序自由流动、资源高效配置和市场深度融合,推动沿线各国实现经济政策协调,开展更大范围、更高水平、更深层次的区域合作,共同打造开放、包容、均衡、普惠的区域经济合作架构。共建"一带一路"符合国际社会的根本利益,彰显人类社会共同理想和美好追求,是国际合作以及全球治理新模式的积极探索,将为世界和平发展增添新的正能量。

共建"一带一路"致力于亚欧非大陆及附近海洋的互联互通,建立和加强沿线各国互联互通伙伴关系,构建全方位、多层次、复合型的互联互通网络,实现沿线各国多元、自主、平衡、可持续的发展。"一带一路"的互联互通项目将推动沿线各国发展战略的对接与耦合,发掘区域内市场的潜力,促进投资和消费,创造需求和就业,增进沿线各国人民的人文交流与文明互鉴,让各国人民相逢相知、互信互敬,共享和谐、安宁、富裕的生活。

当前,中国经济和世界经济高度关联。中国将一以贯之地坚持对外开放的基本国策,构建全方位开放新格局,深度融入世界经济体系。推进"一带一路"建设既是中国扩大和深化对外开放的需要,也是加强和亚欧非及世界各国互利合作的需要,中国愿意在力所能及的范围内承担更多责任义务,为人类和平发展做出更大的贡献。

二、共建原则

恪守联合国宪章的宗旨和原则。遵守和平共处五项原则,即尊重各国主权和领土完整、互不侵犯、互不干涉内政、和平共处、平等互利。

坚持开放合作。"一带一路"相关的国家基于但不限于古代丝绸之路的范围,各国和国际、地区组织均可参与,让共建成果惠及更广泛的区域。

坚持和谐包容。倡导文明宽容,尊重各国发展道路和模式的选择,加强不同文明之间的对话,求同存异、兼容并蓄、和平共处、共生共荣。

坚持市场运作。遵循市场规律和国际通行规则,充分发挥市场在资源配置中的决定性作用和各类企业的主体作用,同时发挥好政府的作用。

坚持互利共赢。兼顾各方利益和关切,寻求利益契合点和合作最大公约数,体现各方智慧和创意,各施所长,各尽所能,把各方优势和潜力充分发挥出来。

三、框架思路

"一带一路"是促进共同发展、实现共同繁荣的合作共赢之路,是增进理解信任、加强全方位交流的和平友谊之路。中国政府倡议,秉持和平合作、开放包容、互学互鉴、互利共赢的理念,全方位推进务实合作,打造政治互信、经济融合、文化包容的利益共同体、命运共同体和责任共同体。

"一带一路"贯穿亚欧非大陆,一头是活跃的东亚经济圈,一头是发达的欧洲经济圈,中间广大腹地国家经济发展潜力巨大。丝绸之路经济带重点畅通中国经中亚、俄罗斯至欧洲（波罗的海）；中国经中亚、西亚至波斯湾、地中海；中国至东南亚、南亚、印度洋。21世纪海上丝绸之路重点方向是从中国沿海港口过南海到印度洋，延伸至欧洲；从中国沿海港口过南海到南太平洋。

根据"一带一路"走向，陆上依托国际大通道，以沿线中心城市为支撑，以重点经贸产业园区为合作平台，共同打造新亚欧大陆桥、中蒙俄、中国-中亚-西亚、中国-中南半岛等国际经济合作走廊；海上以重点港口为节点，共同建设通畅安全高效的运输大通道。中巴、孟中印缅两个经济走廊与推进"一带一路"建设关联紧密，要进一步推动合作，取得更大进展。

"一带一路"建设是沿线各国开放合作的宏大经济愿景，需各国携手努力，朝着互利互惠、共同安全的目标相向而行。努力实现区域基础设施更加完善，安全高效的陆海空通道网络基本形成，互联互通达到新水平；投资贸易便利化水平进一步提升，高标准自由贸易区网络基本形成，经济联系更加紧密，政治互信更加深入；人文交流更加广泛深入，不同文明互鉴共荣，各国人民相知相交、和平友好。

四、合作重点

沿线各国资源禀赋各异，经济互补性较强，彼此合作潜力和空间很大。以政策沟通、设施联通、贸易畅通、资金融通、民心相通为主要内容，重点在以下方面加强合作。

政策沟通。加强政策沟通是"一带一路"建设的重要保障。加强政府间合作，积极构建多层次政府间宏观政策沟通交流机制，深化利益融合，促进政治互信，达成合作新共识。沿线各国可以就经济发展战略和对策进行充分交流对接，共同制定推进区域合作的规划和措施，协商解决合作中的问题，共同为务实合作及大型项目实施提供政策支持。

设施联通。基础设施互联互通是"一带一路"建设的优先领域。在尊重相关国家主权和安全关切的基础上，沿线国家宜加强基础设施建设规划、技术标准体系的对接，共同推进国际骨干通道建设，逐步形成连接亚洲各次区域以及亚欧非之间的基础设施网络。强化基础设施绿色低碳化建设和运营管理，在建设中充分考虑气候变化影响。

抓住交通基础设施的关键通道、关键节点和重点工程，优先打通缺失路段，畅通瓶颈路段，配套完善道路安全防护设施和交通管理设施设备，提升道路通达水平。推进建立统一的全程运输协调机制，促进国际通关、换装、多式联运有机衔接，逐步形成兼容规范的运输规则，实现国际运输便利化。推动口岸基础设施建设，畅通陆水联运通道，推进港口合作建设，增加海上航线和班次，加强海上物流信息化合作。拓展建立民航全面合作的平台和机制，加快提升航空基础设施水平。

加强能源基础设施互联互通合作，共同维护输油、输气管道等运输通道安全，推进跨境电力与输电通道建设，积极开展区域电网升级改造合作。

共同推进跨境光缆等通信干线网络建设，提高国际通信互联互通水平，畅通信息丝绸之路。加快推进双边跨境光缆等建设，规划建设洲际海底光缆项目，完善空中（卫星）

信息通道,扩大信息交流与合作。

贸易畅通。投资贸易合作是"一带一路"建设的重点内容。宜着力研究解决投资贸易便利化问题,消除投资和贸易壁垒,构建区域内和各国良好的营商环境,积极同沿线国家和地区共同商建自由贸易区,激发释放合作潜力,做大做好合作"蛋糕"。

沿线国家宜加强信息互换、监管互认、执法互助的海关合作,以及检验检疫、认证认可、标准计量、统计信息等方面的双多边合作,推动世界贸易组织《贸易便利化协定》生效和实施。改善边境口岸通关设施条件,加快边境口岸"单一窗口"建设,降低通关成本,提升通关能力。加强供应链安全与便利化合作,推进跨境监管程序协调,推动检验检疫证书国际互联网核查,开展"经认证的经营者"(AEO)互认。降低非关税壁垒,共同提高技术性贸易措施透明度,提高贸易自由化便利化水平。

拓宽贸易领域,优化贸易结构,挖掘贸易新增长点,促进贸易平衡。创新贸易方式,发展跨境电子商务等新的商业业态。建立健全服务贸易促进体系,巩固和扩大传统贸易,大力发展现代服务贸易。把投资和贸易有机结合起来,以投资带动贸易发展。

加快投资便利化进程,消除投资壁垒。加强双边投资保护协定、避免双重征税协定磋商,保护投资者的合法权益。

拓展相互投资领域,开展农林牧渔业、农机及农产品生产加工等领域深度合作,积极推进海水养殖、远洋渔业、水产品加工、海水淡化、海洋生物制药、海洋工程技术、环保产业和海上旅游等领域合作。加大煤炭、油气、金属矿产等传统能源资源勘探开发合作,积极推动水电、核电、风电、太阳能等清洁、可再生能源合作,推进能源资源就地就近加工转化合作,形成能源资源合作上下游一体化产业链。加强能源资源深加工技术、装备与工程服务合作。

推动新兴产业合作,按照优势互补、互利共赢的原则,促进沿线国家加强在新一代信息技术、生物、新能源、新材料等新兴产业领域的深入合作,推动建立创业投资合作机制。

优化产业链分工布局,推动上下游产业链和关联产业协同发展,鼓励建立研发、生产和营销体系,提升区域产业配套能力和综合竞争力。扩大服务业相互开放,推动区域服务业加快发展。探索投资合作新模式,鼓励合作建设境外经贸合作区、跨境经济合作区等各类产业园区,促进产业集群发展。在投资贸易中突出生态文明理念,加强生态环境、生物多样性和应对气候变化合作,共建绿色丝绸之路。

中国欢迎各国企业来华投资。鼓励本国企业参与沿线国家基础设施建设和产业投资。促进企业按属地化原则经营管理,积极帮助当地发展经济、增加就业、改善民生,主动承担社会责任,严格保护生物多样性和生态环境。

资金融通。资金融通是"一带一路"建设的重要支撑。深化金融合作,推进亚洲货币稳定体系、投融资体系和信用体系建设。扩大沿线国家双边本币互换、结算的范围和规模。推动亚洲债券市场的开放和发展。共同推进亚洲基础设施投资银行、金砖国家开发银行筹建,有关各方就建立上海合作组织融资机构开展磋商。加快丝路基金组建运营。深化中国-东盟银行联合体、上合组织银行联合体务实合作,以银团贷款、银行授信等方式开展多边金融合作。支持沿线国家政府和信用等级较高的企业以及金融机构在中国境内发行人民币债券。符合条件的中国境内金融机构和企业可以在境外发行人民币债券和外币债券,鼓励在沿线国家使用所筹资金。

加强金融监管合作,推动签署双边监管合作谅解备忘录,逐步在区域内建立高效监管协调机制。完善风险应对和危机处置制度安排,构建区域性金融风险预警系统,形成应对跨境风险和危机处置的交流合作机制。加强征信管理部门、征信机构和评级机构之间的跨境交流与合作。充分发挥丝路基金以及各国主权基金作用,引导商业性股权投资基金和社会资金共同参与"一带一路"重点项目建设。

民心相通。民心相通是"一带一路"建设的社会根基。传承和弘扬丝绸之路友好合作精神,广泛开展文化交流、学术往来、人才交流合作、媒体合作、青年和妇女交往、志愿者服务等,为深化双多边合作奠定坚实的民意基础。

扩大相互间留学生规模,开展合作办学,中国每年向沿线国家提供1万个政府奖学金名额。沿线国家间互办文化年、艺术节、电影节、电视周和图书展等活动,合作开展广播影视剧精品创作及翻译,联合申请世界文化遗产,共同开展世界遗产的联合保护工作。深化沿线国家间人才交流合作。

加强旅游合作,扩大旅游规模,互办旅游推广周、宣传月等活动,联合打造具有丝绸之路特色的国际精品旅游线路和旅游产品,提高沿线各国游客签证便利化水平。推动21世纪海上丝绸之路邮轮旅游合作。积极开展体育交流活动,支持沿线国家申办重大国际体育赛事。

强化与周边国家在传染病疫情信息沟通、防治技术交流、专业人才培养等方面的合作,提高合作处理突发公共卫生事件的能力。为有关国家提供医疗援助和应急医疗救助,在妇幼健康、残疾人康复以及艾滋病、结核、疟疾等主要传染病领域开展务实合作,扩大在传统医药领域的合作。

加强科技合作,共建联合实验室(研究中心)、国际技术转移中心、海上合作中心,促进科技人员交流,合作开展重大科技攻关,共同提升科技创新能力。

整合现有资源,积极开拓和推进与沿线国家在青年就业、创业培训、职业技能开发、社会保障管理服务、公共行政管理等共同关心领域的务实合作。

充分发挥政党、议会交往的桥梁作用,加强沿线国家之间立法机构、主要党派和政治组织的友好往来。开展城市交流合作,欢迎沿线国家重要城市之间互结友好城市,以人文交流为重点,突出务实合作,形成更多鲜活的合作范例。欢迎沿线国家智库之间开展联合研究、合作举办论坛等。

加强沿线国家民间组织的交流合作,重点面向基层民众,广泛开展教育医疗、减贫开发、生物多样性和生态环保等各类公益慈善活动,促进沿线贫困地区生产生活条件改善。加强文化传媒的国际交流合作,积极利用网络平台,运用新媒体工具,塑造和谐友好的文化生态和舆论环境。

五、合作机制

当前,世界经济融合加速发展,区域合作方兴未艾。积极利用现有双多边合作机制,推动"一带一路"建设,促进区域合作蓬勃发展。

加强双边合作,开展多层次、多渠道沟通磋商,推动双边关系全面发展。推动签署合作备忘录或合作规划,建设一批双边合作示范。建立完善双边联合工作机制,研究推进"一带一路"建设的实施方案、行动路线图。充分发挥现有联委会、混委会、协委会、指导委员会、管理委员会等双边机制作用,协调推动合作项目实施。

强化多边合作机制作用,发挥上海合作组织(SCO)、中国-东盟"10+1"、亚太经合组织(APEC)、亚欧会议(ASEM)、亚洲合作对话(ACD)、亚信会议(CICA)、中阿合作论坛、中国-海合会战略对话、大湄公河次区域(GMS)经济合作、中亚区域经济合作(CAREC)等现有多边合作机制作用,相关国家加强沟通,让更多国家和地区参与"一带一路"建设。

继续发挥沿线各国区域、次区域相关国际论坛、展会以及博鳌亚洲论坛、中国-东盟博览会、中国-亚欧博览会、欧亚经济论坛、中国国际投资贸易洽谈会,以及中国-南亚博览会、中国-阿拉伯博览会、中国西部国际博览会、中国-俄罗斯博览会、前海合作论坛等平台的建设性作用。支持沿线国家地方、民间挖掘"一带一路"历史文化遗产,联合举办专项投资、贸易、文化交流活动,办好丝绸之路(敦煌)国际文化博览会、丝绸之路国际电影节和图书展。倡议建立"一带一路"国际高峰论坛。

六、中国各地方开放态势

推进"一带一路"建设,中国将充分发挥国内各地区比较优势,实行更加积极主动的开放战略,加强东中西互动合作,全面提升开放型经济水平。

西北、东北地区。发挥新疆独特的区位优势和向西开放重要窗口作用,深化与中亚、南亚、西亚等国家交流合作,形成丝绸之路经济带上重要的交通枢纽、商贸物流和文化科教中心,打造丝绸之路经济带核心区。发挥陕西、甘肃综合经济文化和宁夏、青海民族人文优势,打造西安内陆型改革开放新高地,加快兰州、西宁开发开放,推进宁夏内陆开放型经济试验区建设,形成面向中亚、南亚、西亚国家的通道、商贸物流枢纽、重要产业和人文交流基地。发挥内蒙古联通俄蒙的区位优势,完善黑龙江对俄铁路通道和区域铁路网,以及黑龙江、吉林、辽宁与俄远东地区陆海联运合作,推进构建北京—莫斯科欧亚高速运输走廊,建设向北开放的重要窗口。

西南地区。发挥广西与东盟国家陆海相邻的独特优势,加快北部湾经济区和珠江—西江经济带开放发展,构建面向东盟区域的国际通道,打造西南、中南地区开放发展新的战略支点,形成21世纪海上丝绸之路与丝绸之路经济带有机衔接的重要门户。发挥云南区位优势,推进与周边国家的国际运输通道建设,打造大湄公河次区域经济合作新高地,建设成为面向南亚、东南亚的辐射中心。推进西藏与尼泊尔等国家边境贸易和旅游文化合作。

沿海和港澳台地区。利用长三角、珠三角、海峡西岸、环渤海等经济区开放程度高、经济实力强、辐射带动作用大的优势,加快推进中国(上海)自由贸易试验区建设,支持福建建设21世纪海上丝绸之路核心区。充分发挥深圳前海、广州南沙、珠海横琴、福建平潭等开放合作区作用,深化与港澳台合作,打造粤港澳大湾区。推进浙江海洋经济发展示范区、福建海峡蓝色经济试验区和舟山群岛新区建设,加大海南国际旅游岛开发开放力度。加强上海、天津、宁波-舟山、广州、深圳、湛江、汕头、青岛、烟台、大连、福州、厦门、泉州、海口、三亚等沿海城市港口建设,强化上海、广州等国际枢纽机场功能。以扩大开放倒逼深层次改革,创新开放型经济体制机制,加大科技创新力度,形成参与和引领国际合作竞争新优势,成为"一带一路"特别是21世纪海上丝绸之路建设的排头兵和主力军。发挥海外侨胞以及香港、澳门特别行政区独特优势作用,积极参与和助力"一带一路"建设。为台湾地区参与"一带一路"建设做出妥善安排。

内陆地区。利用内陆纵深广阔、人力资源丰富、产业基础较好优势,依托长江中游城市群、成渝城市群、中原城市群、呼包鄂榆城市群、哈长城市群等重点区域,推动区域互动合作和产业集聚发展,打造重庆西部开发开放重要支撑和成都、郑州、武汉、长沙、南昌、合肥等内陆开放型经济高地。加快推动长江中上游地区和俄罗斯伏尔加河沿岸联邦区的合作。建立中欧通道铁路运输、口岸通关协调机制,打造"中欧班列"品牌,建设沟通境内外、连接东中西的运输通道。支持郑州、西安等内陆城市建设航空港、国际陆港,加强内陆口岸与沿海、沿边口岸通关合作,开展跨境贸易电子商务服务试点。优化海关特殊监管区域布局,创新加工贸易模式,深化与沿线国家的产业合作。

七、中国积极行动

一年多来,中国政府积极推动"一带一路"建设,加强与沿线国家的沟通磋商,推动与沿线国家的务实合作,实施了一系列政策措施,努力收获早期成果。

高层引领推动。习近平主席、李克强总理等国家领导人先后出访20多个国家,出席加强互联互通伙伴关系对话会、中阿合作论坛第六届部长级会议,就双边关系和地区发展问题,多次与有关国家元首和政府首脑进行会晤,深入阐释"一带一路"的深刻内涵和积极意义,就共建"一带一路"达成广泛共识。

签署合作框架。与部分国家签署了共建"一带一路"合作备忘录,与一些毗邻国家签署了地区合作和边境合作的备忘录以及经贸合作中长期发展规划。研究编制与一些毗邻国家的地区合作规划纲要。

推动项目建设。加强与沿线有关国家的沟通磋商,在基础设施互联互通、产业投资、资源开发、经贸合作、金融合作、人文交流、生态保护、海上合作等领域,推进了一批条件成熟的重点合作项目。

完善政策措施。中国政府统筹国内各种资源,强化政策支持。推动亚洲基础设施投资银行筹建,发起设立丝路基金,强化中国-欧亚经济合作基金投资功能。推动银行卡清算机构开展跨境清算业务和支付机构开展跨境支付业务。积极推进投资贸易便利化,推进区域通关一体化改革。

发挥平台作用。各地成功举办了一系列以"一带一路"为主题的国际峰会、论坛、研讨会、博览会,对增进理解、凝聚共识、深化合作发挥了重要作用。

八、共创美好未来

共建"一带一路"是中国的倡议,也是中国与沿线国家的共同愿望。站在新的起点上,中国愿与沿线国家一道,以共建"一带一路"为契机,平等协商,兼顾各方利益,反映各方诉求,携手推动更大范围、更高水平、更深层次的大开放、大交流、大融合。"一带一路"建设是开放的、包容的,欢迎世界各国和国际、地区组织积极参与。

共建"一带一路"的途径是以目标协调、政策沟通为主,不刻意追求一致性,可高度灵活,富有弹性,是多元开放的合作进程。中国愿与沿线国家一道,不断充实完善"一带一路"的合作内容和方式,共同制定时间表、路线图,积极对接沿线国家发展和区域合作规划。

中国愿与沿线国家一道,在既有双多边和区域次区域合作机制框架下,通过合作研究、论坛展会、人员培训、交流访问等多种形式,促进沿线国家对共建"一带一路"内涵、目标、任务等方面的进一步理解和认同。

中国愿与沿线国家一道,稳步推进示范项目建设,共同确定一批能够照顾双多边利益的项目,对各方认可、条件成熟的项目抓紧启动实施,争取早日开花结果。

"一带一路"是一条互尊互信之路,一条合作共赢之路,一条文明互鉴之路。只要沿线各国和衷共济、相向而行,就一定能够谱写建设丝绸之路经济带和21世纪海上丝绸之路的新篇章,让沿线各国人民共享"一带一路"共建成果。

附录二

教育部关于印发
《推进共建"一带一路"教育行动》的通知

教外〔2016〕46号

各省、自治区、直辖市教育厅(教委),各计划单列市教育局,新疆生产建设兵团教育局,部属各高等学校,部内各司局、各直属单位:

为贯彻落实中办、国办《关于做好新时期教育对外开放工作的若干意见》和国家发展改革委、外交部、商务部经国务院授权发布的《推动共建丝绸之路经济带和21世纪海上丝绸之路的愿景与行动》,我部牵头制订了《推进共建"一带一路"教育行动》,并已经国家教育体制改革领导小组会议审议通过。现印发给你们,请结合实际认真贯彻执行。

教育部
2016年7月13日

推进共建"一带一路"教育行动

推进共建"丝绸之路经济带"和"21世纪海上丝绸之路"(以下简称"一带一路"),为推动区域教育大开放、大交流、大融合提供了大契机。"一带一路"沿线国家教育加强合作、共同行动,既是共建"一带一路"的重要组成部分,又为共建"一带一路"提供人才支撑。中国愿与沿线国家一道,扩大人文交流,加强人才培养,共同开创教育美好明天。

一、教育使命

教育为国家富强、民族繁荣、人民幸福之本,在共建"一带一路"中具有基础性和先导性作用。教育交流为沿线各国民心相通架设桥梁,人才培养为沿线各国政策沟通、设施联通、贸易畅通、资金融通提供支撑。沿线各国唇齿相依,教育交流源远流长,教育合作前景广阔,大家携手发展教育,合力推进共建"一带一路",是造福沿线各国人民的伟大事业。

中国将一以贯之地坚持教育对外开放,深度融入世界教育改革发展潮流。推进"一带一路"教育共同繁荣,既是加强与沿线各国教育互利合作的需要,也是推进中国教育改革发展的需要,中国愿意在力所能及的范围内承担更多责任义务,为区域教育大发展做出更大的贡献。

二、合作愿景

沿线各国携起手来,增进理解、扩大开放、加强合作、互学互鉴,谋求共同利益、直面共同命运、勇担共同责任,聚力构建"一带一路"教育共同体,形成平等、包容、互惠、活跃的教育合作态势,促进区域教育发展,全面支撑共建"一带一路",共同致力于:

推进民心相通。开展更大范围、更高水平、更深层次的人文交流,不断推进沿线各国人民相知相亲。

提供人才支撑。培养大批共建"一带一路"急需人才,支持沿线各国实现政策互通、设施联通、贸易畅通、资金融通。

实现共同发展。推动教育深度合作、互学互鉴,携手促进沿线各国教育发展,全面提升区域教育影响力。

三、合作原则

育人为本,人文先行。加强合作育人,提高区域人口素质,为共建"一带一路"提供人才支撑。坚持人文交流先行,建立区域人文交流机制,搭建民心相通桥梁。

政府引导,民间主体。沿线国家政府加强沟通协调,整合多种资源,引导教育融合发展。发挥学校、企业及其他社会力量的主体作用,活跃教育合作局面,丰富教育交流内涵。

共商共建,开放合作。坚持沿线国家共商、共建、共享,推进各国教育发展规划相互衔接,实现沿线各国教育融通发展、互动发展。

和谐包容,互利共赢。加强不同文明之间的对话,寻求教育发展最佳契合点和教育合作最大公约数,促进沿线各国在教育领域互利互惠。

四、合作重点

沿线各国教育特色鲜明、资源丰富、互补性强、合作空间巨大。中国将以基础性、支撑性、引领性三方面举措为建议框架,开展三方面重点合作,对接沿线各国意愿,互鉴先进教育经验,共享优质教育资源,全面推动各国教育提速发展。

(一)开展教育互联互通合作

加强教育政策沟通。开展"一带一路"教育法律、政策协同研究,构建沿线各国教育政策信息交流通报机制,为沿线各国政府推进教育政策互通提供决策建议,为沿线各国学校和社会力量开展教育合作交流提供政策咨询。积极签署双边、多边和次区域教育合作框架协议,制定沿线各国教育合作交流国际公约,逐步疏通教育合作交流政策性瓶颈,实现学分互认、学位互授联授,协力推进教育共同体建设。

助力教育合作渠道畅通。推进"一带一路"国家间签证便利化,扩大教育领域合作交流,形成往来频繁、合作众多、交流活跃、关系密切的携手发展局面。鼓励有合作基础、相同研究课题和发展目标的学校缔结姊妹关系,逐步深化拓展教育合作交流。举办沿线国家校长论坛,推进学校间开展多层次多领域的务实合作。支持高等学校依托学科优势专业,建立产学研用结合的国际合作联合实验室(研究中心)、国际技术转移中心,共同应对经济发展、资源利用、生态保护等沿线各国面临的重大挑战与机遇。打造"一带一路"学术交流平台,吸引各国专家学者、青年学生开展研究和学术交流。推进"一带一路"优质教育资源共享。

促进沿线国家语言互通。研究构建语言互通协调机制,共同开发语言互通开放课程,逐步将沿线国家语言课程纳入各国学校教育课程体系。拓展政府间语言学习交换项目,联合培养、相互培养高层次语言人才。发挥外国语院校人才培养优势,推进基础教育多语种师资队伍建设和外语教育教学工作。扩大语言学习国家公派留学人员规模,倡导沿线各国与中国院校合作在华开办本国语言专业。支持更多社会力量助力孔子学院和孔子课堂建设,加强汉语教师和汉语教学志愿者队伍建设,全力满足沿线国家汉语学习需求。

推进沿线国家民心相通。鼓励沿线国家学者开展或合作开展中国课题研究,增进沿线各国对中国发展模式、国家政策、教育文化等各方面的理解。建设国别和区域研究基地,与对象国合作开展经济、政治、教育、文化等领域研究。逐步将理解教育课程、丝路文化遗产保护纳入沿线各国中小学教育课程体系,加强青少年对不同国家文化的理解。加强"丝绸之路"青少年交流,注重利用社会实践和志愿服务、文化体验、体育竞赛、创新创业活动和新媒体社交等途径,增进不同国家青少年对其他国家文化的理解。

推动学历学位认证标准连通。推动落实联合国教科文组织《亚太地区承认高等教育资历公约》,支持教科文组织建立世界范围学历互认机制,实现区域内双边多边学历学位关联互认。呼吁各国完善教育质量保障体系和认证机制,加快推进本国教育资历框架开发,助力各国学习者在不同种类和不同阶段教育之间进行转换,促进终身学习社会建设。共商共建区域性职业教育资历框架,逐步实现就业市场的从业标准一体化。探索建立沿线各国教师专业发展标准,促进教师流动。

(二)开展人才培养培训合作

实施"丝绸之路"留学推进计划。设立"丝绸之路"中国政府奖学金,为沿线各国专项培养行业领军人才和优秀技能人才。全面提升来华留学人才培养质量,把中国打造成为深受沿线各国学子欢迎的留学目的地国。以国家公派留学为引领,推动更多中国学生到沿线国家留学。坚持"出国留学和来华留学并重、公费留学和自费留学并重、扩大规模和提高质量并重、依法管理和完善服务并重、人才培养和发挥作用并重",完善全链条的留学人员管理服务体系,保障平安留学、健康留学、成功留学。

实施"丝绸之路"合作办学推进计划。有条件的中国高等学校开展境外办学要集中优势学科,选好合作契合点,做好前期论证工作,构建人才培养模式、运行管理模式、服务当地模式、公共关系模式,使学校顺利落地生根、开花结果。发挥政府引领、行业主导作用,促进高等学校、职业院校与行业企业深化产教融合。鼓励中国优质职业教育配合高铁、电信运营等行业企业走出去,探索开展多种形式的境外合作办学,合作设立职业院校、培训中心,合作开发教学资源和项目,开展多层次职业教育和培训,培养当地急需的各类"一带一路"建设者。整合资源,积极推进与沿线各国在青年就业培训等共同关心领域的务实合作。倡议沿线国家之间开展高水平合作办学。

实施"丝绸之路"师资培训推进计划。开展"丝绸之路"教师培训,加强先进教育经验交流,提升区域教育质量。加强"丝绸之路"教师交流,推动沿线各国校长交流访问、教师及管理人员交流研修,推进优质教育模式在沿线各国互学互鉴。大力推进沿线各国优质教学仪器设备、教材课件和整体教学解决方案输出,跟进教师培训工作,促进沿线各国教育资源和教学水平均衡发展。

实施"丝绸之路"人才联合培养推进计划。推进沿线国家间的研修访学活动。鼓励沿线各国高等学校在语言、交通运输、建筑、医学、能源、环境工程、水利工程、生物科学、海洋科学、生态保护、文化遗产保护等沿线国家发展急需的专业领域联合培养学生,推动联盟内或校际教育资源共享。

(三)共建丝路合作机制

加强"丝绸之路"人文交流高层磋商。开展沿线国家双边多边人文交流高层磋商,商定"一带一路"教育合作交流总体布局,协调推动沿线各国建立教育双边多边合作机制、教育质量保障协作机制和跨境教育市场监管协作机制,统筹推进"一带一路"教育共同行动。

充分发挥国际合作平台作用。发挥上海合作组织、东亚峰会、亚太经合组织、亚欧会议、亚洲相互协作与信任措施会议、中阿合作论坛、东南亚教育部长组织、中非合作论坛、中巴经济走廊、孟中印缅经济走廊、中蒙俄经济走廊等现有双边多边合作机制作用,增加教育合作的新内涵。借助联合国教科文组织等国际组织力量,推动沿线各国围绕实现世界教育发展目标形成协作机制。充分利用中国-东盟教育交流周、中日韩大学交流合作促进委员会、中阿大学校长论坛、中非高校20+20合作计划、中日大学校长论坛、中韩大学校长论坛、中俄大学联盟等已有平台,开展务实教育合作交流。支持在共同区域、有合作基础、具备相同专业背景的学校组建联盟,不断延展教育务实合作平台。

实施"丝绸之路"教育援助计划。发挥教育援助在"一带一路"教育共同行动中的重要作用,逐步加大教育援助力度,重点投资于人、援助于人、惠及于人。发挥教育援助在"南南合作"中的重要作用,加大对沿线国家尤其是最不发达国家的支持力度。统筹利用国家、教育系统和民间资源,为沿线国家培养培训教师、学者和各类技能人才。积极开展优质教学仪器设备、整体教学方案、配套师资培训一体化援助。加强中国教育培训中心和教育援外基地建设。倡议各国建立政府引导、社会参与的多元化经费筹措机制，通过国家资助、社会融资、民间捐赠等渠道，拓宽教育经费来源，做大教育援助格局，实现教育共同发展。

开展"丝路金驼金帆"表彰工作。对于在"一带一路"教育合作交流和区域教育共同发展中做出杰出贡献、产生重要影响的国际人士、团队和组织给予表彰。

五、中国教育行动起来

中国倡导沿线各国建立教育共同体，聚力推进共建"一带一路"，首先需要中国教育领域和社会各界率先垂范、积极行动。

加强协调推动。加强国内各部门各地方的统筹协调工作，有序开展"一带一路"教育合作交流。推动中国教育治理体系完善、相关法律法规修订和教育综合改革，提升中国开展"一带一路"教育行动的质量和水平。教育部与国家发展改革委、外交部、商务部等部门和全国性行业组织紧密配合，围绕共建"一带一路"大局，寻找合作重点、建立运行保障机制，畅通教育国际合作交流渠道，对接沿线各国教育发展战略规划。

地方重点推进。突出地方推进共建"一带一路"的主体性、支撑性和落地性，要求各地发挥区位优势和地方特色，抓紧制订本地教育和经济携手走出去行动计划，紧密对接国家总体布局。有序与沿线国家地方政府建立"友好省州""姊妹城市"关系，做好做实彼此间人文交流。充分利用地方调配资源优势，积极搭建海内外平台，促进校企优势互补、良性合作、共同发展。多措并举，支持指导本地教育系统与"一带一路"沿线国家广泛开展合作交流，打造教育合作交流区域高地，助力做强本地教育。

各级学校有序前行。各级各类学校秉承"己欲立而立人"的中国传统，有序与沿线各国学校扩大合作交流，整合优质资源走出去，选择优质资源引进来，兼容并包、互学互鉴，共同提升教育国际化水平和服务共建"一带一路"能力。中小学校要广泛建立校际合作交流关系，重点开展师生交流、教师培训和国际理解教育。高等学校、职业院校要立足各自发展战略和本地区参与共建"一带一路"规划，与沿线各国开展形式多样的合作交流，重点做好完善现代大学制度、创新人才培养模式、提升来华留学质量、优化境外合作办学、助推企业成长等各项工作的协同发展。

社会力量顺势而行。开展更大范围、更深层次、更高水平的"一带一路"教育民间合作交流，吸纳更多民间智慧、民间力量、民间方案、民间行动。大力培育和发展我国非营利组织，通过购买服务、市场调配等举措，大力支持社会机构和专业组织投身教育对外开放事业，活跃民间教育国际合作交流。加快推动教学仪器和中医诊疗服务走出去步伐，支持企业和个人按照市场规则依法参与中外合作办学、合作科研、涉外服务等教育对外开放活动。企业要积极与学校合作走出去，联合开展人才培养、科技创新和成果转化，积极服务"一带一路"国家经贸发展。

助力形成早期成果。实施高度灵活、富有弹性的合作机制，优先启动各方认可度高、条件成熟的项目,明确时间节点,争取短期内开花结果。2016年,各省市制订并呈报本地"一带一路"教育行动计划,有序推进教育互联互通、人才培养培训及丝路合作机制建设。2017年,基于三方面重点合作的沿线各国教育共同行动深入开展。未来3年,中国每年面向沿线国家公派留学生2500人;未来5年,建成10个海外科教基地,每年资助1万名沿线国家新生来华学习或研修。

六、共创教育美好明天

独行快,众行远。合作交流是沿线各国共建"一带一路"教育共同体的主要方式。通过教育合作交流,培养高素质人才,推进经济社会发展,提高沿线各国人民生活福祉,是我们共同的愿望。通过教育合作交流,扩大人文往来,筑牢地区和平基础,是我们共同的责任。

中国愿与沿线各国一道,秉持开放合作、互利共赢理念,共同构建多元化教育合作机制,制订时间表和路线图,推动弹性化合作进程,打造示范性合作项目,满足各方发展需要,促进共同发展。

中国教育部倡议沿线各国积极行动起来,加强战略规划对接和政策磋商,探索教育合作交流的机制与模式,增进教育合作交流的广度和深度,追求教育合作交流的质量和效益,互知互信、互帮互助、互学互鉴,携手推动教育发展,促进民心相通,构建"一带一路"教育共同体,共创人类美好生活新篇章。

后　记

本书是张德祥教授主持的中国高等教育学会高等教育科学研究"十三五"规划重大攻关课题"'一带一路'国家高等教育政策法规研究"(16ZG003)的研究成果。

本书由张德祥教授和李枭鹰教授负责总体规划、设计和架构,确定编译的主旨与核心,组织人员搜集、选取、翻译和整理这些国家的相关教育政策法规,最后审阅书稿。其中,《阿富汗教育法》《阿富汗国家教育战略规划(2015—2020年)》由大连理工大学高等教育研究院综合办公室李易飞老师编译,大连理工大学高等教育研究院教育管理专业2019级博士生齐小鹍校对;《阿富汗教育部国家教育战略规划(2017—2021年)》由北京师范大学国际与比较教育研究院比较教育学2019级博士生李珊编译,大连理工大学高等教育研究院高等教育学专业2018级硕士生彭晓帆校对;《伊拉克国家扫盲战略框架(2011—2015年)》《伊拉克库尔德斯坦地区高等教育科学研究体制改革》由大连理工大学高等教育研究院教育管理专业2018级博士生耿宁荷编译,大连理工大学高等教育研究院高等教育学专业2018级硕士生阮红梅、大连理工大学高等教育研究院高等教育学专业2018级硕士生郑佳校对;《伊朗全民教育报告(2015年)》由阮红梅编译,郑佳校对;《沙特阿拉伯教育部十年计划纲要(2004—2014年)》由大连理工大学外国语学院外国语言学及应用语言学专业2015级硕士生徐芸芸编译,耿宁荷校对。这些政策法规文本的语言为英语。全书由齐小鹍负责校对。

本书的出版得到了中国高等教育学会、大连理工大学出版社的大力支持,课题组在此深表感谢!

课题组